谨以此书
献给近代海战场上
抗击帝国主义侵略的
中华民族英烈！

中国近代海战场纪实

潮漫夕阳

周昊著

學苑出版社

图书在版编目(CIP)数据

潮漫夕阳:闽海篇/周旻编著.—2版.—北京:学苑出版社,2007.7

(中国近代海战场纪实)

ISBN 978-7-5077-1812-6

Ⅰ.潮… Ⅱ.周… Ⅲ.马江海战—史料 Ⅳ.K256.206

中国版本图书馆CIP数据核字(2007)第096762号

责任编辑:韩继忠

责任校对:袁大威

封面设计:艾博堂文化

出版发行:学苑出版社

社　　址:北京市丰台区南方庄2号院1号楼　100079

网　　址:www.book001.com

电子信箱:xueyuanyg@sina.com

xueyuan@public.bta.net.cn

销售电话:010-67674055、67675512、67678944

印 刷 厂:固安生强印制有限公司

开本尺寸:850×1168　32开本

印　　张:8.875

字　　数:180千字

版　　次:2001年4月北京第1版第1次印刷

印　　次:2007年7月北京第2版第1次印刷

印　　数:3001-5000册

定　　价:20.00元

目　录

中国的崛起将从海上开始

“海殇则国衰，海强则国兴”。

这是中华民族千百年来的伟大梦想和屈辱体验熔铸成的心声。

中国是一个海洋大国，拥有18000公里的海岸线，海洋国土面积达300万平方公里，约占我国陆地面积的三分之一，居世界第四位，大陆架面积居世界第五，200海里专属经济区面积为世界第十。

如果说中国近代史是一部屈辱史，倒不如说是一部近代海患史，外敌对中国的入侵，绝大部分都是从海上开始的。当时中国积贫积弱，有海无防，西方列强用炮火一次次轰开中国的大门。

孟子说：生于忧患，死于安乐。

国歌的作者田汉说：没有危机的民族，是无望而无救的民族——这种危机感，就是植根于我们民族思维深层的忧患意识。

看完12集电视片《大国崛起》让我产生一个强烈的念头：今天的中国已不是昨天的中国。既然昨天的屈辱是从海上开始的，那么，今天的崛起必然要从海上开始，我坚信只要有全中国人的支持，“太阳一定会重新从东方升起”！

8年前，学苑出版社策划这套丛书，就显现出了他们具有较强的前瞻性，表现出一种很强的政治意识、大局意识、忧患意识和责任意识。他们用8年来的社会效益和经济效益，再次印证了一个道理：登高才能望远，详察才能洞悉。如今，出版社再次修订重印这套丛书，目的是想让更多的人知道：虽然书中讲述的是中华民族苦难的昨天，但它所昭示的是我们的今天和明天；让我们走进中国近代海战场，与历史对话，聆听古炮与沉舰的诉说，回味林则徐、关天培、陈化成和邓世昌的警世之言。

21世纪是海洋世纪，海洋的战略地位日益凸显。据权威部门公布的数据，全球200多个百万以上人口的大城市，3/4集中在沿海地带；全球70%的工业资本和70%的人口，也集中在距海岸200公里以内的沿海地区。海洋已经成为人类克服人口膨胀、资源枯竭、环境恶化，实现可持续发展的重要宝库；维护海洋权益，保障海上通道安全，利用海洋大开发的历史契机挺进海洋、经略海洋，已成为越来越多国家的共识。与此同时，世界经济的重心正在向海洋转移，随着海洋新资源的发现与开发，海洋上争岛夺礁、抢占资源，是引发海洋争斗和局部战争的重要原因。

古罗马政治家西塞罗说过：“谁能控制海洋，谁就能控制世界。”海权论的创始人马汉也提出：“所有帝国的兴衰，其决定因素，都在于是否拥有强大的海权，能否控制海洋。”

纵观历史上世界大国的崛起，都可以说与经略海洋息息相关，葡萄牙、西班牙、荷兰、英国和美国等，无一不是“发轫于海洋”，并最终成为具有强大海洋控制能力的国家。据报道，美国把“控制全球16条海上战略通道”作为海军战略的重要内容，并不断加强在这些地区的军事存在。日本自卫队也明确提出，要保卫海上“千里生命线”。印度海军则提出了“远海歼敌”的作战思想，以实现“印度洋控制战略”。

而我国呢，虽说是大国，但在世界大国中却是唯一没有实现统一的国家。特别是海洋问题上，还有许多麻烦。

——在东海，台湾问题久悬未决，陈水扁在台独道路上越走越远；我国固有领土钓鱼岛被日本非法占领；东海大陆架是我国陆地的自然延伸，因此，面积77万平方公里的海区中应归我管辖的为54万平方公里，但日本却提出中日两国是共架国，要求按中间线划分海域。按日本的无理要求，日本与我国有16万平方公里的争议海域。

——在南海，我国海洋权益受到的侵犯更加严重。从权威部门的数字看，大约有150万平方公里的海洋国土处于“争议”中，特别是当我亲眼目睹南沙还有一些岛礁在别人掌控之中时，不免生发愤慨。

——还有，我国海上能源命脉的安全，海外利益的保护，第一岛链、第二岛链的围堵等等问题。可以说，国人现在最关心的是海洋，是海军，是安全，因为海洋和海军关系着中华民族的未来。

正因为如此，去年12月28日，胡锦涛总书记在接见海军第十次党代会代表时指出，我国是一个海洋大国，海军在捍卫国家主权和安全、维护我国海洋权益中地位重要，使命光荣。他强调，要努力锻造一支与履行新世纪新阶段我军历史使命要求相适应的强大的人民海军。

全国人大代表、海军司令员吴胜利在十届全国人大五次会议就《政府工作报告》举行分组讨论时强调，国家应从战略全局的高度，研究制定我国海洋安全战略，用以指导我海洋方向的战略行动，有效维护我国海洋权益、海洋资源和海上战略通道的安全。也有专家学者认为，无论是推进经济发展还是维护国家安全，我国在海洋空间都拥有巨大的战略利益。如果中国没有一支强大的舰队存在于世界海洋上，我国海洋上“海域被侵、海岛被占、资源被掠”的局面难以改变，我国海上“石油生命线”安全难以保卫，一旦国外发生自然灾害或社会动荡，海外财产与人员安全无法保障，也无力承担一个海洋大国应负的国际海洋安全义务。

在全球经济一体化的今天，中华民族要实现伟大复兴，紧追世界科技进步的浪潮，无论是引进来，还是走出去，都已经与海洋无法割断。站在国家总体战略的高度上认识海洋战略问题，树立新的海洋国土观、海洋利益观、海洋防卫观，是全中国人的当务之急；如何走好、走活这一盘经略海洋的大棋，是全中国人义不容辞的历史责任。

这，也许就是学苑出版社重新修订出版这套丛书的目的所在。

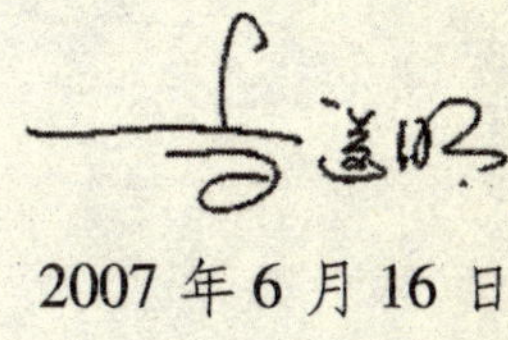

2007 年 6 月 16 日

引言

19世纪80年代的大清帝国，早已是千疮百孔，自顾不暇。法国人在鸦片战争之后又挑起一场入侵中国掠夺殖民地的战争，时机对它十分有利。晚清帝国又一次受到致命一击。

尽管刘永福的黑旗军在镇南关外接连战胜了妄图吞并越南进而入侵中国的法国侵略者，取得胜利。但是，正如拳击手面对毫无作战准备且姿势固定的巨人一样，他会寻找更有利的攻击角度，争取最佳效果。从海上向远东进发的法国舰队，在中国西南一次次陆战失败之后，转而向中国东南沿海寻找突破口——向台湾海峡两岸出击。

如果按照正常的逻辑，清政府应该调整海峡两岸以及东南沿海的兵力迎头痛击，这支游弋在海面上的法国舰队或许占不了太多的便宜。然而，处于颓势的晚清帝国，此时已很难集中指挥。一方面，新兴的洋务派技术和实业救国的计划刚刚起步，包括战舰、火炮建造在内的兵工业十分脆弱，兵员素质低，无力对付充满活力而又拥有先进技术装备的殖民扩张军事挑战。另一方面，清廷重陆防而轻海防的战略部署，使得万里海防顾此失彼，无力形成防御体系。加上清廷决策层防内乱先于防外患的思想占据主导地位，这一主导思想的制定者慈禧太后及其执行者，采取不与法国主力舰队在海上较量的应对策略，处处以无作为的退避来避免正面冲突。可是这只是以李鸿章为代表的“主和派”的一厢情愿，和谈避战，苦心用尽，却代价沉重。

李鸿章在这场战争中既代表朝廷的利益，也存在其个人的世界眼光问题。的确，他认为船政局千辛万苦造出来的新船，技术装备不足，不宜过早地在海上与法国人正面对抗。唯一的办法就是避开直接对打，用谈判或牺牲其他方面的利益保存舰队。然而，这只能是一厢情愿：法国人不找中国水师决战，在战争中就不可能获得更多的筹码。打到家门口的敌人不可能空手而回，更何况双方实力悬殊过大。包括李鸿章在内的洋务派处于两难境地：要正面决战，炮舰吨位、火力、水师管理与官兵整体素质上不能与西方列强相抗衡；想靠谈判避开战争，客观上不可能。当福建水师被消灭后，清廷按李鸿章的想法扶持了北洋水师。但10年后，甲午战争爆发，实力不如中国的日本舰队经20年励精图治，一举在中国黄海消灭了李鸿章苦心经营的近代中国海军精锐，取得海上霸权。中国海防又倒退到马尾造船厂成立初期的水平。海上防御力量被全面摧毁后，八国联军长驱直入清廷的心脏——北京。细细想来，这种由南而北，由局部而全面进攻中国，最后列强组成联军合力封杀、瓜分中国的结局，有其历史的必然性。这就是炮舰轰击下被迫开放的代价。

以慈禧为代表的清廷实权派，也力图以大国之尊，通过谈判或小额赔款来解决与法国的纠纷。殊不知，急于寻找市场和资源的侵略者贪欲是无止境的。

终于，国力的不济和用人的腐败以及决策的失误，加上技术装备的落后，一再给法国人以机会。

这是一场海陆并举的战争。法国人选择中国西南作为突破口，一开始就障碍重重。原因在于中国仍有地缘上的优势，仍有刘永福这样优秀的陆军将领，有在越南作战的亲和力，以及共同抵御外敌入侵的英雄气概。而海上的优势则为法国人所占有。当清廷主和派一贯的“自保”对策无力自保时，被逼进马江和福建船政局门口的福建舰队，受朝廷约束无法备战，只能眼睁睁地看着孤拔舰队分批自由出入闽江口，停泊于有利位置。法舰经过40多天的侦察后，选择退潮时全力一击。福建水师覆灭的命运早在意料之中。

这是一场几乎没有凯旋英雄的战争。

福建船政学堂培养起来的近代中国第一代海军人才，在这场战争中，还未显示其训练成果，就在法舰炮轰之下，半数葬身于马江。年轻的海军军官们的英雄行为只是在两个方面有所显露：一是对愚蠢的战局布阵不满。二是当孤拔舰队突袭攻击时，年轻军官们能在十分不利的危急关头奋起反击。不过，从战事的总进程来看，这些反击是轻微的，几乎无济于事。

张佩纶以主战派的面目出现在马江前线，在朝廷，他发表主战观点时意气风发，到马江后也做了一些工作。但是，朝廷不得先发制人的决策，使他无所作为。而张佩纶的致命弱点亦有二：一是不能听取众多一线将士的强烈呼吁和正确意见，未能采取局部自主的正确战术以避免全盘皆输；二是多疑而又自负。多疑则不能团结大多数，以为闽人怕死，必须用置之死地而后生的古人兵法。基于这样的想法，他坚持将福建舰队杂错布阵于法军舰队之间，想以此代价博得至少同归于尽的结局。多疑则用人上不能放心信任，而只是起用一个张成。偏听偏信，不作选择，采用张成的策划方案，导致大局失措。自负则有书生用兵的致命弱点：犹豫而不果决，虚张声势，不能及时识破孤拔的诡计，无力调遣军队并抓住时机牵制敌人。

张佩纶在海战爆发时远离战场是他不可饶恕的严重错误。一场战争中主帅临时撤离火线，哪怕有再大的理由也不能令人信服。马江前线其他指挥官畏敌如虎，心怀异志，弥漫着失败主义情绪。福建总督何璟避战念佛；船政大臣何如璋借口护送白银逃离马尾；炮声一响，张佩纶立即登后山远走彭田村“避难”。这些一线领导人物的怯阵与无能，使得各自为战的零星抵抗不可能取得哪怕是小胜的战绩。相比之下，我们特别惋惜那些瞬间被炸沉于马江的青年军官，那些来自底层民间的抗敌热情，包括马江沿岸林培基这样的武探花，在战争爆发时也未能有所作为，只能扼腕长叹。福建舰队被击沉后，民间余勇靠个别运盐船改装的火攻船，要想击毁孤拔的巡洋舰，结局也只能是增加一种悲壮的牺牲色彩，留下无尽的反思和悲凉。

马江海战失败，革职后的张佩纶被李鸿章招为女婿，成为李鸿章的幕僚。历史注定他要成为虎头蛇尾的人物，引来后世多少讽议。

张成，这位被张佩纶力排众议选拔为福建水师战术指挥官的人，据说在清廷要判他死刑前，曾有一些洋务派人物建议：海军舰艇管理与技术人才培养十分不易，海战中已经损失多位舰长，对这位船政局自己培养的舰长能否网开一面，免于死刑，让其将功赎罪。但朝野舆论认为，丧失一支舰队的指挥员罪责难逃。张成最后被砍了头。假如马江海战中牺牲的众年轻管带地下有知，不知将如何在另一个世界里看这位同学和上级？

刘永福，对外国入侵者而言，天生就是一位克星。假如给予刘永福更多的支援，他将开辟更加广阔的根据地；假如将刘永福放在最直接的军事对峙中的关键场合，这位中国近代的常胜将军将发挥更大的作用。撤回广西境内以后，刘永福受到种种限制和歧视，只有等到日本入侵台湾，这位福将才有用武之地。可惜，他是在清廷或地方当局的怀疑和限制中赴前线与外国入侵者作战的，放不开手脚。在台湾抗日，因得不到增援，被迫撤回厦门。此时，英雄已经垂暮，山河濒于破碎。

淮军将领刘铭传赴台，独撑台湾被困危局。他的山地和海岸防御战有局部的成功，对孤拔舰队的反击也曾出现判断失误。不过，毕竟台湾战局牵制了大部分法军的海上力量。

当台湾海峡封锁消耗战使战事出现相持格局后，孤拔又急于在东南沿海寻找新的突破口。值得一提的是，当定海战役使孤拔无隙可乘时，我们终于看到清军吸取马江海战失利教训而采取了补救措施，如封口，双锚定向，岸炮对海面的封锁，迁置外国传教士等等。这些有效的抗敌措施的落实，是一方将士守土有责的民族自我保护意识的体现。

孤拔占领红河三角洲，发动了马江战役，进攻台湾，袭击镇海，占领澎湖，他与中国的军人交手互有胜负。他的愿望是夺取中国北方许多港口，直逼北京。可是法国政府与他的意见不一致，只准许他进攻台湾，侵占基隆，这使他极为恼火。在攻打台湾时，孤拔扬言一个月内将台湾全部拿下，结果不仅台湾拿不下，在沪尾还被清军打得丢盔弃甲，一败涂地。在他病重时，中法停战条约签定，法国政府命令他必须退出基隆、澎湖，解除对台湾的封锁。至此，孤拔在远东建立法兰西帝国乐园的幻想破灭了。

我所要强调的是，这场不断转移阵地的战争，各个战场都有十分密切的联系。法军孤拔舰队作为主要入侵力量，在晚清帝国的辽阔疆土和海域不断游弋，不断选取薄弱环节进攻。可以明显看出，法国远征军意图以少量优势兵力和装备精良的舰队来突破古老帝国的漫长防线。这个特点，恰好区别于此前的中英鸦片战争和此后的中日甲午战争。

因此，将一场30分钟即分出胜负的海战作为重点，兼顾其前因后果，或许可以更清晰地了解这场战争的特点。

胜负参半的战争的结局是颇为让人回味的。一胜是指中国在西南陆战场的胜利；一负是指福建水师全军覆灭，洋务派想通过建立海防自卫的梦想被残酷地粉碎了。尽管中国在陆战场上最后取得了胜利，清政府却迫不及待地签订了停战协定，让国人在“中国不败而败，法国不胜而胜”的屈辱中，再次感受近代中国自主自强的漫长艰难历程。我在写作中，每念及此，总是心潮难平。

20 世纪的最后一个夏天，我和友人重登福州马尾罗星塔，江风徐来，远山苍翠，恰好是当年爆发海战的午后。登高远眺，但见闽江水自西而东，滚滚向前，直奔东海而去。江天平阔，船行如雁，往日马江的古战场，仿佛炮声仍不绝于耳。马江边马限山下的马江海战纪念馆，游人稀少，陈列着锈迹斑斑的古炮和其他纪念物的展堂，气氛肃穆，却有些寂寞，漫步“追思亭”畔，池中睡莲静静开放，习习的山风吹淡了盛夏的炎热。我的思绪萦绕在海战烈士陵园的苍松翠柏之间。追思往事，手抚古炮，一时百感交集。

对近代中国而言，这是一出在家门口上演的悲剧，一出令人警醒的悲剧。我想，长眠于地下的八百将士，或许至今心气难平。

不过，我们所要讲述的这个故事，开头却在近代中国西南地区。那里有一位在红河畔高擎起黑色旗帜的中国军人，他，就是刘永福。

和战之间

1. 刘永福的两个对手

历史总是在被凭吊的时候，才能敞开心胸，吐纳过往的成功与失败，提醒人们记取某些有意义的瞬间。

一场战争对漫长的历史来说，只是一个瞬间，但一次普通的战斗也可能影响历史的某个进程。谁也无法准确地预测两年后中法战争的具体发展轨迹，但是，每一个历史事件之间都是有联系的，只要找到一个切入点。

1882 年的春天，雨水特别充足，红河上多了许多战船。这一年，法国驻西贡总督卢眉派遣其海军舰队司令李维业、副司令韦医，率领舰船 12 艘，1000 多人，从西贡北上进犯北圻，很快攻陷红河下游一带，并沿着红河向上游推进。

李维业还沿途发布告，扬言要替他的前任法国远东军司令安邺报仇，悬赏 1 万元捉拿刘永福，悬赏 10 万元攻取黑旗军的根据地保胜。

刘永福是黑旗军的首领。

黑旗军原是太平天国时期活动于我国广东、广西边境的一支农民起义军，后来被清军压迫，流亡到越南，驻扎在中、越边界的保胜（今老街）。在越南境内，刘永福曾与前法国远东军司令安邺反复作战，无往不胜，被称为“常胜将军”。

李维业为远征军的胜利感到无比自豪。这一年，他占领了河内，又扩大战果，接连占领了鸿基、广安、南定等各富庶省份。

越南全线告急！

越南统督北圻军务的黄佐炎奉命亲自前往保胜，再次邀请黑旗军出兵抗法。刘永福立刻组织了3000人的队伍，离开保胜，下山西[①]，直趋河内，把李维业压缩到河内城里。

李维业再次处于安邺当年的危困境地。

1883年2月，法国，茹费理第二次组阁。李维业得到茹费理政府有力的军事支援。5月15日，法国议会通过了茹费理的提案：增加新的军事拨款550万法郎，派遣铁甲舰1艘、炮舰2艘、鱼雷艇6艘、运输舰3艘，运送军队1800名到越南。

黑旗军向李维业投下战书，约他10天之内在河内怀德府空旷之地决战。得到新增援的李维业，也想借助决战，孤注一掷，逃出重围。

5月19日拂晓，黄佐炎派来密探报告刘永福：法军准备在黎明时倾巢出城应战。

刘永福马上做出战斗部署：先锋杨著恩率兵迅速赶往城西二里地的纸桥；黄守忠则领兵跟在杨著恩后面，扼守从纸桥到黑旗军军营之间的大道；吴凤典领兵埋伏在大道左右的一个大村

---

① 山西——越南北部一地名。

镇里。

纸桥边有一座关帝庙，平时这里是一个繁盛的市场，房屋很多，便于隐蔽。杨著恩的先锋部队到达这里后，再将士兵一分为三：一队在庙中坚守，一队在庙后伏击，另一队则由杨著恩亲自率领在道旁压阵。

布置刚刚完成，法军的大队人马已经冲到桥东。

法军见黑旗军早有准备，就集中炮火向关帝庙轰击，一阵炮火过后，关帝庙的房屋大部分被炸塌。由于黑旗军早有准备，伤亡甚微。法军见庙中没有动静，早已按捺不住，兵分10人一队，连环开枪射击。一个法军指挥官骑马冲上桥来，黑旗军突然开枪，把他打落桥下。遭到突袭的法军惊慌失措，急急退回城郊。

李维业组织第二次向关帝庙猛扑，庙中一队黑旗军抵挡不住，被法军乱枪射杀。庙后的一队黑旗军再上去反攻，也被打退。

法军拼命夺取了关帝庙，兵分两路，一抄庙后，一走大道，集中兵力夹击杨著恩的第三队。

陷入重围的杨著恩指挥部下顽强抵抗。他的两腿被法军的子弹打中，血流如注，动弹不得，他就坐在地上用手枪向敌人射击。一颗子弹又击伤了他的右手腕，他换用左手接着射击。由于浑身都是伤，无法转移，实际上已经暴露在法军的火力攻击之下，当他击响第十三枪时，胸部中弹牺牲。

法军又冲向黄守忠的部队，双方迅速展开短兵相接的激战。埋伏在大道左边村镇里的吴凤典的伏兵，突然一声号炮，一涌而出，拦腰向法军冲击。法军顿时乱了阵脚，枪炮优势完全失去了作用。

李维业临阵不乱，他像往常作战一样，站到了阵前，企图制止混乱的士兵，不知从哪里飞来的子弹，击中他的左肩，李维业歪倒在地。失去指挥的法军大乱，被众多黑旗军分割开来，用刺刀和砍刀相拼。

此时，法军“胜利”号炮舰上的部分士兵，在另一位指挥官的率领下，靠长堤挡住了黑旗军的进攻。海军上尉比赛尔指挥退却，在途中没有受到很大的攻击。

败退中，李维业的副手韦医身负重伤，被送回城里，因为伤势过重，当夜死去。战死的法军尸体都被黑旗军带走。

李维业中弹后，被黑旗军的士兵活捉，失去知觉的李维业被抬到关帝庙。他醒来后见到了黑旗军的首领刘永福。此时，李维业的惊魂未定，他仔细端详这个面目清癯，眼睛细眯的中年人。按照面相学，李维业觉得这个中国政府早年将其当作土匪的农民，面貌实在太过儒雅，前庭倒是开阔，人中特长，是个长寿的标志，而牙齿外露，下巴短小，则显得失去威仪。李维业也不知已成为阶下囚的自己，为何还会有如此的兴致来研究这个老对手。他后悔当时对刘永福的悬赏身价真是少了一些，这样的人用钱怎么可能买到？

刘永福走近李维业，不做一声。他想看一看这个法国人有怎样的不同。他知道这是李维业，就是这位法国军方的“英雄”，用他的舰炮攻下河内和其他大片土地；是他说要在近期内替安邺报仇，活捉刘永福；是他亲自指挥其长枪队围攻关帝庙，杀了自己的爱将杨著恩。

刘永福心中升腾起一股怒火。但他知道这位李维业是一位重要人物，他将牵扯到朝廷对法国人的态度，也是刘永福纸桥大捷的最大战利品。他在思考着如何处置这个洋人。

此时，关帝庙外一片哀戚声，几个壮汉抬进浑身枪伤的杨著恩的遗体。刘永福一见杨著恩被子弹打得胸口一片血渍的情形，想起三个小时前还在阵前发誓守住关帝庙的爱将，如今怒睁双眼，体内尚有余温，不禁怒从中起。他用犀利的目光盯着李维业，仿佛想从他脸上找一找该如何报仇的答案。

李维业一阵寒战，肩上的伤口也阵阵发疼。他说了几句法语，大意是，法兰西军人是为保护越南的主权而战，与中国军队的恩怨不是法国主动结下来的，如果让他回去，可以将刘将军的宽容转告当局，重新缔结法中的友好。

刘永福听不懂这个法国人的话。此时他的弟兄们伏在杨著恩的遗体上失声痛哭，纷纷要求李维业偿命。刘永福的血往脑门上涌，他要杀了这个法国人，好让世人看看到底是谁悬赏捉拿谁。他要替杨著恩这个出生入死跟随他左右的爱将报仇。刘永福一个手势，早已准备好的部下架起李维业，推向门外。

李维业知道即将被这个农民所杀。此时他特别后悔没有记住早年安邺的教训，他太小瞧黑旗军了。他觉得当年安邺的失败已经绝非偶然。于是长叹一声，引颈待斩。

黑旗军将李维业的首级放在一个漆盒中，先用他向杨著恩做了祭奠，最后将李维业埋在大路旁让人践踏。

纸桥战斗，黑旗军奋战三小时，击毙法军军官三十多人，士兵二百多人。大获全胜之后，刘永福被越南国王晋升为三宣提督，封义勇男爵。

在李维业死后的第八天，法国交趾支那总督沁冲给法国海军部长写了一封信。信中对因李维业被杀而给法国远征军蒙上的一层失败主义情绪，进行了一次梳理。

沁冲写道：

“在河内的挫折之后，我们应该放弃由谈判的途径获得任何东西。越南国王在没有明明白白地让他知道‘他无可避免地必须屈服或战斗’之前，即在他听见第一声炮响的那一天以前，他是不会签订任何条约的。所以应该打击顺化，那里有国王、太后和大臣们。为着这个目标，夺取顺安的炮台便够了。”

法国驻北京的代表脱古利也表示了同样的意见。他在给巴黎的电报中说：

“我认为，如果我们不愿意使一个已经受严重打击的局势更恶化的话，我们应该在事件发生的地方立即向安南宣战，而给顺化一个大打击。”

李维业丧命之后，法国海军部立即命令波滑继任法军统帅，指挥在红河三角洲的残余法军。又派遣法国海军中将孤拔，率领一支有四千多人的舰队，从法国本土出发，增援在越的法军。茹费理还任命法国驻曼谷领事何罗芒为特派员，代表法国政府督促法国军队在越南的军事行动。

1883 年 7 月 30 日，何罗芒、孤拔、波滑在海防召开军事会议。

何罗芒首先开腔：“二位将军想必已经知道，我们的老对手越南国王嗣德王已在 7 月 19 日去世。按照惯例，本应传位给合法继承者皇太子欲德亲王。但据我们了解，摄政阮文祥对此持反对意见。他要立嗣德王的同母异父的兄弟协和亲王为国王。我已向内阁总理通报情况，并提出我们的建议。”

孤拔和波滑认真地听着何罗芒的分析。

何罗芒继续说道：“法国应该利用因权力的转移和宫廷阴谋所引起的纷扰与不稳定，迅速向顺化河挺进，夺取控制通道的顺安炮台，并从那里提出条件，强迫他们投降，接受条件。”

孤拔说：“此次我的对手不是黑旗军刘永福，应该可以更为顺利地攻下炮台。形成兵临城下，大兵压境之势。”

波滑说：“我的部队直接去与黑旗军作战。这次我们兵分两路，互相呼应。定能收到较好的效果。”

计划已定，法国军队兵分两路出击。

由波滑率领的一路法军，在怀德和丹凤两地再次遭到黑旗军与越南军的重创，死伤数百人，损失惨重。以致法军一听刘永福掉头就跑，刘永福打出了神威。

孤拔率领一支由5艘战舰和2艘通信兵舰组成的舰队，到达越南首都顺化河口。

长于炮战和海上作战的孤拔，派人仔细侦察了入海口的水陆形势。在海道中有三个火沙洲，每一块沙洲上建有一座大炮台，这就是顺安炮台，三个大炮台互为犄角，形如“品”字形。每座炮台上有守军千余人，成为顺化这座京城的军事屏障。

孤拔的战术是先用炮舰在海道中移动，寻找最佳射击角度和距离，然后集中火力轰击炮台。顺安炮台的火炮在孤拔的突然袭击下，发挥不了作用，炮台上的守军在法军的准确攻击下，组织不了反攻。经过两天的重炮轰击，1000多名法国登陆部队下船登陆，经过几个小时的激战，法军占领了主要炮台，其他两个炮台上的守军在法国炮舰的火力扼制下，当夜撤出。这样，顺安的炮台被孤拔顺利地占领了。

8月25日，无力抵抗的越南国王与法国签订了《顺化条约》。这一条约比1874年的《西贡条约》更进一步，除了迫使越南公开否认中越两国宗主国与保护国的关系，把越南完全置于法国的保护之下外，越南政府还答应东京地区的行政权归由法国都督管辖，法国可在红河两岸设立兵站，并将黑旗军赶出东京等。至此，越南被置于法国的严格控制之下，完全沦为法国的殖民地。中法矛盾日趋尖锐。

1883年底，茹费理再向法国议会提出追加侵越军费和加派军队的议案，议会先后通过了拨款2900万法郎，增派1500名远征军的决定。

茹费理还具体指示在越作战的孤拔：

“凡是刘永福等中国军队所占领的兴化、山西、北宁各地，都应该早日夺取过来，不能有其他顾惜之情。”

早在这一年的年初，当法国军队增加兵力向广西和云南边境逼近的时候，清廷也意识到法国侵占北圻将直接危及中国西南的安全。于是派遣广西布政使徐延旭出守北宁；派遣云南布政使唐炯出守山西。徐的边防军兵力6000人，唐则仅有800人，联合黑旗军，负责西线防务。

但这时出兵越南，清政府只能以“协助剿匪”的名义。

军队出发时，清政府一再交代：“法人并未与我失和，我军总以剿办土匪为名，不可显露作战之迹，致启衅端。”

又说，“如法犯我驻守之地，则不得不与之开仗。”

也就是说，清廷的军队只是放到越南境内摆样子，不得主动出击，只能等法国人前来攻击时，才与之“开仗”。

援越却又只能等着挨打，这是清廷的主张，似乎在履行着某种君子协定：人家不先动手，我们也决不主动出击。这个逻辑一再使清廷对外作战时处于被动挨打地位。包括此后著名的马江战役。

李鸿章对此前给前方下达的命令还不满意，他干脆把“得以开仗”的意思都取消了。这样的边防军援越，只能是虚张声势了。

1883年底，茹费理给法国远东舰队司令孤拔的增援，大大加强了与中国军队作战的实力。孤拔重整旗鼓，率领6000多人，战船12艘，兵船40条，军车500多辆，分水陆两路，从河内出发，进攻山西的清边防军和黑旗军。

中法战争的序幕揭开了。

山西是东京地区的战略要地，河流交汇，形势险要，进可配合北宁来兵，围攻河内；退可扼守河口，阻敌西犯，是兵家必争之地。

负责山西一线抵抗法军的云南布政使唐炯，受李鸿章的影响，在法军未到之前，即把清军撤去兴化，自己回到云南，命令刘永福坚守山西。法军此时以优势兵力和强大的炮火压制黑旗军。刘永福在实力悬殊的情况下，进行了4昼夜的顽强抵抗，终因弹尽粮绝，不得不撤出山西。

山西的失守不但解除了对河内法军的威胁，而且动摇了北宁的钳制地位，失去了兴化和宣光的屏障，造成了法军对越南北圻和中国边疆的更大威胁。

孤拔率领的法军占领山西后，还不足以攻取北宁及东京的其他城市，他不得不等候援军的到来。这支援军，一直到法国议会投票通过900万法郎和2000万法郎的两次军费后才筹建完毕。1884年春天，援军终于到达东京。援军共有两个旅团及两队炮兵、一队工兵；每个旅团约6000人，共计12000人。由法军总司令米乐指挥陆上战斗，孤拔则在战舰上指挥海上作战。

法军立即重新部署，向北宁进军，一部分循红河，经河内，进逼北宁正面；一部分从海阳出发，绕道北宁后路。北宁是北通谅山进入镇南关，南达河内的必经之路。东线清军的指挥者徐延旭对法军与黑旗军的战斗坐壁上观，拥兵不发，坐视黑旗军失败。法军逼近北宁时，清军则稍作接触，便自动放弃城池，夺路北逃。

米乐指挥他的炮兵专门向清军的高地炮寨攻击，并有兵舰10余艘配合，沿六头江直上扶良墟并由此登陆。法军用当时清军闻风丧胆的开花炮轰击，清军营盘很快被轰破。

2. 罢黜五军机

山西、北宁失守的消息传到北京，清廷大为恐慌。纷纷议论此次如何惩处失利的罪人。

不管具体原因是什么，必须有人承担责任。

首先被革职拿问的是广西巡抚徐延旭和云南巡抚唐炯。

总理衙门给两广总督张树声的电令称：

“徐延旭株守谅山，毫无布置，殊堪痛憾。将该抚先行摘取顶戴，革职留任。如再退缩不前，从重治罪。”

广西巡抚徐延旭认为，此次失败不能全怪他一个人。他举出客观原因说：

“伏查北宁之失，固因防地太宽，兵分力薄，法轮瞬至，利炮环施，非我军所能敌；而教人习教，受毒已深，官既甘心降虏，民悉伥导前驱，山西、北宁、谅江、太原先后如出一辙。”徐延旭以为，清军战斗的失利，主要有两个原因，一是广西前线的防线太长，部署的兵力不够，法国人轮船战车可以迅速调集最集中的火力来攻击，加上法军的武器更为先进，这样就很难进行有效抵抗。二是由于越南人长期受到法国传教士的影响，精神上心理上并不痛恨法国军队入侵，相反，不少当地人愿意为法国军队提供方便，如提供情报和做向导带路等等。清军的其他战斗点情况也大体如此。

的确，徐延旭说的也不是没有道理。从深层次上看，这场战争清廷原本就是准备用虚张声势的态势吓唬法国人，表明中国政府并非不管属国事务。其次，清军的战斗力大不如刘永福，当时在前线作战的徐延旭的部下黄桂兰和云贵总督岑毓英所统辖的赵沃所部二三十营清军中，一半携妻带妾行乐军中，一半吸食鸦片，纪律松懈，控制力极差。这样的军队怎能打胜仗？

这样的政府军自然不如熟悉地形地貌，获得北圻当地人好感的刘永福黑旗军了。

清政府对在红河三角洲的失败，除了下达谕旨惩办和撤换负责将领外，并无良策。

4 月 12 日，清廷对丢失阵地的官兵做出如下的处理：

传旨将徐延旭革职拿问，解京交刑部治罪；

将黄桂兰、赵沃革职拿问，如系弃地奔逃，即行具奏请旨惩办，毋庸解交刑部。

已革总兵陈得贵防守扶良炮台，首被攻破；副将党敏宣带队落后，畏缩不前，均着即在军前正法。

张树声咎有应得，究属鞭长莫及，加恩着改为交部议处。

同时，给唐炯也做出如下处分：

“该抚并未有奉谕旨，率行回省，置边事于不顾，以致官军退扎，山西失守。唐炯不知缓急，遇事退缩，殊堪痛恨！传旨将唐炯革职拿问，迅速解京，交刑部治罪。”

恭亲王奕䜣主持的军机处，也重新委派了有关人事。

派湖南巡抚潘鼎新接任广西巡抚，贵州巡抚张凯嵩接任云南巡抚。

早在 1883 年 5 月，习惯于苟安的掌握清廷最高实际权力的西太后，在中法关系日趋紧张的关头，又把处理这一严峻局势的全权委任给李鸿章，命其“相度机宜，妥为筹办”。

什么叫“相度机宜，妥为筹办”？很明显，西太后的指令十分含混，恰恰表明她对中法交涉怀着极大的侥幸心理。

另一方面，面对法国对越南的侵略及其对清廷西南边疆的严重威胁，加上越南政府的求援，清政府中对是否援助越南抵抗法国侵略问题上，逐渐分裂为两派。一派以光绪皇帝的老师翁同龢、李鸿藻等军机大臣为首，再加上地方上的一些官员，如两江总督左宗棠、两广总督张树声、山西巡抚（后升任两广总督）张之洞，驻法公使曾纪泽等。他们认为必须援助越南抵抗法国。理由主要是应该“固守边界”，对法国的侵略活动“断无坐视之理”。越南不是一个枝节问题，而是一个牵涉大局的问题。如果听任法国侵占越南，那么与朝鲜、缅甸等的联系也将相继解体。必须全力加以挽救。

其次，从地理上看，中越“辐车相依，唇亡齿寒”，越南的存亡和中国安危关系密切。如果越南被占领，云南、贵州、广西就会产生新的边患。

第三，从法国侵略越南的目的来看，它不在于侵占一个越南，更在于进一步侵略中国，从而进一步夺取云南，深入四川，沿长江东下，并与沿海进攻相配合，构成一个巨大的包围圈，实现茹费理参与瓜分中国的理想。早在茹费理上台之际，他就明确提出：“在至今尚未考察的地区，在非洲，在蕴藏着无限富源的亚洲，特别是在广大无边的大清国内，竭力地攫取自己的一份。自然，必须征服那个巨大的大清国，是不成问题的。”而要从哪里下手呢，越南自然是一个理想的地方。茹费理说：“我们必须站在那个富庶区域的通路之上。”这个“通路”，指的就是越南。所以茹费理政府作战的近期目标，就是要清政府开放云南边界，调回黑旗军，承认法国对越南的殖民统治。

所以，主战派主张采取坚决对策，拒绝法国的无理要求，应该积极备战，给予法军迎头打击。

主和派以李鸿章为代表，得到慈禧太后的支持。其理由也有三条：

首先，如果中国援助越南，就是与法国“失和”，而中国一向兵力单薄，海军又少，决“不可与欧洲强国轻言战事”。

其次，中国若与法国开仗，即使“一时战胜，未必历久不败；一处战胜，未必各口皆守”，即使偶尔打胜仗，也只会引起法国更大的报复。

第三，即使法国吞并越南，也不过是“伏边患于将来”，假使因援助越南而得罪法国，就要立即兵连祸结，动摇全局。

李鸿章等人就是这样来理解与法国的关系，并试图采取一系列举措落实西太后的“相度机宜”这样的弹性指令。他认为对法国不战则已，“战则敌兵或更舍越南而先图于我”，如“阵师远出，而反戈内向，顾彼失此，兵连祸结，防不胜防”。总之，李鸿章主张，不可开战，不管越南被吞与否，只要不侵占中国边界，其他一概无需顾及。

李鸿章为了妥协求和，从 1883 年 9 月开始，就与法国特使脱利古会谈，结果，脱利古见中方求和心切，竟然提出，要求清政府同意把越南置于法国的“保护”之下；消灭黑旗军；在云南开辟与越南相通的通商口岸等。

在主战、主和两种意见针锋相对的时候，年轻的光绪皇帝也表达了自己主战的意向。在相当长的一段时间内，企图妥协的西太后一直首鼠两端，她几乎很少表示一个明确的态度，放任李鸿章的所作所为。

尽管李鸿章有意接受脱利古提出的要求，但却遇到了来自皇帝、军机处及许多地方大员和将领的坚决反对。同时，在法国方面，也未以此而满足，致使这次谈判很快被法国在越南发动的新的军事进攻所取代了。之后，中法打与谈交错进行，直到 1884 年暮春时节，北宁的失守，进一步引起了举朝震惊，责言四起。

一直在幕后的西太后，在北宁失守后，忽然走到了前台。她要将一个酝酿许久，一直找不到成熟时机的阴谋，付诸实施了。

自从东太后死后，西太后已是说一不二的独裁者，但她仍感到不满足。西太后认为，以恭亲王奕䜣为首的军机处仍是妨碍自己任意挥洒的重大障碍。

都说主战派的意见有市场，如今北宁失守的事实证明中国军队不能与法国人硬拼。慈禧太后心想，我已经将主战派的言论拿到西南边境去做了实验，看来，不战而议和还是对的。大清帝国军事上的失败必须有人承担责任，恭亲王奕䜣等人用撤换两广官员的做法来免受处分，此举在慈禧太后看来，不能从根本上清除异己。

在咸丰十一年（1861 年）辛酉政变以后的 23 年里，恭亲王在与西太后的合作过程中，对西太后的专权与阴险毒辣已深有体会了。其间，恭亲王奕䜣曾有两次被罢黜的经历。

同治四年（1865 年）三月，以御使蔡寿祺参劾为由，西太后忽然以同治皇帝的名义颁出懿旨，称：

“恭亲王办事徇情贪墨骄盈揽权，多招物议，以此劣情，何以能办公事?”

“恭亲王从议政以来，妄自尊大，诸多狂傲，依仗爵高权重，目无君上，视朕冲龄，诸多挟制，往往暗使离间，不可细问。每日召见，趾高气扬，言语之间，诸多取巧，满是胡言乱道。似此情形，日后何以能办国事?若不及早宣示，朕归政之时，何以能用人行政?似此种种重大情形，姑免深究，方知朕宽大之恩。”

结论就是给予如下处分：

“恭亲王着毋庸在军机处议政，革去一切差使，不准干预公事，方是朕保全之至意。”

恭亲王是处理国家大事的重要人物，转眼之间就被罢免，足见西太后在向天下示威。

为了照顾众多大臣的一再申辩和竭力谏争，加上西太后觉得已达到了震慑之威，又传旨召见奕䜣。结果，恭亲王“双膝跪地，痛哭谢罪”。西太后准其仍为军机大臣，开除“议政王”名目。

这第一次打击，确实使奕䜣领略了西太后挟幼帝以专其威的厉害。

随后在同治十二年正月（1873 年 2 月），他又因谏阻同治帝修圆明园，遭到第二次罢黜。虽两宫太后随即撤消了对他的处分，但奕䜣主持军机处的气魄已远不如任事之初。表现在凡事多有回避，少有建言。

特别是东太后暴死之后，他已深知西太后阴狠和自己的处境，更不敢轻易表明意见，一味只知自保，遇事苟且因循。

中法战争发生之初，他囿于“力持和局”的为政“经验”，更用心观察揣摩西太后的意向，他看出了中法战争开始以来，西太后仍欲以“议和”为上策。

于是，他在军机诸臣如翁同龢、李鸿藻等人强烈主战，并影响到年轻的光绪皇帝也持主战意向的时候，仍然不轻易言战。1883 年初，主战主和派论争激烈，而诸臣“往谒恭邸，邸始犹豫，既而无策，亦遂从之矣”。直到那年的秋天，法军在越南的战略意图已经十分明显了，奕䜣仍拿不出对策。

当时连光绪皇帝都感到是战是和，应有一个明确的态度。

在此期间，恭亲王奕䜣上朝的次数越来越少，不是以去祭奠恭王福晋为名不上朝，就是以其他事故为由常常缺班。因此，在中法正式宣战之前，在“战和”问题上，奕䜣与西太后的矛盾并不尖锐。但恭亲王奕䜣的态度却明显表现出不合作的倾向，并以此情绪影响在朝廷中其他大臣。这种“不战不和，麻木不仁”

的态度，急得翁同龢等主战大臣简直到了“愤懑填膺”的程度。

西太后对军机处和恭亲王奕䜣尽管相当不满意，可她对满朝争执不下的和战也很难一言以定。因为奕䜣不想承担和战的责任，西太后同样不想独担难以预期的后果。

光绪皇帝的江山虽然处于内外交困、风雨飘摇的危机之中，可清廷却各怀心事，内部斗争仍在或明或暗地进行着。恭亲王在与西太后几次冲突受挫之后，特别是东太后死后的孤立无援，更使他深感如履薄冰。在西太后眼里，恭亲王做事为“窃权乱政”；不做事为“委蛇保荣”，可谓进退两难。

恭亲王奕䜣对中法战争的犹豫不决和对西太后的冷漠应付，终于引起了朝臣的不满和西太后的愤怒。

1884 年 4 月，西太后对恭亲王等的不满直言不讳，并直接把国难之责推给奕䜣及其所代表的军机处。

4 月 8 日，西太后终于借日讲起居注官盛昱于二日前所上“为疆事败坏，责有攸归，请将军机大臣严加议处，责令戴罪图功，以振纲纪而图补救事”的一通劾奏，揭开底牌。不由军机处拟旨，突然发下谕旨，以“委蛇保荣，办事不力”的罪名，把奕䜣、宝无鋆、李鸿藻、景廉、翁同龢一概逐出军机处。

其实，盛昱上摺的本意，是想让奕䜣等人振作起来，加强抗法的措施。然而，西太后对罢黜军机大臣是“默察已久”，“断难姑容”。她的一贯性格是要做就做到底，看得准，杀得狠。面对这突如其来的变故，奕䜣和翁同龢说自己“真洞目怵心矣”！

随后按照西太后的旨意，任命礼亲王世铎、户部尚书额勒和布、阎敬铭、刑部尚书张之万、工部侍郎孙毓汶等五人为军机大臣，礼亲王世铎为领班大臣，组成新的军机处。又命奕䜣主持总理衙门，并封庆郡王，改变了领导五军机大臣兼总理衙门大臣的做法，以分其权力。西太后罢黜奕䜣后，立即谕令：

“军机处遇有紧要事件，会同醇亲王商办，俟皇帝亲政后再降懿旨。”

这样，军机处的权力实际上掌握在醇亲王和他的心腹孙毓汶手中。

至此，自“辛酉政变”以来二十余年西太后与奕䜣之间的权力斗争终告结束。

在中法战争紧张时刻，慈禧太后将主战、主和全班军机罢黜，做了这样重大的人事变动，似乎要与法国大战一场。但是，实际上其后清廷对法国的侵略仍和战不定。罢黜五军机的“甲申易枢”成为晚清政局重要事件，其根本原因还是西太后为揽权而进行的一次政治斗争，绝非她有意对法主战而采取的断然举措。

少年光绪皇帝对朝廷这一重大政治变局，虽然不可能有清醒的、明晰的理解。但师傅翁同龢等被逐出军机处，换上几个陌生的面孔，显然使光绪皇帝的情绪又受到一种强烈的触动。他已无法安静地坐下来读书。翁同龢在日记里记载了这位少年皇帝在军机五大臣被罢黜之后的第八天，突然反常地爆发了一生中少有的一次脾气。他坐卧不安，见人就骂，几进几出书房，将房门踢得“砰砰”作响，劝都劝不住。

光绪年纪虽小，但他在老师翁同龢的影响下，主战的意向日益明显，他对臣下极力奉承西太后对法国求和的举动，一再表示不以为然，无奈他的见解并不能得到重视。

心事重重的光绪皇帝，在中法战争的紧急关头，仍然要为祝贺慈禧太后的五十六岁寿辰，到慈宁宫“演习起舞”。一方面感到心烦气躁，一方面又无可奈何。

新的军机处成立后，并没有积极组织力量准备战守，只是在慈禧太后的指使下把一些平时爱发议论的清流派人物派到地方上去担任军职。陈宝琛、吴大澂分任南北洋会办大臣，张佩纶任福建会办大臣，协助船政大臣何如璋督率福建水师。

慈禧太后长期纵容一些人物议论时政，其用意是为了以舆论来扼制奕䜣等人，并不是要真正重视他们的意见。如今奕䜣已经下台，再也不需要这批人在耳边鼓噪生事了。便借满足他们的主战要求与愿望为名，让他们真正上前线。这样，打赢了是她西太后用人得当，决策有方；若是稍有差错，或是作战失败，他们自己就会闭嘴。到那时，就可以在天下人面前治他们的罪了。

就这样，张佩纶等主战的清流派主要人物，很快就都离开京城上任去了。

3. “体面”的谈判

法国占领山西、北宁之后，虽然在越南北圻取得军事上的胜利，但法国当时正与英国在为争夺埃及向外派遣兵员，军费上也颇为吃力。在远东，法国实际上并没有力量再扩大战争。

茹费理的参谋们提出，应该用在越南取得的战果来加紧向清政府诱和，逼迫清政府承认法国在越南的地位。

李鸿章有一位德国朋友，叫德璀琳，他在这次议和中起了关键作用。

早在1876年，李鸿章与威妥玛在烟台议办“马嘉理案”时，德璀琳任东海关税务司，曾暗中帮助过李鸿章。

1880年李鸿章与俄国议约时，德璀琳调任天津关税务司，在帮助李鸿章处理洋务时，也出过不少好主意，深得李的信任。李鸿章称赞这位德国人“血性忠实，才识优裕”。两人的关系十分密切。

1884 年春，德璀琳到达香港度假，他得知法国将增调兵舰，并有进一步在中国沿海寻衅，争取找到新的突破口的企图。于是德璀琳上了法国远东舰队副司令、海军少将利士比指挥的军舰“伏尔他”号。这是法国中校福禄诺当舰长的旗舰。在船上，两位法国海军军官便与应邀上船的德璀琳进行一场密谈，主题当然是寻求通过这位李鸿章的老朋友，打通中国政府的诱和之门。

长期搞洋务的李鸿章，本来就与法国中校福禄诺有一面之交，福禄诺也深知李鸿章的“息事宁人”的一贯主张，于是福禄诺致密函一件，于4月6日在香港交给德璀琳，请他设法早点交给李鸿章，表明法国政府的态度。但形式上却是以福禄诺私人的名义致函李鸿章。

德璀琳立即从香港启程，赶往天津，于4月17日在天津将密函交与李鸿章。

福禄诺信中说：“若此时议和，似兵费可免，边界可商；若待彼深入，或更用兵船攻夺沿海地方，恐怕连这些都办不到。与其兵连祸结，日久不解，待至中国饷源匮绝，兵心民心摇动，或更生他变？似不若随机回应，早图收束，有裨全局。”

在给李鸿章的信中，福禄诺貌似站在中国的立场上，还别有用心地挑拨说：

“中国南边三省，素有‘内匪’，现在既与法国交界，法国如肯接济‘乱党’，中国之边疆必永无肃清之日。”

李鸿章最能揣摩西太后的心理，他知道北京城里的那位西太后，最怕的不是外患，而是内乱。

福禄诺在信中提出五点议和条件：

中国开放云南与法国通商。应即订立云南省通商章程；

中国不得拦阻法国保护越南的权利；

法国保证在签订条约时措词会保全清政府的体面；

中国应速将驻法国公使曾纪泽调开。

法国要向中国索取赔款，并将占领中国东方沿海地方作为抵押。但是，如果中国愿意与法国“实心敦睦”，法国可在这一点上“极力相让”。换句话说，可以考虑免于向中国索取赔款。

福禄诺觉得上述条件太原则了，还须具体一点，加上注脚。就威胁说，如果中国不答应这些条件，法国就要在一个月内，派三四万人前往北圻，调遣铁甲舰十多艘、兵船一大队，前来中国沿海布置，让打了胜仗的米乐司令和海军司令孤拔两人来解决中法问题。这样一来，对中国肯定大有损害。

李鸿章将这封信反复看了几遍，觉得这位老朋友说得有理。他立即将此重要信息进呈北京。

4 月 25 日，军机处给李鸿章打来电报，说李鸿章的信经最高决策者研究后，给予以下答复：

“详加披阅，均尚无伤国体，事可允行。该大臣照所拟办理。嗣后详细条目，务当悉心筹划，毋滋流弊。钦此。”

这就是说，皇帝反复阅读了李鸿章上呈的信，认为法国人提出的条件可以接受，所谓“无伤国体，事可允行”。交代李鸿章按照自己的意思操作就是了，只是请他要详细筹划细则，不要因此产生遗留问题。

李鸿章得到朝廷的授权，满心欢喜，觉得很有成就感。他已胸有成竹，要在紧急时刻处理好眼前的国家危机。

法国人很快得到李鸿章代表清政府发出的求和信息。

5 月 5 日晚，德国人德璀琳与来自香港的法国海军军官福禄诺到达天津。当晚德璀琳即前往会见李鸿章。

李鸿章刚刚得到两广总督的消息，传说法国人要攻打广州，广州实在无力防守。情势骤然紧张起来，这使沉浸在和平解决争端气氛里的李鸿章，颇有些丧气。

德璀琳一见李鸿章，就看出往日遇事不慌不忙的中堂大人，今天似乎不大高兴，回答问题时也常走神。

德璀琳知道原先请人传播法国要攻打广州的假消息起作用了。有了这个效果后，德璀琳便凑近李鸿章的身边，一字一顿地说：

“我听说，法国孤拔和利士比已经着手调查了中国沿海的防务，他们发现闽、粤、江、浙一带防务空虚。要是趁现在他们在越南取胜之机，赶来海上寻找一两个突破口，占领一些重要口岸，作为索赔巨款的抵押，我想也是顺理成章的。”

李鸿张接口说：“这样的事情可以想象。”

又说，“现在，我们已经将曾纪泽调开，使他不用兼任驻法公使，改由李凤苍代替他驻巴黎任驻法国公使。这也表明中国的诚意，法国既然愿意协商，我可以与福禄诺进一步面谈。”

经过清廷军机处几次讨论，最后西太后发话了：她要李鸿章抓紧接触，不得“迁延观望，坐失事机”，要他迅速达成协议。

1884 年 5 月 6 日，福禄诺和法国驻天津领事法兰亭到李鸿章的总督府，开始就谈判内容进一步进行协商。

说是协商，其实是福禄诺单方面草拟了有关条文。

在福禄诺宣读条文内容时，李鸿章眯着双眼，双手轮换捋着他极为考究的胡子，品味着其中的涵义。

福禄诺解释第一款说：“中国南方诸省毗连越南北圻之边界，无论外国何人前来侵犯，无论系何种情形，法国约明应保全护助。”

李鸿章说：“这不就是让法国占有越南吗?”

福禄诺补充说：“将来别国如要与中国开战挑衅，发生摩擦，法国就不能与第三国有约定，从而妨碍中国。这已是友好的基础了。另外，我们用‘保全’二字，也说明了法国不再北进侵犯中国边境的意思。”

李鸿章心想，先把自己的事情管好，区区一个越南，目前尚未达到一定要全力以赴顾及的地步。所以可以默许这一款。

福禄诺又说到第二款的内容：“既然法国许以中国实在凭据，在中国南方诸省边界勿得侵占滋扰；中国约明，即将驻扎北圻的各防营撤回，并约明，对法、越已定未定的各个条约，一律置之不问。”

李鸿章问道：“什么叫做‘不问’？”

福禄诺接过话题，举例说：“不是让中国承认法国与越南订立的条约。就好比法国并不过问越南向北京朝贡一样，法国不要明说越南是中国的属国。”

李鸿章追问下去：“这个问题很重要，为什么不写进条约？”

福禄诺为难地说：“中堂大人你也知道，这几年法中诸多政界人士最敏感于这个问题，如果讨论到‘属国’这样的字眼，并明确写进条约，恐怕法国几年的努力就白费了，法国肯定不同意。其实，用‘不问’这种最具弹性和有多种解释可能性的字眼最好。我以为对中国并无大碍。”

李鸿章沉思了一下，心想：不问就不问吧。大家都有些余地也好。

福禄诺介绍了第三款的内容：“北圻边界听凭彼此货物往来运销无阻。”

李鸿章提出一个限制条件，说：“开放边界可以，货物也可以运一些进来，但不准在中国境内开口通商。”

第四款提到赔偿军费问题。

李鸿章对这个问题提出不同的看法，他说：“中国军队驻兵越南，保护属国利益，是应尽的责任。法国自己决定增兵攻打北圻，事由乃法国引起，这怎么好让中国来赔偿呢？这样的条款我国断难同意。”

福禄诺想了一下，做出一副同情理解李鸿章的表情，说：“要不增加一个解释条款，就这样说：‘因感中国和好商办之情，姑允将兵费免去。’你看如何？”

福禄诺见李鸿章表示同意，再次强调中国必须准许法国与越南及中国内地货物在越南北圻边界运销，税收方面的详细约定，可日后再予商定。

福禄诺特别友好地向李鸿章表示，可以在条款中增加进一个十分重要的内容，即法国答应在与越南修约时，绝不会插入伤害或妨碍中国威望体面的字样。对于这一有关大清帝国国体尊严的内容，李鸿章表示赞赏，他觉得福禄诺于公于私都很给自己面子。

双方约定，以上内容经各自国家同意后，即可签约。

福禄诺最后对李鸿章说：“黑旗军问题也是法国政府非常关心的问题，希望中国政府能采取实际行动限制黑旗军的行动。”

福禄诺深知如果这一个内容强制写进条约，中国朝廷中的许多主战派人士绝不会同意。另外，清廷利用黑旗军的实力与英勇善战打击法国势力和威慑越南亲法派的作用，也将被削弱，这对李鸿章个人来说，会比较为难。所以，福禄诺就做了顺水人情，就像法国把不要中国赔偿军费作为一个礼物来答谢李鸿章一样，黑旗军问题也没有写进条约。

但是，关于黑旗军的去向，李鸿章与福禄诺在谈判中已达成默契：“由中国设法解散约束。”

5 月 9 日，李鸿章接到上谕：

兹据总理各国事务衙门，将李鸿章与福禄诺所拟五条呈览，不索兵费，不入滇境，其余各条均与国体无伤，事可允行。

经过中国政府的批准，1884 年 5 月 11 日下午 4 时，李鸿章与福禄诺在天津签约。这就是《天津简明条约》。

《天津简明条约》肯定了法越早先签订的《顺化条约》，承认了法国占有全部越南，中国须将所驻北圻的军队立即调回边界，并对法、越所有已定与未定的各条约，一律不过问；法国不向中国索取赔款，但中国必须开放与越南北圻毗连的边界，听凭法国商人运销货物，等等。

这次谈判，双方代表谈得十分投机。只经过几个小时的一次谈判即达成协议，法国达到了所要求的全部目标。

李鸿章在签约后长舒一口气。他对人说："此事只能如此办，若待法人深入，或用兵船攻夺沿海地方，恐怕连此也办不到……不若随机应变，早图收束，有裨全局。"并且断言，"订约之后，当能永久相安。"

第二天，法国内阁总理茹费理致电福禄诺，祝贺他的成功使命。

茹费理还直接给李鸿章打来祝贺电报，称李鸿章是"我们的朋友"。说李鸿章乃"为国名臣，深于阅历，所见两国公共利益并未来之事，竟与我辈相同"。

法国外交部也打来电报说：法国外交部、海军部都向他"致敬"。

茹费理还发电报给法国远东海军司令孤拔说："在布置中国沿海地方时，不许攻击旅顺港，以保全我们的朋友李鸿章的威信。"

李鸿章一连接到这么多赞誉有加的电文，觉得自己为朝廷办了一件大事，心里很痛快。

当福禄诺将茹费理的电报全文转给李鸿章后，李鸿章高兴至极，当即于5月14日复电茹费理：

“久仰贵大臣办事明快，见识远大，从此唯望我两国和好永敦，猜疑尽释，彼此为难隐衷，两地心照。”

前两句是外交辞令，后两句乃李鸿章的切身体会。的确，他有难以言说的苦衷。

在《天津简明条约》形成期间，朝野各方面反响强烈，李鸿章因此成为众矢之的。许多人公开唾骂他“因循误国”、“老奸巨猾”，反对批准这个条约。西太后这时公开出来为李鸿章辩护，说李鸿章办理得当，说订条约“均与国体无伤，事可允行”。西太后还指责那些谴责李鸿章的言论，是“不悉原委，措辞失当”。

李鸿章在公开场合说自己“审势量力，持重待时”，是“遇险自退，见风收帆”，表明把握形势及谈判尺度很到位。

为了扩大影响，李鸿章特别向朝廷提出，要嘉奖中介人德璀琳。认为没有这位老朋友的从中撮合调停，谈判前的有关信息就得不到，对中方可能不利。他向清廷建议，为德璀琳加官请赏：

“该税司排难解纷之志，虽遭疑忌，始终如一，深堪嘉尚。事关中外大局安危，不与寻常劳绩可比，可否吁恳天恩，将三品衔税务司德璀琳赏穿黄马褂，并加二品衔以示优异。”

德璀琳穿上黄马褂，前来李鸿章的总督府，两人叙述起为争取给中国一些“体面”而认真推敲字眼的那些日子，不禁生发许多感慨。

夜深人静的时候，李鸿章也在回想众多舆论压力之下的艰难时日。他提笔给云贵总督岑春煊写信时，透露其“隐衷”：

“此次议款之速，实因桂、滇各军溃退，越事已无可为。法提督调集兵船，欲攻夺台湾鸡笼（基隆）煤矿、福州船厂，接济煤械，为持久索费计。正虑兵连祸结，益难收拾，中旨密令鄙人维持和局，乃敢冒不韪以成议，解此困厄。”

李鸿章选择给交战前线的云贵总督寄信说明自己的苦衷，自然也有为自己开脱的意思，但形势也大体如他所分析的那样。中国政府确实存在“鞭长莫及”的难言之隐。想以议和阻止战争的升级。

《天津简明条约》的主要内容是清政府承认法国对越南北部的保护权和法国与越南签订的条约，同意中越边境开埠通商，以及中国军队撤回边界。这样的内容在政治上和军事上就割断了中国与越南的关系，使法国对越战争不必顾及中国的干预与参战。同时，越南政府也因此而孤立无援。

1884 年 6 月 6 日，即在《天津简明条约》签订不到一个月，法国又以修改条约的名义，强迫越南缔结第二次《顺化条约》。再次明确：第一，安南承认并接受法国的保护；第二，法国将有军队永久占领顺化；第三，安南官吏将继续治理界内诸省；第四，安南政府除已开放的归仁外，将开放沱瀼和春台两埠口。

67 岁的越南摄政大臣、吏部尚书阮文祥，法国全权代表，即将赴北京任法国驻华公使的巴德诺，分别代表两国签订了第二次《顺化条约》。

这就是《天津简明条约》的直接结果。法国最后取得了对越南的殖民统治权。

第二次《顺化条约》签订后的几个星期，茹费理兴致勃勃地拿着这个条约到议会去批准。面对法国在这一时期取得的胜利，法国议会上下群情激昂，欢呼茹费理政府的成功。

茹费理向议会作演讲时，就两次《顺化条约》签订的意义，作了如下阐述：

"1884年6月6日的条约，是一个名实完全相符的保护条约。而1883年8月25日的条约则既是一个保护条约，又是一个征服条约。法国从突尼斯获得经验，保护制度对于安南很适合，它在最经济的条件下，建立我们的势力，对于发展该国的富源，对于在那里助长殖民地化，甚至对于准备使安南同化于法国，都是最适宜的制度。"

茹费理被自己的这番解说所鼓舞，他坚定地相信，在越南建立的这一个殖民地模式，绝对适用于对中国将来的战争及其最终结局。

4. 撤军备忘录

茹费理在议会的演讲受到巴黎各界的高度赞誉，他觉得自己是法兰西帝国在远东征战的有力策划者，大功即将告成。从议会的讲台上下来后，他在想一个问题：务必要乘胜追击，逼迫中国军队撤出防区，才有实际效果。他知道，巴黎的那些政客和冒险家需要给予不断的刺激，煽起他们对中国这个古老帝国的征服热望，只有这样，议会才能批准更多的军费开支，支持远东的战争。

茹费理这时又像个精明的商人，他深深懂得，没有钱，是干不了大事的。于是，他又开始酝酿一个新的计划。

他要让还留在中国的福禄诺再干一件轰动世界的大事。

《天津简明条约》签订后两天，福禄诺收到巴黎的来电，电文上茹费理要他在离开中国之前，趁势加压，先解决中国军队从越南东京撤退的问题。

1884年5月17日，天津李鸿章的总督府。

李鸿章一见福禄诺进来，就主动起身迎上前去握手，并把福禄诺让到旁边的书房里，以便更亲切自然地谈话。

寒暄完毕，福禄诺开始接触正题。他说：

“中堂大人，巴黎方面非常满意您的远见卓识。虽然在这段时间里，我们也听到一些对法国政府的不友好言论，认为法国对越南的保护触动了中国的威严和利益。但是，我们深为感佩的是中堂大人能高瞻远瞩，挽救中国的颓势，增进了中法两国的友谊和相互谅解。对于这一点我是深有体会的。我已经多次详细地向茹费理总理作了陈述，总理也一再让转达他对您的敬意。”

李鸿章又一次激动起来，但他马上就意识到不要太过于喜形于色，于是，他淡淡地说：

“签订条约，我是经受了许多压力的。好在我们的皇帝和太后深明此中的要害，支持我的见解。现在，和议已签下来，我想，可以安定一段时间了吧。”

福禄诺接过话题，说：

“如果照条约所规定的原则，我敢保证，中法双方将维持友好关系，绝不会出任何差错。”

李鸿章见福禄诺从怀中掏出一份文件，意识到这个法国海军旗舰的舰长又有话要说，不觉挺了挺身，观察对方脸上瞬间呈现出来的一丝狡诈表情。

李鸿章接过福禄诺递过来的文件，一看，原来是一部关于撤军的备忘录。这份备忘录是站在法国军队的立场上进行表述的：

“20天后，即6月6日，我们就能够占领谅山、高平、宝溪及东京领土内背靠广东、广西境界的各个地方。同一天，我们将能在整条东京海岸线上建立停泊站。40天后，即6月26日，我们就能占领老街和东京领土内背靠云南领土的各个地方。这些期限届满后，我们将立即进行驱逐滞留在东京领土上的防营。”

这份备忘录，更像一份作战计划，根据上面的描述，仿佛可以看见法军如入无人之境的战斗情景。看得出，当时写这份备忘录时，法国人是何等自信。对于局部战争的胜利者，这种口气也是符合其身份的。

李鸿章仔细地审读了其中的撤军日期，他认为，当初签订条约时只有原则性的时间，并未明确认定具体日期，纯粹为了能够迅速达成约定。所以对于这份写明具体撤军时限的文件，李鸿章未表示明确的赞成，但也未做任何正式的否认。这就给福禄诺留下空间。

现在，摆在眼前的又是一道难题。

李鸿章用手指点着备忘录上的具体撤军日期，盘算着运作起来的可能性。现在距离6月6日只有20天，发电报要数日，西南交通不便，山高路险，部队还有一些辎重。另外，对驻军是否马上撤离，朝廷中仍有一些阻力。这些都需要一段时间才能明确，现在他李鸿章没有绝对把握。

想到这里，李鸿章答话了：

“先生是我大清的功臣，我们又是老朋友，跟您说实话，阁下所提出的撤军具体期限太仓促，我们无法实施，不能接受。”

福禄诺拿出《天津简明条约》，指着上面的文字问道：

“条约内不是已经明确地写上了中国军队‘即行调回边界’吗？”

见李鸿章不予回答，福禄诺又作了补充：

“我们认为，20天至40天时间不能算是仓促。如果这么长时间还不能算是‘即行’的话，那么，中堂大人您说‘即行’该是多长时间？”

李鸿章此时忽然想起来，应该用中国文化传统中的时间概念，来帮助自己向这个法国人做一些解释。

李鸿章开腔了：

“有时候，我们中国人认为生命很短暂，在大千世界上，好像匆匆的过客，这样，人生就像是空中的一颗流星，稍纵即逝。这里这个‘即’字就是条约里的‘即行’的一种意思。是很快的意思。”

福禄诺看出这位大学士是在借玩弄概念拖延时间，玩弄一贯使用的含糊处事法。他心想，那就看看这个老头如何解释“即行”？

李鸿章看到福禄诺一脸迷茫，又说：

“再比如我们两人当时议条款，要签订条约的那天晚上，我的心情很复杂，不知道北京和巴黎最后是不是认可我们的努力，那一夜真是度日如年。所以，有时一个晚上对有心事的人来说，那是十分漫长的。你明白我的意思吗？我们中国人的时间概念也是相对的，随人事和心情而不断变化其长短。所以，条约上的‘即行’也是一种随地缘人事而定的原则。”

福禄诺插话道：

“我还是认为‘即行’必须具体约定时间。”

李鸿章再次盘算了一下，回答说：

“我们认为，这里的‘即行’一般不迟于3个月。”

“20天和3个月相差太多了，你们中国人就是这样看待时间吗？”福禄诺脸上已出现了嘲笑的表情。

“只能做这样的理解了。”李鸿章最后似乎定调了。

福禄诺问道：

“对于这个备忘录，中堂大人您是不准备接受了吗？”

李鸿章沉思片刻，说：

“是的，不能接受。”

李鸿章心里有气。他想：我李某人在这件事情上得罪了国人，为了与法国人修好，已经付出那么多代价，眼下只是为拖延几天撤军，你们就逼迫得这样紧，作为老朋友，你福禄诺也太不讲义气了。

福禄诺见李鸿章不再答话，站起身说：

“约定是需要执行的，我相信，中堂大人历来守信用，不要为这件事情，破坏了中法两国的友好关系，也使老朋友不好回去交代。关于撤军的事情，我们已经提出具体的撤军期限，无法向后拖延。接受与否是你们中国方面的事情，我已经将话讲清楚了。以后如果发生什么事情，后果概由你方负责！”

福禄诺这时俨然是一位站在驾驶台上指挥战舰的舰长，他几乎用威胁和命令的口气，对这位资深的中国政坛人物发号施令。

福禄诺高昂着头，快步走出李鸿章的总督府。

目送福禄诺走出房门，李鸿章凭着他的经验和这些年对西方人的了解，预感到将有大事要发生。因此，不免对前几天良好的自我感觉产生了怀疑。

他坐在红木太师椅上，良久不吱声，心情沉重，平素里十分犀利的目光也变得呆滞了。

5. 观音桥事件

1884 年 6 月 12 日，法军以“巡边”的名义，来到谅山附近的屯梅、谷松一带骚扰。

新任广西巡抚潘鼎新，受到过李鸿章的栽培，长期与李鸿章有良好的私交。他是在李鸿章的积极建议下被派往广西的。

潘鼎新知道中法刚刚签订了停战协议，现在又看到法军有备而来，朝廷不知是什么想法，一时也拿不定主意。自己见过刚刚败下阵来的清军主力，又想到连战无不胜的黑旗军不久前也败在法国人面前，心中不禁惶恐不安。

他想，在这个敏感时刻，无论什么信息都还是向上报告为好。一来将来发生变故个人的职责可以分清，二来对事关全局的大事一定要听朝廷的明确指令。

潘鼎新将近日法军的动态向朝廷汇报之后，顺便加上自己的评论：

"一经开仗，败固然不好，就是打胜了也从此多事。"

这份给总理衙门的报告，潘鼎新自我感觉是建立在朝廷积极与法国人议和的基础上的。他想，主张不打是最好的意见，绝对不会犯不与朝廷保持一致的错误。

在报告中，潘鼎新基于不打的想法，还建议将驻守谅山的边防军撤回边界，避免与法军正面冲突，发生战斗。

北京接到潘鼎新的报告后，研究了中法条约里的原则意见，觉得不应该匆忙撤退，这样有损国体。加上李鸿章在天津与福禄诺的不愉快接触，为了维护体面，朝廷下令驻云南、贵州、广西的防军："仍扎原处，不准稍退示弱。"

接到朝廷的指示，驻云南、广西的部队都提高了战斗的警惕，单等北京下达打或不打的命令。按照命令的原意，要军队驻扎在原来的阵地上，不能后退，但未明示可以打，同时还要"不准示弱"。总之，还是一种让人猜测的指令。

福禄诺也是一个性急的军人，他与李鸿章谈完后，觉得李鸿章对撤军问题态度暧昧，必须施加军事压力才能促成此事，向巴黎方面交代。

福禄诺回到寓所后，立即发电报给在河内的法军司令米乐将军，重申其备忘录里写明的中方撤军日期，要他适当采取军事行动，制造一些气氛。

米乐自从打了胜仗后，兴致正高。他觉得军人在外作战是最愉快的事情，他坚信法兰西对远东的征战该进一步向中国方向推进了。

收到福禄诺的电报后，米乐立即集合部队作战前动员，派遣杜森尼中校的纵队立即起程，开赴谅山“接防”。

杜森尼纵队是法国第三海军步兵联队中的一个大队，共700多人，其中除非洲轻步兵第二大队一分队有120名非洲人和射击二中队有350名越南人外，其余的是欧洲人。

随从杜森尼上校部队出发的，还有一个载运粮食的辎重队和1000名随军苦力。

他们带足两个多月的给养从河内出发了。

越往浪张府（富林祥）走，道路就越崎岖难行。经过浪甲之后，便进入林木繁茂的大山。山里老树丛生，只有若有若无的小路布满荆棘。行军速度越来越慢。

六月的丛林，湿热加上多雨，天气使人压抑。走在荒凉的山谷里，涉过深深浅浅的溪流，周围很少看到有人烟。偶尔碰上一些零落破败的茅屋，也只有一些表情呆滞的越南老人向外张望。

几天以后，这支纵队进入越南北黎地区。中国话把这一带叫观音桥。这里背靠谅山，是一处军事要塞。

6月23日，杜森尼纵队穿过北黎，停留在谅江（即昌江）旁边。因为天气闷热，士兵多中暑，部队只好停下避暑。

东乃山在谅江的左边，断崖峭壁倚天而立，形势十分险要。右边只有一条蜿蜒前伸的小路，一直通往前面的大山。

法军逼进观音桥的兵力有700多人，忽然听到前面中国驻军喝令止步的喊声。

法国纵队前锋侦察兵马上告诉中国士兵：

“越南已是法国管理的地界，现在我们要到谅山巡视，请找你们的长官讲话。”

驻守谅山的中国桂军前敌将领黄玉贤，派了一名代表前去送信。

使者来到杜森尼的住处，从怀中取出一封信。信上说：

“我军没有得到撤退的命令，请暂缓进兵。”

“我们愿意按总理衙门指示进行调动，也请你们出示有关的撤军文件，只要双方议定，我们愿意随时撤出谅山。大家都不愿意签了和约后再次发生新的战争。”

杜森尼并未理会中国驻军提出的要求。他根本没有将中国驻军放在眼里。他认为，此次前来谅山，就是要来接防的，军人的天职就是服从。出发前米乐将军已经说得够清楚的了。

在杜森尼中校看来，周边的形势这么险要，前进的路只有一条，只有不断向前推进，才是最好的办法。

法军在此遭到中国驻军的阻拦，顿时群情激动。杜森尼认为这个派来交涉的中国士兵可能是在运用一种拖延战术。他让手下将这个信使绑起来，然后对着这个士兵吼叫：

“和与不和都不能阻止我们的进攻，三日内我们一定要拿下谅山！你去告诉中国人，要么快点投降，要么退回中国境内，早点交出阵地，免得再遭我军集中打击，白白损失性命。”

中国信使看着这个张狂的法国军官，觉得不能忍受法国人的阵前羞辱，也高声叫骂回应。

当翻译将士兵的愤怒传达给杜森尼中校后，这个怒火中烧的法国人竟叫手下当场射杀了中国士兵。在他看来，法国人接收中国人所占阵地的任何行为都是不需要解释的，他才不管什么两国交兵不斩来使的规矩。

杜森尼以为凭着这700多人便可以在大山里所向无敌。他经历过北宁等地的战斗，认为中国军队已经被打得失去了抵抗的意志，实力上也不行。凭一股狂傲的蛮劲，这位法国中校又将队伍往前带了一小段路。

为了试探虚实，杜森尼命令部队向可能隐蔽中国军队的阵地开炮。

这时，中国驻军见使者有去无回，法国人根本不理会停止前进的警告，于是长官命令士兵开火还击。

双方经过数小时的激战，走在前面熟悉地形的法军越南人士兵，很快队形散乱，他们看得出这里部署着许多中国驻军，并不是像事先所了解的那样不堪一击。由于熟悉地形，那些越南兵先行逃跑，大多钻进蔓草荆棘丛中，很快就不见了踪影。

剩下的大多数是自欧洲大陆和非洲突尼斯招募来的士兵，哪里见过这种危机四伏的神秘峡谷？在他们的身前背后，到处都响起火炮的爆炸声，不知从哪里射来的枪弹，纷纷钻进他们的身体。到了这时，这些欧洲人开始相信东方人“草木皆兵”的传说，似乎高高低低的树丛里都安放着自动射击的装置，稍不留意即丧命。

这时，队里军官赶到杜森尼身边，对他说：

“据我们几次进攻遭到的反击判断，这里埋伏着几千名中国士兵，他们熟悉地形，火力也比我们强。要重新找对策才是。”

杜森尼杀得性起，他高声训斥说话的军官：

“现在没有退路，必须进攻，不惜代价。只要打开一个缺口，中国军队就会溃逃。况且中国人是违约的，我们要有信心。”

中国驻军有准备的袭击，使法军伤亡惨重。

几个军官再次前来阻止杜森尼的强硬进攻。一个与杜森尼一起来到越南的老同学马雅尔上尉说：

“中校，以这样少的军队，绝不可能突破目前的防线。现在我们伤亡很大，你要对这些远征军的生命负责。”

话音未落，一颗炮弹又在附近爆炸，几个法国士兵倒在血泊中。

杜森尼见硬攻确实困难，就下令退却。他们丢掉了所有的行李、军火和给养。

清点伤亡情况后，杜森尼向米乐司令发去电文，详细汇报此次谅山之行的失败经历。

5 日后，北京的总理衙门也收到两广总督张树声发来的电报：

“闰五月初一（6 月 23 日）观音桥之役，法与我军枪炮互击，相持自下午至四更，法兵死伤不少，我军大获全胜。现法军退扎屯牙，连日调队，络绎不绝，数日内必有大战。”

面对发生在西南的新一轮中法军事冲突，朝廷上下又开始议论纷纷。矛盾再次提交到军机处面前，西太后也在等着这帮亲信拿出办法来。

6. 要不要赔款

河内，东京远征军总司令部米乐将军的指挥部。

电信室递给米乐的副官一封紧急电报。副官迅速将电报送到米乐手里。

这是杜森尼中校发来的电报，上面详述法军在北黎（观音桥）遭到中国军队阻击的战况报告。这次惨败，法军伤亡近百。

得知法军在北黎的惨败，米乐颇觉意外，他认为中国军队刚刚被法国军队重创，已撤出北宁等防区，怎么可能这么快就又以如此坚决的行动抵抗法军的接防？

米乐经过分析得出的结论是投入的兵力不够，因此必须增兵。

米乐对身边的尼格里将军说：

“法军必须立即增派兵员，加强打击力度。命令你率领部队立即前往救援。”

必须立即向当局报告此战的失利。米乐马上向法国海军殖民部长裴龙海军中将发去如下电文：

> 在所定中国军队撤退日期之后，一支法国纵队为占领谅山，在前赴该地时，为不顾天津条约的中国正规军4000人所袭击，我们死亡7人，伤42人。

消息传到巴黎，第二天的报纸上都是法军在北黎失利的报道。报上说：“法军在谅山被中国官兵4000人打劫了。”对法国军队这次在越南北圻蒙受的莫大“凌辱”，新闻媒介表现出空前的愤怒，许多激烈的言论煽动起对中国的仇恨，报纸还讨论了报复中国的种种方式，其中最强烈的呼吁就是，要求法国政府向中国索取巨额赔偿。

茹费理还沉浸在签定《天津简明条约》的绝对胜利的喜悦之中。现在观音桥事件突起事端，对他来说也颇为意外。

但是茹费理的头脑很清醒，他在第一时间接到法军遭打击的消息时，就立即进行研究，寻找法政府最佳的应对方案。他通过新闻媒介，扩大信息的传播面，将这个事件变成街谈巷议的第一新闻，又让报纸引导市民参与讨论，试图以巨大的舆论压力迫使政府采取强硬的态度，要求由中国政府向法国赔偿巨款。

一俟茹费理觉得民意和议会的意见一致了，便命令法国新任驻华公使巴德诺暂缓去天津，拒绝与清政府讨论《天津简明条约》的详细条款。

与此同时，茹费理发电给在北京的法国代办谢满禄说：

“你知道，我国部队为接收边界，在谅山附近遭到中国军队的攻击，这是违反《天津简明条约》的。你应当负起即刻要求赔偿的责任。”

谢满禄根据茹费理的指示，先向总理衙门提出抗议。并于1884年7月13日将一份要求撤兵、赔款的最后通牒交给总理衙门。这份文件口气强硬，索赔条件苛刻，并提出一个索赔的天价：

“深悉贵国如此干犯约章，必有人从构衅，以伤我两国之和好。现在巴大臣（指法驻华公使巴德诺）已奉延寄，请贵国立即遵照第二款（即‘中国约明将所驻北圻各防营即行调回边界’）办理，并请朝廷特旨通饬北圻戍兵，火速退出，刊登京报。又因贵国违约，致我糜费巨款，奉命向贵国索赔偿银至少二亿五千万法郎。自今日为始，限7日内复明照办；不然，我国自当径行自取押品，并自取赔款。”

所谓“自取押品”、“自取赔款”，就是占领中国沿海两个海口，作为赔款抵押，直至中国政府愿意付出全部赔款为止。

法海军部部长裴龙在接到观音桥的消息后，马上怒气冲冲地给孤拔发了一份重要电文：

> 我们开赴谅山的部队，为不顾天津条约的中国军队袭击，你要负起两支分舰队的指挥工作，开入中国海域，向中国人示威。

孤拔随即率领他的远东舰队从南中国海北上，进行武力威胁。

这时，清朝廷仍然幻想与法国“共保和好大局”，说观音桥事变（即北黎事件）是出于误会。另外，清廷也解释说，简约中的条款并未将边界事务议定，也没有明确中国军队的具体撤军日期，李鸿章还没有确认备忘录的具体撤军日期，因此冲突的责任应在法方。

其实，中国虽不大满意李鸿章与福禄诺所签定的简约，但绝没有决裂的意思。因此，仍然用诚恳低调的态度向巴德诺发出邀请，请他到天津来与李鸿章谈判解决谅山事变产生的遗留问题。

巴德诺拒绝前来谈判。

清政府怕因北黎事件而使战火再起，不顾李鸿章、福禄诺所订条约的屈辱性质，仍然决定遵守它。

7 月 16 日，清廷命令岑毓英、潘鼎新将保胜、谅山各处防营撤回云南、广东关内驻扎，并于一个月内全数撤退完毕。

李鸿章特地写信向潘鼎新做了解释说：

“兄前与订此约，实因彼调集兵船，攻占台湾，为讹索巨款地步，不得不随宜应付，为救急止兵之计。”

李鸿章向正在前线指挥作战的军事将领所说这些话，集中反映出朝廷对法国对华战争进一步升级的恐惧，尤其是整个远东舰队直逼台湾海峡时，清廷对这支游弋的舰队何时选中目标开炮，心中无数。

清政府权衡了一下，觉得已经采取了实际上的撤军行动，希望通过谈判进一步解决问题。

1884 年 7 月 19 日，军机处奉上谕：

署两江总督曾国荃，着作为全权大臣驰赴上海，与法国使臣办理详细条约事务。钦此。

同一天，北京总理衙门致各国照会，要求对法国勒索赔款一事进行公断。该照会说："今谅山（即北黎）之事本系法国误会期限，转向中国索取赔款，既与第三款（即法国不向中国索取赔偿费）相背，且未闻全球各国有此等无名兵费。今特布告各国闻知此事，是非曲直，各国当有公论。"

对于朝廷的指令，曾国荃有自己的理解。早在中法战争爆发前，曾国荃就对这场战争失去信心。他曾对通政使周小棠说："我师今与西师战，有十六字秘诀曰：先去先败，后去后败，同去同败，不去不败。"

曾国荃到上海与法国公使巴德诺的谈判，主要为谋求解决争端的途径并议定详细条约。至于法国索取赔款，清政府则明确加以拒绝，这是给曾国荃一个谈判的主要原则。

按照曾国荃的理解，谈判交涉与战场上兵戎相见的性质也是一样的，仍然是"先去先败，后去后败，同去同败，不去不败。"现在，朝廷既然要他去谈，也绝无不败之理。

曾国荃为难了。

面对北京不准答应赔款的压力，曾国荃向李鸿章请教。李鸿章不露声色，只告诉他："中国文字灵活通脱，弹性很大，换个角度嘛！"

见曾国荃似乎还不明白，李鸿章索性下了谈判方案的底牌：不管双方争端在哪里，你就认真消磨时间，省略所有的具体细节，最后，送个人情与洋人，替法国的"伤亡将士"请求"恩赏数十万"，用不同的名义花钱买平安算了。

天朝恩赏番邦，自古皆然，这话多好听。

曾国荃连声赞叹，自愧学识不如李中堂。

法国限期届满前一天，曾国荃擅自答应巴德诺“抚恤”银五十万两（约合三百五十万法郎）。名义是救济观音桥事件中的死难者。

曾国荃以为以区区五十万两银子，即可换来和局。正在得意时，北京传来消息，斥责他违背朝廷旨意，擅自让步赔钱，不予承认。

巴德诺一见清廷不认这个数，当场斥骂此举为“笑柄”。会谈不欢而散。

曾国荃再次处于两难的境地。他干了一件里外都不讨好的事，自己也觉得没趣。

谈判时断时续，不时陷入僵局。8 月 2 日，巴德诺声言要自由行动。

此时，新任清廷军机处实际领班的奕譞，秉承西太后的意旨，完全寄希望于和谈，不顾法军猖狂挑衅，并已调动军舰开辟东南沿海新战场的严重后果，严令沿海各省“静以待之”，“不可先发开衅”。

主战派出场

7. 休闲的亲王

起风了。暮春时节，北京的风刺眼，很有几分寒意。

张佩纶来到恭亲王奕䜣的府邸，在他赴闽会办海疆事宜的前夕，他要看望一下这位下野的政治家，他的后台之一。

从1862年到1884年的二十余年里，奕䜣一直处在中国政治前台的大漩涡里，直到中法战争爆发，整个军机处原班人马被西太后一并裁撤，奕䜣才赋闲在家。

如今的恭王府花园，自然看不到变幻莫测的政治风雨，只能看到满族王公悠闲林下的恬适生活。

张佩纶默默随奕䜣来到恭王府的花园。放眼望去，初绽的花朵预告着气候即将转暖，花园中已呈现鸟语花香的暮春景色。

恭亲王毕竟不是等闲之辈。奕䜣主持中枢，在推进近代化进程中，很有些值得一书的事迹，其中最著名的，是与顽固派在兴办同文馆问题上的争论。

同文馆原是总理衙门兴办的培养外语人材的语言学校。1866年12月，奕䜣上奏，建议在馆中开设“天文”、“算学”馆，也就是讲授自然科学，招收满汉举人及中下级官员入馆学习。这一主张遭到了以理学大师、同治的师傅、大学士倭仁为首的顽固派的强烈反对。奕䜣说：“夫中国之宜谋自强，至今日而已亟矣。识时务者，莫不以采西学、制洋器为自强之道。”“若夫以师法西人为耻者，其说尤谬。夫天下之耻，莫耻于不若人。查西洋各国，数十年来，讲求轮船之制，互相师法，制作日新，东洋日本近亦遣人赴英国学其文字，究其象数，为仿照轮船张本，不数年后亦必有成。……独中国狃于因循积习，不思振作，耻孰甚焉！”倭仁说：“立国之道，尚礼义不尚权谋；根本之图，在人心不在技艺”；“古今来未闻有恃术数而能起衰振弱者也。天下之大，不患无才，如以天文、算学必须讲习，博采旁求，必有精其术者，何必夷人，何必师事夷人？”为此，奕䜣在1867年4月6日，向皇帝呈上一份极为著名的奏折，其中回顾了第二次鸦片战争中英法联军占领北京，逼迫中国签定城下之盟的历史，以及此后他寻求中国自强之路的心迹。

从这个奏折中，我们可以看出，青年时代的奕䜣，确实是勇于任事，锋芒毕露的。在此后的争论中，他进一步设计，任命倭仁这位保守的冬烘先生担任总理衙门大臣，谕令倭仁“酌保数员”讲授自然科学，倭仁手中无人可荐，被迫承认所谓中国之大，不患无精通西学之人的说法不过是凭空想象，“意中并无其人，不敢妄保”。而奕䜣仍然寻他开心，以皇帝的名义命他“随时留心，一俟咨访有人，即行保奏”，弄得倭仁蹶倒昏迷。

奕䜣和张佩纶走到一座假山前，他们仿佛仍旧沉浸在过去在政治舞台上热情、敬业，创造出那种改变少年皇帝心境的兴奋之中。奕䜣指着假山上竖立的刻石问：

“书法笔力如何?”

张佩纶面对五米高的太湖石，只见上有奕䜣亲自手书的“乐峰”二字，沉默了片刻，答道：

“恭亲王这是对司马光的《独乐园记》有所得啊!”

其实，这是奕䜣在光绪十年被慈禧太后罢黜后，借北宋司马光失意时所作《独乐园记》，在石上刻出“独乐峰”，但又怕引起麻烦，便把“独”字凿在石顶，以此来曲折迂回地排遣自己失意不平的心绪。

张佩纶问：“恭亲王最近可有新作，请赐后生一阅。”

张佩纶向以言论激越，思维敏捷而著称于朝，他想从这位失意王公的作品里，窥探其心理状态，以便自己此次出京能心里有数。

的确，恭亲王在家赋闲，只能寄情园林和唐诗。他在这个花园里消磨着才华和生命，集唐人诗句，写成八卷的《萃锦吟》，虽说是玩弄技巧的笔墨游戏，有的诗还刻意显示淡漠政治、韬光养晦，但其中仍有不少诗篇抒发了忧郁的心境。见张佩纶问起，恭亲王便背诵了一首新作。这是他给同时下野的政治老友，前军机大臣宝鋆的诗：

纸窗灯焰照残更，
半砚冷云吟未成；
往事岂堪容易想，
光阴催老苦无情。
风含远思翛翛晚，
月桂虚弓蔼蔼明；
千古是非偷蝶梦，
到头难与运相争。

说到“到头难与运相争”时，奕䜣声调低沉，节奏放得十分缓慢，张佩纶看到这位政坛上的宿老居然眼中闪着泪光。

张佩纶告诉奕䜣，自己就要赴闽督战了，请多年提携自己的恭亲王多加关切前线的事情，他认为朝廷有一天还需要这位王公的智慧。

奕䜣摇摇头，他让张佩纶好自为之。

奕䜣通过多年观察，知道这几位会办都是擅长于高谈阔论的书生，手中不掌握任何实权，也没有一点军事经验，何况还仅仅只是个“会办”，一切还得听命于当地的军政长官。所以，他对张佩纶此行是否会取得效果，深表怀疑。但他表面上又不能对这位满腔热情的主战人物表示冷淡。

张佩纶想从这位自己尊敬的长者那里获得一点精神支持，但他的所见所闻，却令他沮丧。他知道，现在换上的那班军机大臣，不是见风使舵，就是毫无主见，目光短浅，都是唯西太后的马首是瞻的势利之徒。

张佩纶带着几分惆怅，告别了奕䜣，迈着沉重的步子离开了恭王府。当他回头向恭亲王拱手示意时，见奕䜣正站在被隐去“独”字的“乐峰”假山前目送自己走向门外。

经寒风一吹，张佩纶似乎清醒了很多，他对自己一步步走上政治舞台和被推向中法战争的前线，进行一番回顾。他没有奕䜣那样沉重的心情。他认为朝廷派他们去前线，是对主战派的鼓励，也提供了一次书生投笔从戎的机会。因而不应该如此悲观。

张佩纶于同治十年（1871 年）23 岁时中进士。

光绪六年（1875 年）以编修大考擢侍讲，充日讲起居注官。

清廷内部矛盾错综复杂，一段时间里出现活跃一时的“清流派”。这些科班出身的学士文官，自命为“清流”，以区别于被视为“浊流”的洋务派。他们以工部尚书兼总理衙门大臣李鸿藻为首形成了一个政治势力，一批品级低、无实权，却“直言敢谏”的御史、翰林是这股政治势力的基础和有力支持者。他们遇事不避厉害，常常能“力排众议，侃侃直争”。尽管其中不无沽名钓誉者，但这种舆论上的钳制，确也曾使朝廷中一些妄行独断者有所顾忌，一些贪赃、墨守陈规、平庸之辈及劣迹昭彰之臣被弹劾罢斥。

这批言官声名较著者被称为“四谏”、“十朋”，这其中有张之澜、张佩纶、宝廷、陈玉琛、黄体芳、张观淮、吴大徵、刘恩溥、吴可读、邓承修等。

西太后利用“言路”完成了清政府重大的人事变动，撤换了军机处，言官盛昱的弹章给西太后提供了口实。换上的军机处班子，是一伙“贪劣无能”，既无人品，又少威望；既不谙国内政情，更昧于国际事物的“盲叟”。显然，这个军机处不是为光绪帝准备的，而是西太后结党营私的核心。

张佩纶和他的那一批清流派人物，在外交上反对妥协投降，提出加强防范，要求改变中国受屈辱的地位，主张给来犯者以迎头痛击。他们幻想清政府能广开言路，切实关心民生疾苦及国家安危。

张佩纶是清流派中的活跃人物，他是上述“翰林四谏”之一，又是被人称为御史言官中的“五虎将”之一。在清流派中言辞激烈，表现最为突出。

在越南北圻战事不断升级时，张佩纶针对法国制造借口不断增派陆、海军加强进犯北圻，并进而“循江而上，窥我云南”的侵略意图，前后反复上奏十余折。其中如1882年8月3日提出的《统筹法越全局折》，向朝廷提出了八个方面的建议，并提出“欲长治久安，非出于一战不可；欲出手一战，非操万全之算不可”。即肯定最好的防御就是要打，又强调打要有所准备。

李鸿章出于他的考虑，反对在没完成沿海防务和海军建设以前同法国开战。所以 1883 年 6 月 8 日李鸿章致函总理衙门说：“各省海防兵单饷匮，水师又未练成，未可与欧洲强国轻言战争。”因此，李鸿章竭力主张以谈判促解决，采取“息事宁人”的态度。

张佩纶不同意李鸿章对外妥协求和的主张，但他却与李鸿章保持相当密切的关系。早在 1879 年，张佩纶就与李鸿章有过不少来往，他们共谈国事，也谈论开展洋务活动，李鸿章十分看重张佩纶的才能，称赞张佩纶是“英锐无匹”，但对他存有戒心，认为张佩纶这些激烈言战之辞有碍于他从事的对外妥协政策，更有碍于“议和”，因而李鸿章没有在政治上给张佩纶以支持。

张佩纶并不因此而不再言战，又连上奏折，他的滔滔言论，在舆论上造成主战声势，与左宗棠、曾纪泽、张之洞等主战派相呼应。

中国驻法公使曾纪泽因主张不与法国签约，而被法国政府指作不受欢迎，法国迫使清政府以李凤苞代替曾纪泽与法国政府谈判，张佩纶对此表示极力反对。

在法国政府大兵压境，迫使李鸿章接受不平等条约的背景下，主战派被推到应付危急局面的前台。1883 年 12 月，朝廷将张佩纶从陕西调回，并命在总理衙门行走。这样，张佩纶就由口头或上书言战进了一步，直接参与外交事务。

海关总税务司赫德对清政府的这个任命十分满意，在张佩纶被任命五天之后，他给英国人金登干的信中就写道：“总理衙门添了一位新大臣——就是那位有名的张佩纶。”

又说，“这人曾力主对俄作战，倡言要崇厚的脑袋等等，很露锋芒，很有骨头。”并认为“这位先生经过一番训练和驾驭之后，一定可以成为出色的新人物”。

1884 年 2 月 11 日，关心中法战争形势变化的赫德又在他的一封致金登干的电报中说：“衙门里又有了新的麻烦，与通常情况不同的一场大争论中，新来的张佩纶全力主战。”

赫德是英国人，英国与法国在侵华利益上存在矛盾，他密切关注清朝廷的人事变化，及其对战争进程的影响。西方人对张佩纶迅速在清廷中获得重要地位，一方面十分关注，一方面存有戒心。

也就在这一年的春天，西太后为了集权而对五军机集体罢黜，使清流派在中央失去了支柱和后盾。张佩纶此时又成了一个无足轻重的书生，只是与恭亲王、李鸿藻以及李鸿章等人的私交，仍然让他与中央政权有着一种特殊关系。

不过，张佩纶到闽海会办海疆事宜的任命一公开，英法各国就对这个即将与法国舰队对阵的主战派人物，进行了另一种心理研究。

他们密切注视着这几位京官赴任的行踪。

8. 海上阅兵

1884 年 6 月，张佩纶、吴大徵、张之洞即将赴所会办福建水师、北洋水师和广东水师，这拨意气风发的主战精英，都不约而同地想到这样一个问题：平时多在纸上谈兵，现在应该见识一下海军的真实情况。

他们找到李鸿章，想从北洋水师中观察一些感性的东西，以便可以为整顿闽、粤海防当参照。

李鸿章就此停下其他公务，特意向皇帝请假："臣虽久更兵事，而衰朽之余，智虑短绌，亦冀与二三英俊反复考究，以辅臣之不逮。拟即于本月二十八日乘坐轮船驶赴旅顺、烟台等处，巡阅水陆各军。会同张之洞等，前往研究洋防，审察形势，互收攻错之益，以纾朝廷眷顾辽海之意。"

为了展示苦心经营的水师风采，李鸿章此行做了精心准备。他已经先下令给天津镇总兵丁汝昌，调集丁所统领的"超勇"号、"扬威"号两快船，"威远"号、"康济"号两练船齐集大沽口外；"镇东"号、"镇西"号、"镇北"号、"镇南"号、"镇中"号和"镇边"号等炮船，齐集烟台。

1884 年 6 月 22 日上午，李鸿章和张佩纶、张之洞、吴大徵坐在旗舰上指挥各船开始操练。

舰队出了港口，开始遇到山似的海浪，船像跳障碍似的，忽而跃起，忽而下跃，向前冲去。随着旗舰的信号，舰队一会儿鱼贯疾驶，一会儿一字列阵，或如雁行长空。随着指挥官的攻击信号，九门主炮开始瞄准预定目标发出怒吼，并且很快击中目标。

李鸿章看着手下的这次演练整齐灵活，多所变通，觉得很满意。他转向身边的张佩纶问道："此番实地勘察，可有收获？"

张佩纶也露出羡慕之情："中堂大人训练有素，着实让人开了眼界。"

李鸿章让张佩纶等登上主炮位。张佩纶抚摸着擦拭洁净的炮身，兴致勃勃地坐上瞄准手的座位，双手摇动旋轮。火炮在张佩纶的操纵下，时而昂向天空，时而指向海面，张佩纶透过粗硬的瞄准镜向前观察，像是在寻找着什么。

6 月的海面，还是烈日炎炎，炮塔里、座板上到处烫人。这几位视察官员的衣衫也湿透了。

张之洞也插话道："似这等舰队，若是沿海诸口岸皆能配备，加强联络，则可筑起海上长城。”

李鸿章叹了一口气，说：“这里是京津要害，朝廷的安危系于此地的防务，你们也都看到了，如今的装备也仅能如此，勉强维持海上的一部分防务。希望你们到了福建广东后，要努力掌握水师指挥技术。眼下这等实力，要与洋人打硬仗，十有八九要吃大亏的。所以，海军要办，配合陆路，扩大声势，形成体系。我们还是要通过与英法的和谈过渡，争取海军建设的时间。和议的意义就在于此啊。”

张佩纶见李鸿章讲得恳切，平时对他的一些恼怒也被冲淡了许多。他想，可能中堂讲得有理。假如闽江口的福建水师也能积极训练，一边等这里的和议能成，一边加强陆海配合，不是不能有所作为的啊。

一个上午的海上观摩，大家都有些晕船了。

张佩纶第一次看到了辽阔的海疆，晕船的感觉使他的头脑有些混沌。

6 月 23 日，李鸿章与张佩纶、张之洞和吴大徵等一行人，来到旅顺口再作观察。

但见岸上的炮台营垒，修筑得颇有据险镇守的威严。停泊战舰的船澳、船池工程已经完成大半；操练水雷、旱雷的士兵都已经掌握了技术。这些都是按照西洋人的训练方案进行的。

李鸿章是北洋舰队的最高领导者，在筹组舰队的同时，李鸿章对海军基地的基址曾进行过多次勘察，最后选定了旅顺和威海卫。

张佩纶对战争形势的滔滔论说，早已在朝内外名声鹊起。但他对海岸防务的具体业务并不熟悉。他问李鸿章说：“中堂为何选中旅顺作为海岸重镇悉心关怀呢？”

李鸿章说：“综览北洋海岸，海军能控扼要津有效防御和攻击外敌之所，只有旅顺、威海卫两处。这里进可以战，退可以守。”

吴大徵接过话头说：“中堂大人选中此处，是经过多次考察论证的，并且研究了西方海军基地建设的权威著作。”

李鸿章点点头，似乎在给张佩纶上课。他特意将目光移到张佩纶的脸上。然后，慢条斯理地开腔了：

“西方人建造海军基地有六个要求：一是水深不冻，来往方便；二是必须有后山列为屏障，可以避开飓风；三是水路要与陆路连接，便于运送物资粮草；四是港内不能有厚积的淤泥，便于清理，不会淤塞；五是外口要连接大洋，随时可出海操作；六是海岸线上要选一个能控制要害的地点。以上六个方面只有威海卫和旅顺口最为符合。”

由于威海卫工巨费繁，李鸿章决定先经营旅顺口。于是，旅顺口就开始修建了船坞及海岸炮台，作为战舰收缩之地，兼蔽奉天，保卫京畿。1880 年，旅顺口海军基地开始动工，先在海岸修筑炮台，同时疏浚口门、船澳，以浚深海港。如今的旅顺口已可凭险固守，牵制敌船，使其不能随便靠近津京。

6 月 24 日，李鸿章和张佩纶等一行坐船到了烟台，同样看到了一支操练次序井然，声势颇为壮观的船队。

在这里，法国远征军的两艘炮舰，由利士比中将率领也泊于烟台港。利士比派人来请李鸿章前去一同检阅法舰的操练，以表示对这位被法国茹费理总理当作朋友的中国政要的尊重。

中法谈判未见分晓，李鸿章出于友好关系，也亲率未来的几位中国水师将领前往观摩。据李鸿章后来给朝廷的报告称：利士比率领的舰只“其船坚炮巨，实较北洋船式为雄大，而操作尚不甚相远也”。就是说，李鸿章和张佩纶看到的法国舰只，船体坚固系以钢板结构，舰上大炮都比中国水师要大。至于操练之事，也许是在中国这些实战人物的面前，只须露一露外形和实力，简单应付一下就成了。另外，操练手段事关指挥水平，也不宜在中国人面前完全暴露。所以，李鸿章才自以为是，认为法军船大炮巨，并不足惧，只有操练得法，在实践中才能恰到好处，甚至可以弥补技术条件上的不足，而法舰的操练与我舰差别不大。

6月25日，李鸿章一行抵达威海卫，检阅了外聘法国专家指挥的鱼雷艇操练。只见鱼雷艇快速冲向目标，准确地施放鱼雷，目标瞬间被炸。张佩纶等人见有如此神速即破敌的利器，一时赞叹不已。

此番考察，朝廷的用意首先可能是让这些新到任的海疆大臣们增加一些信心，实地感受一下较为成熟的北洋海军的实力。

同时，李鸿章则借此展示其苦心经营多年的海军军备和军容，使这些新任大臣对李鸿章有更深的了解，以便支持他的决策，包括和议的用心。

的确，经过此番考察，特别是比较了法国海军舰队副司令利士比的法舰之后，张佩纶忽然另有所悟。他想倘若真正开炮，那些比中国炮舰大得多的法国炮舰，很可能处于有利的地位，他一时想不出什么办法可以让这个不利因素从中国海军身上移开。

一连四天的海防考察，张佩纶和张之洞谈得特别多，他们都面临着新的考验。中国东南沿海日趋紧张的形势，使他们忧心忡忡，他们在许多场合都表达了共同协作、互相支援的愿望。他们也希望李鸿章的北洋海军挑起重北方而兼顾东南的防御重担。李鸿章满口应允。

6月26日，张佩纶、张之洞同船经上海向去方赴任，李鸿章和吴大徵乘船回到天津。

9. 钦差初识马江

7月3日，钦差张佩纶抵达福州。

7月5日，张佩纶与福州将军穆图善等赴闽江下游察看地形，沿途考察了炮台。

在上船前，从马尾岸上走过通济桥，他们登上了罗星塔。

张佩纶和穆图善沿着狭窄的石阶，慢慢上到塔顶。举目四望，西北方向是省城福州，闽江水滔滔不绝向前奔涌。张佩纶不禁心潮起伏。

此时的张佩纶微胖。他长期在北方生活，初识南方江河的新鲜与惬意暂时掩盖了他旅途的疲劳。

虽然江风徐来，7月的马江早早就开始热起来了。上午的阳光从东边照映在广阔的江面之上，泛出粼粼波光，青洲上苇丛随风起伏，节奏时快时慢，柔波与江上清风呼应，一种清新天然的空气让人忘记了战争就在眼前。

闽江上帆影点点，徐徐前行的船儿划开一道道柔柔的水痕。“潮平两岸阔，风正一帆悬”，张佩纶脱口而出，用唐人的诗句表达了他的所见。

穆图善虽是武将，对此美景似也欣赏，附和说：好诗。

穆图善对民间传说十分熟悉，向张佩纶讲起这座罗星塔的来历。

据说宋朝时在广东靠近福建的地方，有一个秀才叫柳明，他和妻子柳七娘相敬如宾。柳七娘是一位美貌的绝代佳人，村里有个恶霸，对柳七娘的美貌垂涎三尺，多次想方设法勾引不成，有一天买通县衙以谋反罪判罚柳明到福州港口做苦役。

不久，一个月黑风高的晚上，柳明所乘的船在罗星山下触礁沉没。

闻知丈夫遇难，悲痛欲绝的柳七娘想出了一个纪念丈夫的办法。

她要用全部家财，在罗星山上修一座高塔，让进出港口的航船远远就能辨别航向，不至于触礁沉没。

她要用这座塔来超度丈夫的亡魂。

柳七娘典卖了全部家产，还四处募化，终于用了五年的时间在罗星山上建造了这座雄伟的“中国塔”。

穆图善说：“这个普通的女子能有此情怀，实在不容易。她能在很困难的情形下，完成夙愿，靠的是她的一片痴心和真诚。”

张佩纶见穆图善竟然如此深刻地理解这位当地人民传为佳话的女子，不禁也对穆图善心生几分敬意。他想，武人打仗，靠的就是这份忠勇执著啊。

罗星塔的知名度很高，历代通商、水战都离不开这个标志性建筑。在海外，罗星塔是唯一被称为“中国塔”的建筑。

罗星塔位于福州东南 21 公里的马尾港。塔建在闽江下游的马江与乌龙江汇合处的罗星山上。这里水深流缓，适于船舶停靠。为了给进出港口的航船指明航向，避开礁石，早在北宋年间便修建了这座古塔，它既有航标导航的作用，又是一处风景点。海外航船来到福州，第一眼所看到的就是罗星塔，所以给人留下最深刻的印象。罗星塔的名称和位置，早在明代初期就标绘在著名的郑和航海图中，其后的航海针经图册里也都标注。在当时世界各国出版的地图中，罗星塔还被当作一个重要的标志印在地图中。

这是一座全部用石块建成的石塔，塔高 31 米，八角七层，为导航之用，塔内有大量的灯笼。

罗星塔西面，就是一水之隔的马限山，东面是深水江面，船只停泊之所。

与罗星塔隔江相望的是长乐地界，闽海关就建在江边。

张佩纶是一个好激动的人。他对大战在即朝廷任他做钦差这件事，是十分重视的，一心想在海疆防务事业上有所作为，以弥补清议派的纸上谈兵的书生形象。

近望福州城，俯瞰一派繁忙的造船厂，远眺入海口战舰的游动，张佩纶由衷地感觉到这是一个历史赋予自己的机遇。他想起古人“目极千里伤春心”的感悟，觉得登高使人愁，是因为古人觉得天高地远，个人力量相比之下显得渺小，显得无能为力。可是，张佩纶不以为然。他觉得登高望远，心胸为之开阔，他恨不得像曹操那样，让闽江上下的星河也灿烂起来。这时他真的体验到“东临碣石，以观沧海”时的那种乾坤虽大，舍我其谁的感觉。

下了罗星塔，张佩纶和穆图善开始检查各炮台的战备情况。

中法马江之战前的马江防务，除了有一支近代海军外（其军舰分散闽、台各海口），陆上防营和炮台也很可观。约有数千防兵和七座新式炮台。在船政局左侧的马限山，有下坡炮台 2 座，其中一座有德国产克虏伯大炮 3 尊；船政局前面濒江处 3 座炮台，各有 2 尊大炮；船局后面的中岐山上驻有陆军防营。在青洲罗星塔山上有两座炮台，其中一座有克虏伯大炮 3 尊。

从马江顺流而下，两岸青山挟制江面，时宽时窄。过罗星塔，即为君竹乡，田螺湾。田螺湾对面为洋屿。稍折而东，北岸为闽，南岸为长乐县境的潭头乡象屿村。这里，南北两岸相距不及百丈，岸上均建有炮台。

闽江沿岸的炮台主要分布在获芦门、琅岐门、长门、闽安镇门、濂浦江岸等几个险要之处。

张佩纶和穆图善考察了沿江的炮台。

穆图善地形熟悉，主要由他带路并作介绍。

先登上黄霞寨炮台。

黄霞寨炮台，又称笔架山寨城，在闽江口获芦岛笔架山巅，地势十分险要，扼守闽江第一门户五虎门，为闽江口濒临东海的第一座炮台。炮台为花岗石叠砌成凸圆形，在炮台正中垒砌一座高2.5米、直径12.5米的实心圆台，又在圆台的周围筑建一堵外径21米、厚1.3米、内高约0.5米的石围墙，围墙与圆台间距7米左右，官兵可以在墙内架炮御敌。

获芦寨历史悠久，宋代已设寨，“绍兴六年安抚司招到郑众，郑庆等一百七十人充获芦寨水军”，炮台建于清嘉庆八年(1803年)，山下存《建盖笔架山寨城纪略》碑刻，碑文有：“五虎为闽省出入海口，进而有金牌……为全省咽喉……建立炮台……笔架山一座在五虎门、巴焦尾两海口之扼要……嘉庆八年岁次癸亥督闽浙使者长白王。”炮台后面有座海拔158.2米的旗山，遇有敌船来犯，炮台官兵当即在山上升旗报警，闽江沿岸各炮台可相继做好战斗准备。

张佩纶一行来到连江县境内的长门炮台。

长门炮台，在连江县桃源山（长门山），由山巅炮台和江岸炮台组成。山巅炮台名电光山炮台，海拔77米，电光山炮台“主台山原名长门，后门山因曾设探海灯于此故名，光绪八年闽督卞宝第奏设”。江岸炮台向进港的军舰致敬鸣炮，又称礼炮台。

电光山炮台（今称长门炮台）为圆形的城堡式建筑，由炮位、弹药库、操场、营房组成，周以围墙。围墙为三合土和花岗石结构，直径 95 米，墙厚 0.8 米，最高部分高 6.5 米。围墙洞开一门，门为石构，有石阶路通往山下，门内辟一个约 300 平方米的操场，内墙边设营房。从操场拾阶而上约 5 米有一宽阔台地，台地临江处设两个炮台和一个弹药库。弹药库居中，炮台居左右两侧。两个炮台造型相同，均为三合土质，露天，圆形，半地穴式，炮口朝东南。右侧炮台直径 9.3 米，深 1.6 米，墙厚 2.93 米。墙上挖四道炮位，架四尊火炮。炮台与前侧围墙距离 9.1 米，炮台高于围墙。

左侧炮台直径 9.15 米，深、墙厚与右侧炮台相同。炮台底部作炮位，放置大型火炮。炮台与左侧围墙相间 26.15 米。炮台高于围墙。

长门炮台与附近的射马炮台、划鳅炮台，以及隔江的琅岐金牌炮台、烟台炮台构成重要防线，扼守闽江第一要隘。张佩纶和穆图善没有想到，事隔不久，中法马江战役中穆图善的部将就是在这里组织指挥长门炮台官兵英勇抗击法军进犯。

登上琅屿岛的金牌炮台，众人已略感疲惫。

金牌炮台，在琅岐岛（刘崎岛）凤窝村金牌山。金牌山原名凤山，与长门山对峙，两山之间江面宽仅 387 米，五虎岛雄踞口外，双龟岛俯卧门前，大有“五虎把门，双龟守户”之势，“此镇门东喙第一要地也”，为历代用兵之重地。

金牌炮台由山巅主炮台，山腰前沿炮台、山麓江岸炮台组成，主炮台由两个炮位组成，均露天，圆形，半地穴式，三合土结构，深 1.43 米，直径分别为 12.4 米和 7.6 米。操场在炮台后侧。营房建在操场边。

金牌炮台建于清康熙五十七年（1718 年），道光二十九年（1849 年）林则徐重修。在不久后的中法马江之战中，孤拔的旗舰在这里被击伤。

张佩纶一行乘船匆匆赶到南岸炮台。

南岸炮台，又称象屿炮台，在长乐县潭头乡象屿村西北侧，与北岸炮台隔江对峙。南岸炮台为南雁、道头、东口、雁边诸炮台的总称。

南雁炮台位于江边，挖凿三个洞穴做炮位，三洞并列，每洞内高 3.05 米，进深 5.7 米，宽 7 米左右，在临江处各洞开一门架设大炮，门高 1.6 米，宽 1.3 米，门墙厚 2 米。炮台后侧挖掘一井式竖坑，其长约 30 米，宽 10 多米，深 5 米，竖坑与各炮位相通，竖坑后壁稍斜，官兵可以从斜壁拾阶去后山。

道头炮台与南雁炮台造型相似，即先在峭壁顶部往下挖一口深 3.5 米，长 1.34 米，宽 10 米左右的竖坑，再往峭壁挖凿四个并列洞穴作炮位，每洞临江处各开一门架设大炮。炮台的正面面宽 12.4 米，高 6 米；各炮位均内高 1.4 米，进深 4.9 米，宽 2 米多。

雁边炮台和东口炮台稍嫌简陋。东口炮台为三合土质，城门式建筑，面宽 17.5 米，高 4.1 米，厚 2.25 米。仅筑一堵横墙，中间洞开二门，门高 2.1 米，宽 26 米。

南岸炮台与北岸炮台同时建造于清顺治十五年（1658 年），炮台所在的两山夹束绵亘十余里狭窄水道，最窄处仅 330 米，为闽江的第二要隘，俗称为闽安镇门。南岸炮台于光绪六年（1880 年）由闽督何璟奏修。

张佩纶和穆图善不会想到，就在不久后的马江海战中，法国军队就是沿着他们今天的足迹登上象屿村，对这里抵抗的军民进行疯狂的报复。

北岸炮台，在闽江北岸亭头南般村，与对岸的长乐县象屿村南岸炮台隔江相峙，扼守闽江下游咽喉地带，地势十分险要，素有省城门户之称。

清顺治十五年（1658 年），清军占领闽安镇后，为防止郑成功再度进攻福州而在闽安镇建造南北岸炮台，道光三十年（1850 年）林则徐为防止英军进犯福州，数次乘船到闽安诸海口阅视形势，极力主张设重兵于闽安至五虎门一带，为此赋诗："天险设虎门，大炮森相向。海口虽通商，当关资上将。唇亡恐齿寒，闽安孰保障？"并着手重修南北岸炮台。重修后的炮台极为险要，左宗棠视察炮台后说："炮台本林文忠造，台前树竹为障，我能窥敌，敌不能窥我，真天险也！"光绪六年（1880 年）闽督何璟再次重修炮台。

北岸炮台占地面积 3000 多平方米，计有山巅主炮台，山边前沿炮台，江边岸炮台和山后弹药库。主炮台、前沿炮台、弹药库之间有相互勾通的隧道，隧道中有士兵休息室。主炮台设在一座高约 20 米的小山巅上，三合土结构，露天，呈半圆形，半地穴式，深 1.85 米，内径 18.3 米，墙厚 3.3 米，内设一个炮位，炮位直径 3 米。前沿炮台在主炮台前侧山腰，呈"凹"字形，露天，占地面积约 180 平方米。弹药库在主炮台后侧的山坳，呈长方形，长 7.2 米，宽 6.6 米，高 3.1 米。岸炮台在主炮台右侧江边，用三合土夯筑，呈长方形。长 47.8 米，宽 12.1 米，高 4 米。墙厚 2 米左右，顶部厚 1.2 米，设有五个炮位。

历史无法预测。此时的张佩纶还在和穆图善议论北岸炮台的防御能力，并对这里寄于很大希望。一个多月之后，这里将是一处中国陆上炮兵与法军激战的地方。张佩纶更无法预知，这个炮台最终还将失守。

林浦，又称濂浦。林浦炮台在濂浦江畔邵崎村边，位于林浦石塔南侧约 20 米处。

炮台占地面积 1000 多平方米，由六个实心的三合土墩组成，每墩立面呈梯形，高 2.3 米，底长 3 米，宽 1.7 米。

拦江栅在炮台东侧，位于邵崎与魁岐之间的江面狭窄处。

这里主要的防务要害是筑起一道不让敌舰通过的拦江栅，用沉船、石头、沙袋、木头等材料筑成一道长达数里的障碍。

在马江战役中外逃的法国军舰，在这里也将遇到不少麻烦。

罗蚩·高文的《法国人在福州》记载："中国人在那弃船的所在建立拦江栅，以岩石为基础，树立木椿和各种类似的器材，江的两旁均沉下装有石头与沙袋的沙船，这些沉船和拦江栅有效地阻止了船只的通行……其中有一狭窄河道仅仅可容一只小船或汽船的出入，这就是福州与罗星塔碇泊所之间的唯一交通路径。"

看完所有的炮台，已是夕阳西下，马江上折射出血红的余辉。

一天的劳顿，张佩纶眼中已布满血丝。与穆图善比起来，他显得十分憔悴。毕竟这里是临海的战场，这里需要健壮的体魄和清晰准确的判断与决策，而不仅仅是单凭个人思维敏捷的辩论或写诗。

习惯于在防务区里走动的穆图善，上下船，登炮台，都很轻松敏捷。看得出来，他对这一带陆上防务，特别是炮台的布局和实力最为熟悉了。

这就是1884年7月张佩纶实地考察马尾及沿岸炮台时，对水路与炮台的印象。

至此，他还无法下判断，因为在天津，他见过法国利士比率领的巡洋舰，那是装备精良的战舰。他这几天一直在琢磨，船政局所造的船舰质量如何，船政局和福建军政界对于会否发生战争的真实想法，以及如何应战的心理和现实准备。

为了进一步摸清备战情况，再次熟悉入海口的地形。两天后，张佩纶和船政大臣何如璋到了芭蕉和壶江入海口视察，这里是福州的第一重门户。

三天后，几乎数夜未曾合眼的张佩纶提议召集闽省主要官员参加的军事会议，与穆图善，何璟，陈兆栋等人会商积极布防的细节。并拟于数天后到台湾并巡视澎湖、厦门等地，统筹安排好全省的海防。

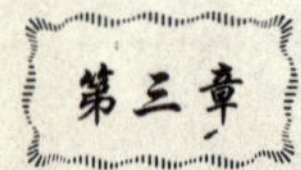

第三章

“观棋”者与“游历”者

10. 何璟观棋

十天之内，中法双方的前台人物都在向台湾海峡快速移动。

1884年6月26日观音桥事件之后的三天，清政府赏刘铭传巡抚衔，督办台湾军务。这一天，法国政府组建并命孤拔统率远东舰队，利士比为舰队副司令。

同一天，张佩纶告别李鸿章，自烟台南下。

6月28日，法国使节谢满禄照会清总理衙门，明确表示观音桥事件中国应负开衅之责。

6月29日，总理衙门复法国政府照会：认为《天津简明条约》未定具体撤军日期，法军前往攻打，衅咎应由法方自负。

6月30日，利士比副官日格密致电法国海军部，力主占取中国一地作为抵押品，“强制中国履行天津简明条约”。

7月1日，法国新任驻华公使巴德诺抵上海，致电法国政府总理茹费理，再次强调，法国想要获得索赔成功，“必须据地以为质”。

7月3日，钦差张佩纶抵福州。

7月5日，孤拔自香港到上海。

7月7日，茹费理及法国海军部致电巴德诺、孤拔，准备派舰前往基隆、福州。

一场更大的海战在东南沿海多变的台风天气里，不断被催化成形。

闽浙总督何璟的衙署，也不断收到最新消息。

何璟是广东香山人，以进士授编修，1861年继李鸿章之后参加曾国藩湘军，任营务处总办，直接参加镇压太平军的军事行动。1863年出任安徽按察使，参加镇压捻军，所部受两江总督李鸿章节制。他在安徽做官十多年，是李鸿章的部属，是淮系的将领和官僚。1870年授福建巡抚。1876年任闽浙总督，一度还兼任福州将军。

何璟长期担任福建最高军政长官。

鸦片战争后，福建平静了许多年。李鸿章大概知道这个部下思安的想法，于是照顾他到了福建。

何璟到福州后，平时不多管事，不知从什么时候起，潜心信起佛来，每天必定沐浴干净，坐到佛堂里念佛诵经，加上年事已高，精神多有不济。

这一天，何璟在闷热的天气里中暑，浑身没劲。刚坐下烧起一炷香的时候，平时那沁人心脾，立即让人进入无我境界的印度香味，今天却十分刺鼻。他的鼻子不通，喉咙口发紧，两额阵阵的刺痛。

何璟是个不想干事的人，当年战场上带兵打仗的事，早成为获取高官厚禄的资本，他本想在福州这块清静的地方做完官就退休。没想到，现在竟面临一场与洋人的战争，他是没有心理准备的。

所以，当他得知法军将入侵福州和基隆，取地为质时，心里一下子就乱了套。几次表示自己身体不好，要告老还乡，早点退休回家。

这几天，钦差张佩纶不断将海防的情报拿到他这里讨论，事事要他表态，何璟心想：佛看来是念不成了。都说心诚则灵，不准啊。自己浑身不舒坦，这是急火攻心，无所适从。

何璟还有一个处事的基本原则，那就是绝对服从中央调遣，他知道，老上级李鸿章绝不会对他坐视不管，现如今，李中堂在朝廷中的作用是举足轻重，他可以拿主意，只要遵照他的意思办就没错。

张佩纶到福州备战，能顶去何璟大多数外出考察、出头露面的事情，何璟乐得自在。在何璟看来，这样赤手空拳的书生来当钦差，有什么本事能把握自古多刁蛮习气的闽人，理顺这里本来就复杂的人际关系。

况且，张佩纶是“会办”的角色，还得听命于当地最高军政长官的定夺。

何璟的念佛和超脱，有其引而不发，从背后观察控制局面的谋略因素在内。

佛念不成，何璟步出禅房。

他想散散心，就异想天开，带着两三个随从，来到福州城里的市面上。

走到一处纳凉的地方，那里有一群悠闲的人在下棋。

何璟忽然心生感慨，羡慕起这些不必担负责任的小民。

一张张“楚河汉界”的棋盘铺在地上，分坐两旁的对弈者，几乎都是中老年人。一杯浓郁的乌龙茶摆在棋盘边，人往地上一坐，便进入了车、马、相、士、将的世界。围观者不请自到，各色人等，没有职业的界限和身份的差别，不管你是平民百姓，还是有过功名的官员，一律围绕着一个个棋摊，咀嚼并享受着人生片刻的自由心境。

“出车——”

“横炮——”

小小棋盘上的三十二个硬木棋子，竟然有那么大的魔力，让对弈者与层层叠叠的围观者忘乎所以，陷入痴迷。

棋摊就是浓缩的人生。

何璟观察了一下，在这些老者中，有的曾经是有指挥意志的“仕”和“相”，有的则是“兵”和“卒”，在人生长河的泅渡中，他们都曾经有过悲欢离合的历史。在人世间那大棋盘上，都曾有过冲杀的豪情和马失前蹄的失意。

同样是老人，在人生的秋季，表演的角色是不同的，但大多孤独、沉默。有的老人喜欢独自一人，坐在车水马龙的路边，目光呆滞；有的老人远离人群，像一只苦驼那样，独自反刍着走过的一个个驿站组合成的无尽长途；另一类则是久久无语的沉默者。

现在，棋摊上的老人们，不是沉默者。他们在“楚河汉界”的征杀中，表示他们今天的存在，在兵来将挡、水来土掩中，显示他们内心再生的力量。无论是“过五关斩六将”，还是“败走麦城”，在这方寸棋盘上，演绎着的都是人间的晚情。因而无论胜者败者，都是茧变飞蛾的运动，是心灵不死的象征。

人都要有精神家园，老人似乎比年轻人的追求更为急迫。他们不分严冬酷暑，或在树下或在墙根，围成一个个圆圈，寻找自己那分快乐。

念佛寻找的也是心灵的快乐与安详，何璟这时方才懂得，这里的棋迷们寻找的快乐的价值与自己念佛烧香是一样的重要，一样的不可忽视。

再看棋摊上的每一方，背后都站有“狗头军师”。尽管棋界自古就有“河边无青草，不喂多嘴驴”的戏谑之词，可是那些“狗头军师”仍然多嘴，或出招，或喝彩，或惊叹：

“卧槽——”

“车沉底——”

忽然，一位下棋的老人发话了：“别插嘴！法国人就要来了，我看你还是多为那位没有主张的何大人多出点主意吧。”

对方手起棋落：“我这里就权当法国小卒过河，看你能不能把我给吃了。”

另一方的老人接着让开了一个大炮，头也不抬，吭了一声：“好，我让你进来。我就不信马江长门的三重屏障能让你法国小卒一路过河斩将。”

何璟万万没有料到，城里人对这场战争已有所预测。这里，不仅是老年人的竞技场，还是最新社情民意的传播点。

棋摊的模拟战局，触动了何璟的心绪。他的负担更重了，心想：这些老人是在平凡无奈中谱写“壮心不已”的心志，指点方略，过后就可以不算，回家一碗锅底糊，少许咸菜下肚，即可安然入睡；而自己则真的要去决定如何对付那即将过河的“法国小卒”了。

何璟正在出神，猛地从远处奔来一群衙署的随从。

身边的随从急忙示意何璟回衙署。

不出所料，来报告的消息非同小可，真的是“法国小卒”过河了。

这是1884年7月中旬的一天。

匆匆赶回衙署的何璟首先问值班的副官：“北京可有来电？”

三天前，何璟接到为占据福州而来的孤拔舰队企图闯进闽江口的军情，就曾打电报向总理衙门请示，没有得到电复。

何璟这几天正为此焦虑。

在法军舰队“维拉”号侵入基隆港前四天（即1884年7月13日），法军舰队的另一艘军舰闯入闽江口，在接近马江的洋屿处搁浅，船底被碰坏。

接到第一艘法国军舰驶入闽江的消息后，几位大员立即紧急商议对策。

张佩纶刚刚视察完闽江下游的炮台，他建议不让法舰进来的办法最好是填塞河道，阻断法国人进攻的路线。总理衙门认为事态不至于那么严重，未允许。负责统筹全局的李鸿章也不赞成，认为“阻河动手，害及全国”，不得随意采取行动。尤其是他认为，这样一来，肯定会引起战端，李鸿章坚决不主张此时与法国人决战。

7月14日，两艘法国军舰以“游历”的名义驶到马尾江面，这一次是得到何璟的批准的。因为他是这样来理解北京的意图的：上海的谈判并未破裂，李鸿章又一味主张不能先行挑起事端，以免给人以攻击的借口。“游历”就是友好访问，让友好访问的法国舰队来闽江上一游，估计不会生出什么变故。

7月16日，法国舰队司令孤拔的座舰又以“游历”为名，进入马尾港，锚泊于罗星塔下江面。

此时，福建官方才接到军机处的电报：“该国兵轮勿再进江，以免百姓惊疑。”

舰队都开进来了，什么叫“勿再进江”。既已进江，百姓必然惊疑。

一开始就态度暧昧的朝廷最高决策机构，仍将希望寄托于曾国荃与法国大使的谈判，闽江的防务，处于一种虚张声势的放任状态。

何璟回想起棋摊上的情形，想起“放法国小卒过河”的举止，仿佛心里有所依靠。

但是，何璟并没忘记，过河的卒子是不能回头的，不是走向死亡，就是吃掉老将，他不能判断如今被他放进闽江口的法国战舰将是哪一种卒子。

怀着迷惑不解的复杂心情，何璟又走进他的禅房，烧起一炷印度香。

这是一盘大棋，何璟想通过静坐理清思绪，猜一猜北京下一步棋该怎么走？走这样生死攸关的大棋，何璟觉得力不从心。

11. 孤拔来了

接到率领法国舰队开赴福州和基隆的命令后，孤拔兴奋得一夜未眠。

到中国本土实施攻击，是孤拔觉得最过瘾的事情。在越南北圻与刘永福对打，孤拔还觉得掉了身价。因为他认为刘永福是流寇，是流亡境外的农民军，与农民军作战，能取胜固然是好事，但这不是他的目地。孤拔的目标是率领法兰西舰队，轰开远东这个封建帝国的大门，建立起法国在远东的强有力的殖民统治。他孤拔应该成为这一伟大事业的先驱者，应该成为被树碑立传的人。

1827 年，孤拔生于法国阿比维勒。在亚眠公立中学毕业后，于 1847 年进入巴黎综合工科学校。在这所法国著名的工科学校里，孤拔以优异的成绩取得毕业证书。大学毕业后从事海运工作。

孤拔生就一张清瘦而多棱角的长脸，高挺的鼻梁，深陷的眼窝里有一双洞察力很强的，略带忧郁的蓝眼睛，梳着油亮的分头，与扩张在双颊的大络腮胡子，形成不大统一的相貌，显出好斗的特征。

在为期五年的远东战争中，他开始了新的生涯。

踏上其海军生涯的第一步，是登上小型护卫舰“加皮斯”号，这是一艘备有三十二门大炮的带帆战舰。

1866年，孤拔任英吉利海峡舰队参谋长，在1870年的战役中，他在安的列斯群岛指挥一艘护卫舰。

1880年，孤拔升任海军准将，任新喀里多尼亚总督。

三年后，在越南作战的李维业司令战死不久之后，孤拔被任命为安南东京海军分舰队队长，在那里，他充分发挥了自己的指挥才能。他首先于1883年7月19日指挥舰队的炮舰“野猫”号与“蝮蛇”号在顺化海域进行军事行动，造成安南于8月25日被判为法国保护国，并签下了条约。

在晋升为海军少将并任驻东京陆海军司令后，孤拔击溃了著名的刘永福黑旗军，占领了山西。

为了迫使中国对观音桥事件进行所谓的损失实施赔偿，孤拔受命率领他的舰队向中国沿海集结。

根据经验，孤拔选择了分散注意力的战术。一路由利士比率领入侵基隆，一路由他亲自率领进入闽江，互相牵制。

按照孤拔个人的意见，他认为应该全线进攻，一直打到中国北方去，威胁清廷的京都，这样才更有效果，赔偿的事情才有着落。他不同意只占据一两个港口作为“担保品”，而提出要在中国沿海采用强硬手段，明确对清政府宣战，并到中国首都地带给清政府以打击。去福州和基隆这两个地方，均远离北京，对清政府威胁不大。孤拔的主张是，攻打旅顺，或占领庙岛群岛的最佳据点，封锁直隶，造成兵临城下之势，给清政府造成“一种显著的痛苦”，逼迫清政府再让步。

法国政府没有采用孤拔的主张，茹费理另有打算。

茹费理认为孤拔关于对中国北部采取军事行动的主张，虽然有一定的意义，但一时办不到，因为不但兵力不够，而且即使占据旅顺也只是暂时的，不能作为一项“担保品”。另外，如果因此而引起别的国家（如德国）的干涉，还得从那里撤走，这反而是很不光彩的事情。

基隆作为法国长久占据的“担保品”，经过多方考察和论证，则是可能较大的。包括多年在远东征战的军官如舰队副司令利士比等，都同意先在台湾采取行动。他们考虑得最多的是基隆产煤的缘故，占领基隆是最有利于法国的事。

孤拔为什么把军舰开到马江呢？那不是为了占据福州。在孤拔看来，福州并不是他们作为“担保品”的理想地方。但福州马江是重要的军事基地，有其不可忽视的战略地位。

这里是福建水师的基地，与基隆仅一水之隔，而当时台湾是属于福建省管辖的，法军进攻基隆的时候，马尾必然会进行支援，福建水师的存在，不仅对法军的进攻不利，还将形成一个有力的侧背威胁。

如何解除这个侧背威胁，正是接受命令之后孤拔及其部属需要认真考虑的问题。

经过权衡利弊，孤拔洞悉清廷及地方都对中法和谈存有幻想，在思想上和行动上不至于作决战的心理准备。他相信中国人不会首先动手。这样他就可以集中兵力集结舰队，速战速决，给福建水师出其不意的打击，从而根本上消除福建水师对台湾的支援。这一点，孤拔对 1874 年日本人试图侵入台湾的过程是有研究的，当时，正是沈葆桢调集福建水师齐集台湾，才迫使日本撤军的。

孤拔首次到了闽江口。从潮湿多雨的西南，到了闽江口的海面，习惯于海上航行的孤拔感觉到这里的气候虽无西南的山林腐窒息的烂气息，但闷热的副热带高压天气，常常令人胸闷，身上的汗流不出来，经海风一吹，皮肤到处粘得很。

进攻福州之前，孤拔就对闽江入海口进行了研究。他从当时在福州工作生活过的许多法国人那里，了解到进入福州航道的种种关口。

经过长时间的海上航行，孤拔于7月中旬的一天进入闽江口外的五虎礁。他听说这里有一个江中淡水井，感到很新奇，尤其是对“皇帝井”的命名更感兴趣。闽江口外五虎礁、长门一带的江水都是咸的，独这里一块面积不大的水穴，水却是淡的，可供食用，因此，得此井名。

相传南宋德祐二年（1276年），元兵攻破临安，宋臣陆秀夫、陈宜中、张世杰等在温州奉九岁的益王赵昰为天下兵马都元帅，六岁的卫王赵昺为副元帅，起兵抗元。他们带有战船千只，兵马十余万，从海上来到福州，船到五虎门外，准备登陆入城，但福州城里的文武百官，见元军大兵压境，借口已奉皇太后密旨，不能接纳南宋诸臣扶持的幼主。因此，这批舟船搁在闽江口外，无法进江，只好派人进城劝谕。不料，一连数天，劝谕的人还没有回来，战舰上带来的淡水已将用尽，这如何是好？这时，有一个识水性的土人上船奏道：这里有一小区的江水是淡的，可以汲饮。陈宜中、陆秀夫派兵往汲，果然是淡的，可饮。

于是，众人都欢呼“我主洪福齐天”。陈宜中遂赶忙宣布：这是皇帝井，真命天子所至，百神护卫。大宋朝国运未绝，上天才赐下此井。这消息传到城中去，福州文武百官都以为“天命攸归”，于是开城迎接幼主等入城，改元景炎，准备抗元收复失地。

这本是权宜之计，陈宜中等用神话来赚取福州官员开门接驾，但历史大势所趋，神话到底不能挽救宋朝命运。

孤拔听完这个神奇的传说，心生好奇，将战舰放慢速度，派人到江中取来淡水，一品尝，果然全无咸涩，水质甘甜清凉。不禁大为赞叹，远东征战，居然遇上如此神奇之事，也算是航海生涯中一次奇遇了。

但是，孤拔心想，这个故事的耐人寻味之处，更在于臣民对皇帝的崇拜。由此，他相信，虽然远在千里之外，中国臣民对朝廷的忠心仍然是外国人入侵时不能忽视的一种抵抗力。

船经过长门炮台时，孤拔警觉起来了，他认为这一险要之地，江面很窄，只要岸上大炮准备充分，经过的船只很难避开炮火。孤拔立即找来参谋人员记录下长门的形势，将这里作为进入福州的第一个危险处。

过琅琦岛后，孤拔看到一块形如巨人腿脚的大岩石，从山麓一直伸到闽江江面；“腿弯”之下空悬，像一座拱桥，仿佛穿靴的脚尖翘起。因为它极像佛教中镇守天门大力士金刚的腿脚，所以被叫做“金刚腿”。

“金刚腿”处于江水和海水的分界线上，“腿股”内外，水分咸淡。每当溪洪和海潮相遇之时，浪涛撞击，显出奇观。金刚腿附近江面宽达450米，水深50米，每秒能通过2万多立方米水量，是上游台江地段的10余倍；金刚腿足底标高4.83米，足踝标高8.42米，膝盖处12.62米，历来大水都没有淹过金刚腿的足踝。所以，俗有“大水淹不过金刚腿”之说。

金刚腿还有一种传说，福州的溺水尸体往往在金刚腿附近回旋。这是由于金刚腿的位置与上游河床之间形成的一种回流现象，而古人则认为这是金刚腿的神力。

孤拔的旗舰再往上行进一小段水路，就到了第一艘法国军舰三天前搁浅的洋屿江面。

孤拔看到搁浅的法国巡洋舰“阿梅兰”号像一头病卧的青牛，静静地躺在江面，虽然另一艘英国炮舰“梅林”号前去援助，但也只是将这条巡洋舰脱离危险地带。想起刚刚经过的金刚腿，那个中国人寻找溺水尸体的地方，孤拔不禁有一种不祥的感觉。因为他发现岸上有许多可以置其于死地的炮台，假设不能很好地策划这场战争，失败的可能性也是很大的。

兵不厌诈。想起此话，他又给法国驻福州副领事白藻太发了电报，报告法国兵舰已进入闽江，并再次嘱咐他务必以“游历”的名义向福建当局申明来意。

热情好客的闽浙总督何璟，再次向进入闽江的法国战舰伸出友好之手。

孤拔终于踏上福州的土地，他迅速前往会见法国驻福州副领事白藻太，密谋进一步升级的军事行动。

孤拔抵达福州，再一次引起恐慌和混乱，人们相信战争几乎不可避免了。

英国人在上海办的一张叫《字林西报》的报纸上，刊登了其特约通讯员从福州发出的消息：“福州现在处于一种普遍弥漫的激情之中。每天从停泊所传来的消息在到达城市以前往往被严重地夸大了。市区和郊区的贸易活动被说成差不多完全停止了，主要街道已被路障所封闭，本地的士兵在站岗，以防止令人害怕的入侵。”

大量纷乱、自相矛盾的消息四处传播。福州城的空气中充满着战争的各种传言。

7 月 15 日，清政府军机处电寄福州将军穆图善等的谕旨称：

“局势未定，法兵轮既进闽江口，穆图善等应向法领事告以中法并未失和，彼此均谨守条约，切勿生衅，该国兵轮勿再进江，以免百姓惊疑。”

7月16日，清政府命驻越清军撤至边境。

这一天，孤拔乘法舰“沃尔达”号驶泊马尾港，并很快会见了法国驻福州领事。

这一天，刘铭传抵达基隆。

这一天，军机处向各省军事将领统一发出指令：“倘有法兵前来按兵不动，我众静以待之。”

7月17日，法国军舰“益士弼”号驶泊马尾港。

7月18日，法国军舰“杜居土路因”号和“豺狼”号驶泊马尾港。

至此，孤拔舰队完成了第一次在马尾的集结。达到了两个目的，一是熟悉了进出马江的航道，二是试探福建水师的反应。

上海的和谈开始，李鸿章示意曾国荃先答应赔款，再磨数日。

趁这谈判的间歇，总理衙门给福建的军政首脑传达了一个极富弹性的指示：“罗星塔为省门户，船厂非城池可比，与其拘守一隅以正兵抵御，不如统筹全局，设法出奇。军情不能遥制，唯诸公审处之。”

这真是妙极了，首先，谁都知道罗星塔所处的马江是省城的门户，地理和军事上十分重要，这是先强调原则上要加以重视，认识清楚重要意义。其次，列出新情况，船厂的防守确不如城池好布置。谁都知道，兵工厂就是生产战舰的地方，这里除了陆兵几个营的防守力量外，无非在沿江加上几门大炮，但射程、角度都未作研究，更不用说顶不顶用。朝廷让你们不要死守，不要派许多正规军把守，敌人的正面进攻固然有其可能性，但不能猜测还将发生什么情况，因此，叫驻守马尾的官兵要听从长官的统一策划，“设法出奇”。至于怎么设法，如何出奇，那是你们的事情，不要说朝廷没有给你们自主权。最后，说得更切近情理，有道是军情随时都在变化，复杂得很，北京既然不能准确判断，就不能给你们下死命令。所以，你们要自己把握，审慎处理。

这样貌似放权的指令，实则一点用处也没有。朝廷倾向于以和谈拖延时间，并想通过少赔款项以保住船厂和整个舰队。

这只能是一厢情愿的事情。

当敌人举起屠刀向你扑来，你还指望他能在中途突发奇想，将屠刀扔掉，换成鲜花送你？或者，指望他在靠近你的瞬间忽然跌了一跤，失去攻击力？

7 月 30 日，当曾国荃答应以抚恤费名义给法国人 50 万两白银时，遭到巴德诺的拒绝。

这一天，福州将军穆图善再次向军机处预告将来战争失败的原因：“闽失势在不能先封口，又不能先发。”

穆图善的“封口”是指封堵航道，使法国军舰不能进来，或者进来后不能出去，造成围困之势。“先发”是指看准入侵之敌的薄弱处，重点突袭，以攻其不备制胜。如今，这两个做法都被朝廷否决，已失去优势，处于挨打地位。作为军事指挥最高长官，穆图善的心情是既着急又沉重。

至此，李鸿章还语出惊人，想出一个奇招，令天下为之一惊——

7 月 31 日，李鸿章致电总理衙门：“我自度兵轮不敌，莫如全调他往，腾出一座空厂，彼即暂据，事定必仍原物交还；否则一遭轰毁，从此海防根本扫尽，力难兴复。此以柔制刚之妙算。”

李鸿章认为，我国战舰既然打不过人家，还不如主动撤退，让给法国人一座空的工厂，等到谈判成功以后，工厂是搬不走的还要原物交还我国。那时还可以生产炮舰。否则兵工厂被炸毁，会长期影响到海防实力，恢复起来也非常的不容易。

李鸿章认为，这是不战的对策，是以柔克刚的妙算。

问题是，战争爆发在即，谁能保证孤拔的大炮不随时发射？

“腾出一座空厂”，怎么腾？左宗棠、沈葆桢等苦心经营的洋务派成果，岂能在几天内转移的了？

7 月底，法国舰队完成了控制闽江口的军事部署。

8 月 1 日，中国驻法公使李凤苞请由美国调停，试图扳回上海谈判的失败局面，遭到法国内阁总理茹费理的拒绝。

8 月 2 日，巴德诺照会中国谈判全权代表曾国荃，中国赔偿既有异议，限期已满，以后法国将自由举动。

这一天，孤拔奉命对基隆采取行动。

向基隆的进攻计划早已完成，只待具体时间一到，立即付诸实施。

孤拔将此任务交给了舰队副司令利士比。8 月 3 日，利士比率领“拉加利桑尼亚”号和“鲁汀”号从马祖出发，开赴基隆。

12. 基隆：炮舰与炮台的对话

法国政府对陆上战争的投入及其效果进行了反复评估，认为在占领越南的过程中，中国军队的防御力量较为强大。要在短时间内靠有限的兵力解决向中国西南边境推进的问题，难度较大。

在经过工业革命以后的欧洲大陆，法国已经迅速成为继英国之后的第二个强国，在海上攻击力量方面，不仅有长时间积累的历险经验，更有训练有素的海军士兵，加上一批善于指挥海上作战的优秀将领。

一支舰队在海上航行，就代表着一部国家机器在海外的运转。商人投机，到东方来冒险，是为了获得原始积累，获得更大的利润。而军人到远东征战，也是一种冒险，是为获取功利，终究表现为一种经营行为。

从大清帝国的决策层看，此时的谈判急于求和，害怕的是在本国的国土上动手，主观上出于一种安全的考虑。但老是防御是不行的。军事上有一句屡试不爽的名言：“只有不断进攻才是最好的防御。”可惜暮气沉沉的满清王朝必须抽出强大的正规军去扑灭西北捻军、回民起义的烽火，起义烽火已燃到河北，直接威胁着中央政权的安全，无力顾及外患。

在西南，经过几年的越南战争，边防力量有所加强，另外，那里还有一个每战必克敌制胜的刘永福。黑旗军在紧要关头，又得到清廷的支持，连左宗棠都表示要亲率大军赶赴滇桂前线，与法军决一死战。他的要求虽然没有被清廷批准，但他选派部将王德榜回湖南招募兵勇，携带大批作战物质开到了广西前线。左宗棠反对国内一些人称“黑旗军”为“匪”或“土寇”。他说：刘永福一介健卒为越南捍卫边疆，力挫凶焰，人所难能。又说：刘永福在国内本非乱民，在越南则为义士。他从南京拨解水雷、火箭等武器运往云南，并嘱咐云贵总督岑毓英暗中给予刘永福更多的资助。

左宗棠是主战派的地方军事实力派人物，他的言行值得重视。这表明朝廷及各种政治力量都已经将注意力投向西南，以为法国人将在此处重点突破。

然而，法国人调整了思路，他们估计长期在西南与中国军队作战，不会占太多便宜。这种劣势战略不能拖得太久。

茹费理听取了远征军将军们的建议，集中炮舰火力，打击中国的海岸线。他们分析清廷已经政出多门，西北边患频频，国库空虚，所造船、炮落后，守御官兵素质低，海防糜坏，积重难返。只要选取攻击的地点得当，必将迅速夺取胜利。

观音桥事件之后，这种调整也就付诸实施了。

其实，法国政府早在越南北圻战事紧张的时候，就已经采取了海上的行动，1884 年 2 月，装甲巡洋舰“凯旋”号已经驶抵厦门待命。

4 月 13 日午刻，巡洋舰“沃尔达”号从香港航抵基隆，以开炮相威胁，强行买去煤炭 1000 担，作为舰队的燃料。

6 月 26 日，炮舰“帕斯法”号在台北沿海监视中国的过往船只。

而这一天，正是李鸿章和张佩纶在考察完北洋水师之后分手之日。

法国攻占基隆作为勒索赔款的“担保政策”由来已久。

茹费理曾说：“在所有的担保中，台湾是最适当的，最容易守，而守起来又是最不费钱的。从本年 4 月‘沃尔达’号把基隆作为示威对象以来，每有某些战争征兆的时候，人们总谈到基隆，而且对基隆采取军事行动是随时可以发生的。”

巴德诺向茹费理报告了上海会谈的结果。

8 月 3 日，茹费理电告驻华公使巴德诺：

“我们将取得担保品……采取战争行动，占领基隆港口及其矿山。”

8 月 2 日半夜，巴德诺的秘密命令传到了法国远东舰队司令、海军少将利士比手中，通知他谈判已经终止，叫他到台湾去。

进攻基隆，是法国从海上向中国本土开战的第一仗。

利士比少将，就是那位在烟台与李鸿章和张佩纶等人有过交谊的法国海军舰队副司令。

8 月 2 日，利士比的舰只已到闽江口待命多日。这天晚上，退潮的闽江江面上异常的闷热，没有一丝风。在此借游历之名备战的法国战舰上悬垂着法国国旗，一切都是出奇地平静。

利士比手中的密电已经被他反复研究了许多遍。进攻基隆是关键一仗。这一仗能否打出法国海军的锐气，就看他的指挥是否得当了。

时近午夜，一只小汽艇驶到利士比坐镇的“杜居土路因”号，将利士比接到孤拔司令的“沃尔达”号上，出席进攻基隆的军事会议。

孤拔在会议开始时传达了法国政府给他的信息。茹费理向孤拔保证，整个台湾北部只有两百名中国士兵，因此，只要派遣一支小舰队去征服这个港口，就一定马到成功。

孤拔又提起 4 月份开炮相逼，使得基隆地方卖给 1000 担煤炭的事件。对这件事，茹费理很满意，在议会上到处做演讲的素材，而身为这支舰队指挥官的孤拔更是得意极了，他勉励老朋友利士比，只要炮舰逼近，让岸上的士兵投降是件极容易的事情。

孤拔想把这个比较容易得到的战功让给他的部下。一方面马江这里需要他，另一方面如果整个舰队全部出动，怕引起更多的警觉。再说，马江这块水域既然已经进来了，出去后再进来恐怕也不易，因为现在形势万变，他必须稳扎稳打，控制住法国政府向中国索取赔款的这一个“抵押品”，牵制着就近增援的福建水师。进而控制台湾海峡，支援利士比在基隆的进攻。

从整个法国远东舰队的燃料考虑，基隆煤矿将是提供燃料的最佳选择。

利士比接受了率领舰队夺取基隆的任务后，他向茹费理政府夸口说："我可以毫不拖延地占据基隆的煤场和台湾北部。"

8月3日清晨，利士比来到"鲁汀"号上，挂上了他的旗帜，启航向闽江河口驶去。开始执行进攻基隆的作战计划。

"鲁汀"号到了马祖澳出现了故障，只得临时抛锚，由战舰"巴雅"号补给煤和水。"巴雅"号的海军陆战队则全部登上"拉加利桑尼亚"号。当天晚上，"拉加利桑尼亚"号拖着无法前行的"鲁汀"号，向基隆方向进发。

利士比率领的法军舰队共有3艘，其中叫"维拉"号的一艘炮舰于7月17日以"游巡海口"为名，开进基隆港，停泊在便于偷袭又能不受炮台重炮射击的地点。台湾守军接受朝廷的旨意，以为和战未定，不便"衅自我开"，就默许法舰停泊于港内。

当时一艘运载中国军事物质的德国"万利"号船，要将19尊口径为17厘米的大炮及水雷卸到岸上，被"维拉"号舰长维威埃蛮横地阻止了。

其时中国与法国并未发生战事，也未正式宣布封锁台湾，替中国运载军火的德国"万利"号舰长，向"维拉"号舰长维威埃提出了抗议，但最后也只得将船上的军火载到淡水卸船。

"维拉"号在基隆已经活动了两周，它将基隆要塞中国海军队的布防情况都侦察好了。

就在法舰"维拉"号驶抵基隆的同时，清廷督办台湾军事的刘铭传也于7月16日到任。刘铭传从基隆移驻台北府，部署整个台湾防务。

此时的台湾尚未设立行省，由福建管辖。全台守军共42营，约2万人。其中提督孙开华所部3营和曹志忠所部6营驻台北，台南有31营，加上刘铭传随带赴台的淮军旧部章高元所部2营，分驻基隆、淡水、沪尾、澎湖。

台北防军最为薄弱。利士比选择基隆下手，显然是经过侦察后得出的结论。

原来保卫基隆有3座炮台，但只有一座大炮台对装甲战舰有威胁，这个炮台有5门口径为17厘米的大炮，都安置在装有钢板的厚墙后面，正对着可封闭港湾的狭窄海口。

富于海战经验的利士比，将3条炮舰做了如下的安排：

“拉加利桑尼亚”号在距大炮台900米的地方停泊，以舰的右舷对着大炮台。

“维拉”号泊于装有3门口径为18厘米的平滑大炮的小炮台的炮击范围内，双方相距120米。

“鲁汀”号则深入到港湾的里面，这样就可以躲开所有的炮击，从侧面威胁两旁的炮台。

布置停当之后，利士比派一个法国传令兵登岸，将劝降书交给守卫炮台的中国将官。炮台上的苏得胜、曹志忠断然拒绝交出炮台。利士比就下了战书，声称第二天清晨要攻击大炮台。

8月5日上午7时30分，利士比见炮台方面没有动静，没有他设想的举出白旗投降的场景，他知道这次劝降不成，只有打一打才能解决问题。于是，发出了海战准备令。

8时整，法军从炮舰上开始向炮台猛烈轰击。

中国营官姜鸿胜马上命令炮火还击。激战中，“拉加利桑尼亚”号被炮弹击中，三发榴弹打在装甲室的墙上，其中两发打在木制垫板上，向后反弹后爆炸，第三发打穿船壁炮门下的铁甲，弹身留在打进的孔中，没有爆炸。这发哑炮让舰上的法国士兵大惊失色。

另一法舰“维拉”号被几枚开花弹击中，甲板上冒起滚滚浓烟。

炮台上的中国守军也损失惨重。

由于法军已经先期侦察清楚炮台的位置，及其不能转向的致命弱点，因此法军一开始就将有优势炮位的舰只一侧对着炮台，露出排炮。这样便于在海面上随时移动，选取最佳攻击角度，集中火力打击岸上炮台。

而这样的实战效果，在烟台海域让中国官员参观时，李鸿章、张佩纶是绝对看不到的。

在法军炮舰的交叉炮击下，炮台北部已经燃起大火，还延烧至相邻的村庄。

9时，火药库爆炸，炮台的防御工事也被摧毁。

从淡水连夜赶到的刘铭传，刚到基隆，就目睹中国守军在一个固定炮台上挨打的场面。

刘铭传马上命令炮台上的军官率领士兵退出，向后山撤去。

炮台被轰毁了，一股股硝烟往上冲腾。岸上守军的炮火渐渐弱下来了。

利士比判断中国守军撤出炮台，便下令登陆。“维拉”号上下来了80名陆战队员，由上尉提吉率领，乘小艇向南岸的小炮台驶去，顺利登上小炮台。踏上基隆陆地的法国士兵兴奋地大呼小叫，拿出法国国旗插在高处。接着，他们又来到大炮台上，回顾三只炮舰击溃一个大炮台的奇迹，都感觉这个古老的东方帝国可以很随意地被征服，只要方法得当，还可以省却许多力气。

“巴雅”号的陆战队在舰长马丁的率领下，乘“拉加利桑尼亚”号的小艇登陆，在海滩上与“维拉”号上的陆战队会合，继续往纵深前进。

刘铭传将海滩守军各营往后山移动，目的是避开法军的炮火袭击。

法军上岸后，并未遇到强烈的反击。利士比觉得可能有埋伏，于是上岸的法军当天即退回舰上。

利士比认为，应该乘胜追击，明天就上岸控制海岸制高点，架设大炮，以便俯瞰基隆城，以火力威胁，取得主动。

果然，8月6日黎明时分，炮舰上的大炮先对近海滩的曹志忠营进行几番轰炸，之后，法军陆战队200多人向曹志忠营扑来。刘铭传马上命令章高元、苏得胜率领100多人包抄法军的东面，又派邓长安率亲兵小队60人袭击法军的西面，战斗一打响，曹志忠见法军两面受敌，一声令下，兵勇士气大振，一时间全力出击拼杀。

此时，担任突击队指挥的法国军官马丁发觉已身陷重围，立即下令向后撤退，经过几次冲击，丢下大炮4尊，帐篷10余架，各种服装、军帽等，最后才退到小艇上。

法军这次进攻基隆，死伤100多人，最后被基隆守军逐回到海上。

此次战斗，基隆守军伤亡兵卒60人，所筑炮台全部被击毁。

刘铭传下令将基隆煤矿自行轰毁，以免落入法军之手。

经过这场较量，利士比方知基隆守军不可轻视，他碰到又一个强硬的对手刘铭传。他认为攻占基隆至少需增兵2000人。8月6日，利士比留下“拉加利桑尼亚”号监视基隆港，亲率“鲁汀”号和“维拉”号驶回大陆治海，他要亲自向孤拔司令和巴德诺报告此次进攻基隆的得失。

基隆战斗虽然炮台被轰毁，但最终还是取得了胜利。刘铭传对此却另有想法。因此，他在给朝廷的奏报中流露出深深的忧虑：

“伏念基隆炮台不固，炮位无多，彼族久经窃议。今突以五船（只有三船）相犯，实欺我军船炮俱无，睥睨乘危，忘思窃据。今幸仰荷天威，将士用命，有此血战，稍挫凶锋，实足以抒激愤。唯当逐北抵船之际，海口若有兵轮，首尾夹攻，敌船皆为我有。失此机会，慨惜如何?”

刘铭传反思海战实况，体会最深的，也是感慨最多的，是中国已有海军力量未能很好地配合，做统一调度指挥，使得法国舰队在海上畅通无阻，想打你就迅速集中火力猛击一处，不想打就可以马上撤出战场，回到海上。

刘铭传预感此事还未了结。法军可能随时卷土重来，因此，他一面调动在台兵力，作新的战斗部署，一面明确向朝廷提出要求，请南北洋大臣及闽省督抚:“速拨能战兵轮十只，择将来台助战”。

这只是第一仗，刘铭传已发出明显的警告，可谓哀哀求援，频频告急，他希望同僚不要各安疆土，互不合作，使他独陷危机。

刘铭传的担忧并不是危言耸听，在以后发生的诸多事件中，证实这种担忧普遍存在，并直接危及中国在战争中的胜败。

战云密布生死阵

13. 战云密布马江

风声越来越紧了，战云密布马江。

从1884年初起，建宁总兵张德胜率6个营抵闽江口，张佩纶入闽后调回澎湖、兴化、泉州驻军5个营，集中福宁、建邵之桂勇3个营，指派官员招募5个营加强马尾方向防卫，加上原来的5个营（含内河水师一营），到战役开始前在马尾及其以东沿江共部署了24个营。

孤拔率领法国舰队驶入马尾港后，福建水师在马尾港除原停泊于此的“扬武”号巡洋舰、“福胜”号和“建胜”号3艘舰艇外，1884年7月中旬，福建船政大臣何如璋陆续调来驻防于厦门的“振威”号、驻防于台湾的“伏波”号、福宁的“艺新”号、海潭的“福星”号；两广总督张之洞派来“飞云”号、“济安”号。另有台北的武装商船“永保”号、“琛航”号也先后驶达马尾港。

到战役开始前，集中于马尾的中国舰艇共11艘。

此外，从闽安，平海等地调来兵船8艘、炮船10艘。

尚干乡在籍二等侍卫武探花林培基选募水勇、弁勇共341名。署督标水师营参将付德柯招募水勇、哨弁共150名，并从中选一部分人交五品军功林庆平，主要训练持长竿捆绑炸药，三五人一条小船，以便快速靠近敌舰，进行爆破。另外，在闽安至琯头等处沿江选募壮丁1840名，张佩纶还召集福州南台等处的漳泉人装扮成商人乘小船，埋伏在闽江沿岸，调集帆船三十余只装满石头，停泊在长门附近，以备堵塞航道断敌退路。

清军在闽江口的部署上，把陆岸守备的重点放在长门、闽安、马尾和福州，把水师舰船集中于马尾港。

长门是由海入江的第一要隘，航道水深礁少，大型舰船可直达马尾。长门、金牌两山相峙，中流一束，江面宽仅380余米，总扼芭蕉、五虎、连江三个入口。五虎岛雄踞口外，双龟岛俯卧门前，大有“五虎把门，双龟守户”之势，实为江海之锁钥，福州之门户，历代均为用兵之重地。元明两代所设五虎巡检司即驻长门。战前，总兵张德胜率陆勇9营分驻长门、金牌、划鳅、琯头。

九营兵力配置如下：一驻划鳅山顶，一驻划鳅北面小山顶，一驻长门炮台后面，一驻电光山炮台后面，一驻电光山炮台北面山麓，一驻琯头后面下塘塞，一驻琯头岭，一驻金牌炮台西面山麓，一驻金牌后面的烟台山。另有内河水师一营分扎沿江一带。

长门炮台设德国造克虏伯炮五门，口径为21厘米1门，口径为17厘米4门，土炮数门。金牌山有克虏伯大炮2门。

福州将军穆图善坐镇指挥。

闽安是由海入江的第二要隘，闽江之咽喉，南北两航道到此复合为一，地势十分险要。两山夹束绵亘十余里，水道较窄，最窄处不及340米，南岸沿江无路，北岸虽能行人但崎岖难行。明洪武年间曾设巡防司于此，清初郑成功亦曾驻兵，顺治十五年筑城设南北岸炮台，康熙二十七年设协副将驻守。中法开战前清军加修了南北岸炮台和田螺湾炮台，设炮数门，均为旧式杂炮。陆勇七营担负岸上防卫，分驻南岸炮台一营，过屿两营，北岸登高寨炮台两营，田螺湾炮台两营，由闽安协参将蔡康业指挥。

马尾据闽江口上游，闽江与乌龙江汇合之处，由外海至省城水陆必经之地，江面宽阔，罗星塔与海关间宽两里半，水深流缓，为兵商轮船极为合适的锚地，是中国的军事、商务港口，也是福建水师的基地。福州辟为通商口岸之后，中外商轮均泊于罗星塔前。这里有清政府经营多年，花费巨资创办起来的中国最大的造船厂。

对这块战略要地的防务部署，可以说还是比较周到严密的。会办福建海疆事宜大臣张佩纶、船政大臣何如璋率陆勇7营、水师舰艇11艘驻守，指挥部就设在船政局。

船政局旁有马限山，驻张楷两个营，船厂附近方勋一个营，后山火药库黄超群一个营，中岐山黄超群一个营，旺岐杨延辉两个营，琯头林培基招募341人。

在罗星塔、马限山、船厂、中岐山配有火炮十余门。水师舰艇占据上游列队，与扼下游的孤拔舰队相持。

管带张成率旗舰轻巡洋舰“扬武”号居前，“伏波”、“福星”炮舰分泊于旗舰左右侧，“建胜”号、“艺新”号、“福胜”号3艘炮舰在“伏波”号左侧依次停泊，“琛航”、“永保”两艘武装运输船停泊舰队左后方，“济安”号、“飞云”号和“振威”号炮舰停泊在靠近南岸海关的江面上。此外，旧式兵船8艘，改装炮船10艘，武装民船二十余艘分泊于沿江两岸，杆雷小汽艇7只停泊于海潮寺前。

福州是福建省会，是清陆海军护卫的主要目标。闽江穿城而过，顺流东下直达马尾。但因航道水浅，从马尾至福州，大型舰船不能航行。

对福州的防卫，也是李鸿章强调的重点。闽浙总督何璟、福建巡抚张兆栋率兵丁三千余人驻守城内。全福三营调训练有素的士兵766名，绿营加派兵力500名，又另招500名，标营294名，旗兵187名，临时招募团丁1800余人。

福州至马尾之间的林浦砌筑土炮台，招募壮丁66名，鼓山中岐砌筑炮台，招募壮丁116名，以阻止法军轻型舰艇顺江而上。

李鸿章从其他渠道得知一个消息，说法国人要先炸马尾船厂。于是，他向张佩纶发来电报。

形势紧张，张佩纶建议做一些分工：闽浙总督何璟和福建巡抚张兆栋坐镇省城福州，掌握全局。张佩纶则于当日率亲兵冒雨连夜赶赴马尾专顾船政局。

7月12日，福州将军穆图善向总理衙门发去联合舰队作战要求的电报：要求“预敕南北洋闻闽警，即应电以师船尾缀敌舰，牵制后路，使敌不敢深入，陆军坚守较壮，南洋如警，闽必出船互援”。

穆图善和张佩纶都知道福建水师较为弱小。张佩纶因此在赴闽上任前夕，就奏请设七省兵轮水师，“以水师一军应七省之防，即以七省供一军之饷”，这样，可以互相援救，来抗衡列强的挑衅和入侵。

7月18日，张佩纶又上了《拟将闽局轮船抽调聚操折》，建议将船政局所造轮船陆续调至闽海操练一次，而后仍令回防。不管情形如何，采取这一行动，“将来分操会操如何酌定章程，七省实有犄角之势，三洋断无畛域之分”。

穆图善、张佩纶这种各舰队联合作战的主张无疑是正确的。

李鸿章对此明确予以拒绝，他说：“孤拔所统领的舰队有4艘大铁舰，巡洋舰十余条，而南洋和北洋水师的现船都太小，不能与法舰对抗，这样就很难让他们在闽海的外海与法国互相牵制，也就不能与马尾的福建水师互相救援响应了。”

曾国荃则干脆说：“我国所造的这些船出巡大海作战，实在不是专长啊！看来，没有一条船可以调拨给福建指挥。”

曾国荃和李鸿章都拒绝了当时朝廷中一些官吏的正确主张。

曾国荃和李鸿章之所以拒绝南洋水师派舰队援闽，原因在于推行“避战求和”的路线。曾国荃在致总理衙门的电文里说得很明白：“我奉旨与法国巴德诺会谈，此中机关极为紧要，期间所有变数和细节都很重要。因为很敏感，陈宝琛会办曾经坚决主张派船两艘赴闽支援，我觉得恐怕会给巴德诺抓住把柄，说我们好战，准备先动手，这样就会影响到谈判大局，可能出现决裂。”

陈宝琛力主派2艘兵舰支援福建，曾国荃致电总理衙门明确表示反对。

李鸿章更进一步声称：“北船不能远去，离开京城要害防区，那太危险了。”曾、李都是掌握南、北洋水师的人物，他们都认为船小敌不过法舰，拒绝派舰援闽。

1884年7月19日，清政府派曾国荃为全权大臣，到上海与法国驻华公使巴德诺会谈细约的内容，派陈宝琛会办，邵发濂、刘麟祥随同办理。

李鸿章也把希望寄托于“和谈”，更害怕增兵刺激法国人。

7月20日以后，张佩纶率领黄超群两营出防马尾。穆图善出防长门。

7 月 21 日，法国公使巴德诺答应谈判可以延期到七月底。

李鸿章马上给张佩纶打电报，说："现在形势不那么紧张了，谈判有了一些松动和进展，这样，孤拔也不会轻举妄动了。"

张佩纶见法舰升火备战，丝毫没有松懈，对李鸿章的话似信非信。大家商量的结果，还是请闽浙总督何璟再向军机处请援："愿属南北（洋）、浙粤合势救援。"

上海谈判局势又出现危机，谢满禄照会总理衙门，上海会议必须先准赔款，方能开议细约，以 8 月 1 日为限。

张佩纶又急了，他再致电北京军机处："促南北（洋）速以船入口，勿失机养患。"

穆图善也急了，他也急电军机处："等到法国人上岸向我开火，我方能还击，到那时，法军已是胜券在握，我们早已失了优势，必定要受损失。"

张佩纶又加急电告军机处："胜负呼吸之间的事情，一定要争先下手才能取胜啊！"

法舰所有的炮口都对准了船厂。

船政学堂里的洋教习、船厂洋职工纷纷逃离马尾。

马尾进入紧急备战状态。

船政大臣何如璋下令在厂内遍埋地雷，准备在紧急时炸毁船厂，以绝法军窥伺。

船政局日夜加班，生产枪炮弹药。包括赶筑炮台、炮架、制子弹、火药、杆雷、地雷及横江铁链，阻船木簰等等。

在孤拔舰队进入闽江口，抵达马尾港江面前，张佩纶和穆图善多次向朝廷呼吁阻塞河道而未准。敞开大门，引狼入室，祸在眼前，张佩纶十分痛心，他再次向李鸿章表示应及早采取措施。但李鸿章直到马江之战前四天，即 8 月 19 日，还给张佩纶来电，警告他“阻河动手，害及各国，切勿孟浪”，并表示他“不以决战为是”。

几经力争未能获准，张佩纶只好表示“微臣塞河之议，众议不敢辄行，唯有仰承谕旨，随时戒备”。表示出相当的无奈与痛惜。张佩纶在给侄儿张人骏的信里说：“现在法国将军孤拔已经潜入福建，军舰陆续进到闽江口。我多次主张塞河阻止法舰前行，朝廷一再下命令不准。因而，敌船得以排除重重关隘险阻，直入我马江要地。还让我执行这样的命令，即法国人不动手，我也不准发动进攻。这样的策略难道可以取胜吗?!”

张佩纶还给李鸿章写信，说：“以天险之闽，使人排闼直入，真可惜也。”

在战略进攻的时间上，朝廷亦提出不许先发制人的严令，即捆住了自己的手脚，更授敌以主动权。对此，张佩纶和穆图善等人亦有苦难言。

早在7月2日，军机处就电寄沿海各将军督抚，命令沿海各地在法国兵舰侵犯时，不准先发制敌，指示说：“彼若不动，我亦不发”，只有对方“来扑犯我或径登岸”时才能“奋力抵御”。

7月16日，当孤拔的舰队侵犯闽台海域并深入到闽江时，军机处还电寄谕旨，重申前令，指示“倘有法军前来按兵不动，我亦静以待之，如果扑犯我营，或登岸肆扰，务须并力迎击”，并专电福州将军穆图善“我军与之相持，总以镇静为主”等等。当时军机处改换班子后，为慈禧所重用的醇亲王奕譞，还指示总理衙门大臣周家楣特地电告张佩纶，要他“勿蹈险”，即不要冒险采取过激行动，以免妨害大局。

对于不许“先发”问题，福建前线的军政要员均提出不同看法。

张佩纶在给总署的电报和奏折中多次强调“先发”才能

“制胜”的主张，何如璋也指出：“彼此兵船衔尾相拒，万一决裂，先发制人，后发即为人制。以法人横肆性成，临事必图狡逞，使各船静以待变，深恐为敌所乘。”

穆图善情绪表现得更为激愤，可能与他熟悉掌握军事情报，了解双方实力对比的优劣有关。穆图善在7月下旬的两封电报中，明确向朝廷提出警告：“既不得阻止，又必俟扑犯登岸始还击，彼操胜算，我失先着”；又说，“再任其出入，分布南北，我则首尾不能兼顾，战无可战，皆遵旨静以待之”，他认为“法酋举动日肆，意揣必到决裂，闽失势在不能先封口，又不能先发”。

7月17日，局面已陷入非常不利的地步。张佩纶在奏折中表示了极大的愤慨，认为“熟审彼己利钝之势，不在敌强而我弱，实在敌狡而我迂，即让以要塞，复让以先机，彼处处攻心，我种种掣肘。兵机止争呼吸，臣固非畏其船炮之坚利而实惜我虞备之让，谋断之歧也”。

张佩纶还曾向李鸿章诉说自己的满怀怨愤，表达他对朝廷处处牵制福建前线的不满。张佩纶说：“兵机止争呼吸，若事事遥制，战必败，和必损，况闽防本弛耶?”

然而，张佩纶虽有天大的意见，却并不敢加以违抗，在“塞河”、阻止法舰入口、“先发”等重大问题上还是遵旨而行。

正当法国军舰入侵马江，炮口对准船厂的危急关口，英、德、美等国也趁火打劫。

英国借口保护“西商”，于6月派兵舰入侵靠近福州城的万寿桥。

美国也以“保护租界”为借口，派兵入侵马江口。

英国在这次侵略战争中十分积极，公开替法国运输军火及煤粮等物资，英国造船厂还替法国制造兵轮，购运兵船，刺探情报。海战爆发后法国炮毁福建船厂的计划，就是英国的主张。

美国则扮演另一角色，把自己打扮成清政府的朋友，建议将船厂自行烧毁。1884年8月8日，即马江战役爆发前两星期，美国驻华参赞何天爵向周德润提出："法国拟占船厂以资其修船制器以便与中国久持。万一闽省交兵，据我意不如将船厂自行烧毁。"朝廷中也有人随机附和，认为一旦船厂被法国人占领，便是一个巨大的维修点，在远东，法国人将一次性占据更多的便宜。

8月8日，张佩纶就军事对峙紧张局势，再次电告军机处："互援是活着，先发是急着，舍两者布置更难。"

李鸿章回答张佩纶，法国在马江的舰队是大兵船，万一南北洋的船小炮火不力，又移战场在外海对抗，中国舰队必败无疑。认为船小敌不过法舰，拒绝派舰援闽。"先发"之策，则如前所述，朝廷严令不得先动手，诱发正在加紧切磋的和议大局走向破裂。

"互援"无法成为"活着"，"先发"的作战方针又被明确否定，对此，张佩纶感到十分为难了。的确，除了上述两种方案外，要想在战略战术的布置上处于有利地位，简直太难了。

8月9日，总理衙门电请张佩纶等讨论毁厂备战的计划，并转告了美国参赞何天爵炸毁船厂的主张。

张佩纶见朝廷做出如此轻率的决定，心里很不安。他此时开始嘲笑那些军机大臣，不知出于何种考虑，竟出如此下策。他说："放弃新造的大炮和兵船不用，只依靠陆军和农民武装，就像拿着锄头和木棍要和拥有坚甲利兵的部队作战，真是可笑愚蠢啊！"

对于炸毁船厂，张佩纶并没有按照上面的意见办。他申述理由如下：一、张佩纶认为如果他突然撤离，民众一定非常失望。

作为钦差，他认为这不符合自己的心愿；二、马尾船厂距江面上的法国军舰二里远，一旦弃厂，法国人恰好白捡了一座工厂；三、一宣布毁弃船厂，周边有匪徒趁乱掠夺，损失很大，不值得；四、机器笨重，无法掩埋，事先毁厂反影响战备。

最后，张佩纶向朝廷建议：“既然将这个是否毁弃的主意拿来与我商量，我的建议是：不如暂缓操作，允许随机应变。”

同一天，清政府以法国侵犯基隆向其提出严重抗议，并照会各国，请秉公评论。

8 月 11 日，李鸿章致电总理衙门，提出新的确保议和的意见。电文说：“不如赔款以保和，一开衅即不可收拾。与之战，法始必负，继必胜，终必款。”就是说，一开战则事情准闹得不可收拾。开战之初，中国方面可能暂时取胜，但接下来中国会输掉，那么取胜的法国人将提出更高的赔款数额和要求，那时更难办。

同时，福建船政大臣何如璋、钦差大臣张佩纶再次致电总理衙门：马江形势紧急，请朝廷早定对法作战方针，并请求火速派南北洋的战舰前来支援。

8 月 12 日，朝廷拒绝对法赔款，仍请美国从中调处。

8 月 13 日，清廷命令曾国荃派“开济”号舰援闽。

8 月 15 日，进攻基隆被击退的法舰“维拉”号驶抵泊马尾港。

8 月 16 日，法国议会支持茹费理内阁对华的军事行动，通过 3800 万法郎的侵华军费，茹费理在议会上以从未有过的兴奋心情，大声宣布：“这是本世纪最大的一次征战。”

8 月 19 日，法国驻北京代理公使谢满禄借口基隆事件，再次向清政府发出最后通牒，要求赔款 8000 万法郎。并在清政府答复以前，就下旗离开北京。

中法外交关系正式破裂。

马江战云密布。

14. 武探花林培基请战

1884 年 8 月，福州仓山。

福州街道两旁的店门全关了。大街上一群群举着锄头、长矛和长枪的年轻人，呼叫着，狂喊着，像巨流一样拥向外国人居住的地方。愤怒的人群和看热闹的观众越聚越多，这些由乡民组成的请愿团像一条波涛汹涌的大河，怒气冲冲地向前涌动，发出仇恨和愤怒的吼叫，像打雷似的在福州上空盘旋着，轰鸣着，震荡得闽江仿佛摇荡起来，震得闽浙总督衙门也仿佛摇晃了。

此时，恰好有一名外国人进入衙署，愤怒的乡民也认不清他是哪国红毛，一起上前，发一声喊，早把那洋人按住。

人群中有几位举拳欲打，只见那洋人翻着深蓝色的眼珠，抖动着棕红色的头发“呀呀”地申辩。

正在这个洋人高喊“help”时，总督衙署里出来一位官员。

只见这个官员急步赶到人群聚集处，拨开众人的拳头，将洋人扯了出来。让他消消气，定了定神。

不知谁叫了一声：“这不是按察使裴荫森大人吗？”

官员正色道：“正是本官。”

提起这个裴大人，那些来自闽江下游的乡民，有了缓和的表情。原来，裴荫森去年刚到福州任福建按察使。一上任，他就积极配合闽浙总督何璟、福建巡抚张兆栋到沿闽江一带的炮台去勘察，特别是在长门一带，遍览形势，提出建议。在这个过程中与当地的乡民认识了。

裴荫森早年随李鸿章在湖北办理过营务，李鸿章改任直隶总督后，裴荫森又随李前往。当时，正值1870年的天津教案发生，法国领事丰大禄因首先开枪打人，被愤怒的民众处死，引发了焚教堂、杀洋人的事件。法国公使罗淑亚向清政府提出威胁和苛刻条件，李鸿章以“息事宁人”为宗旨，捕杀天津群众20人，充军25人，赔银50万两，并派大员向法国道歉。裴荫森认为这是有辱国体的大事，面谏李鸿章，李鸿章不听。

裴荫森上书争说：“丰大禄固不应抵命者也，首开洋枪击人，本有致死之由。……伏祈中堂坚持初态，多赔钱，少偿命。其无辜概行释放，为百姓留元气，即为国家培国脉。道光年间，林文忠（则徐）在粤东，一味用兵，夷人畏惧求和，诚不可失之时也。”

裴荫森用林则徐坚持武力抵抗，不为列强所辱的例子来鼓励李鸿章。但是，尽管裴荫森的上书言辞恳切，李鸿章却坚持媚外做法，屈从于法国人的无理要求。裴荫森愤而辞职。

早在长沙，裴荫森就曾办团练，整顿保甲，有治理军事的才能。

现在，眼见中法之间军事对峙形势已经十分严峻，而福州城里的外国人又异常活跃，经验告诉裴荫森，这群愤怒的乡民来省城是有目的的。

忽然出现的这个外国人可能引发一场新的外交冲突。

裴荫森虽是武官，但他在闽浙总督府里也熟知这些复杂的外交形势，他头脑里还有一根处事须分轻重缓急的弦。

裴荫森经过向洋人详细询问后，转身对认识他的乡民说：“诸位好汉，这位洋人来自英国，他是一位商人，不是法国人，也不是孤拔军舰上的洋人。你们如果把英国商人杀了，我们势必又要引起与英国的矛盾，法国人的事情还未了，再弄个与英国失和的事情，不值得。眼前的事是对付法国人，你们说是不是？再说，把英国人杀了，对你们也不利，杀人是要偿命的，我们不杀无仇之人。”

愤怒的人群开始安静下来，其中领头的一位说：“裴大人是好官，他的话可信。”

众人始将英国商人放走了。

闽浙总督衙门人群刚刚要散去，忽听得另一条街由远而近传来了一阵高过一阵的鼎沸人声。转眼间，人群再次蜂拥在衙门前不散。

裴荫森看见人丛中走来一位大汉。那大汉方头大脸，虎背熊腰，扎着半脸胡子，暴眼睛，阔肩膀，稍显粗鲁，但透着正直和刚毅。那大汉赶路走得急，微微喘着气，脖子上的筋暴起老高，拳头紧握，指甲简直就要嵌入掌心。

裴荫森猜出他是领头的人，于是主动迎了上去，问道：“请问你这是想干什么？”

大汉似乎早也认识了裴大人，脸色也变得温和了。开始作自我介绍：“在下便是尚干乡的武探花林培基。”

裴荫森在巡视闽江防卫时，就特别注意可以利用的乡勇兵丁民间武装。他早就听说尚干乡有个武探花林培基，民意很好，威望也高。

裴荫森忙说：“久闻大名，今日得见，果然英姿超凡。”一边说，一边将这位赋闲在籍的武探花迎进衙署。

林培基，35岁，闽侯县尚干乡人，祖上世代务农。他的高祖林朝凤是个武庠生。武庠生就是个武秀才，秀才没中举便不算有功名，仍然以种田为业。父亲名长胖，培基是长子。年轻时的林培基力气大，勤于耕作，无论种番薯，还是瓜果蔬菜，都能长的又大又壮，所以在青少年时代就以勤劳著称于乡里。

当时尚干乡中有一练武馆，设在兴林寺。培基每天挑粪浇园从武馆经过，都要歇下担子，站在一旁看一看武童练武，还情不自禁地以扁担为兵刀学着舞枪弄棒。久而久之，渐渐有了一些门道，并引起武馆教习的注意。教习动员他入馆学武，培基辞以需要劳动养家，没有时间，也交不起学费。教习觉得他很有培养前途，就特许他在劳动之余到武馆为武童烧茶，免费习武。培基自此学得一身好武艺，且膂力过人，但在乡里绝不逞强好斗。

有一次，几个无赖因小事到培基住的屋院中寻衅，培基父亲及邻居多方劝说，仍不散去。培基见状，走到院中的空地中，用双手托起数百斤重的贮水蓄泥种藕的莲蓬缸。寻衅聚闹的几个无赖见了这等架势，顿时大惊失色，自忖不是对手，赶忙溜走。风波平息，培基也获得邻里的夸赞。

1875年，林培基27岁，朝廷为光绪帝登基特诏举行恩科。在福建省乡试中，林培基中第二名武举人，合家欢乐、闾里称贺。林培基也在热心亲朋族友的帮助下，凑集了赴京赶考的费用。

谁也没有料到，一向身体壮实的林培基在北上的途中，因水土不服，竟然病倒在山东客栈，耽误了会试考期，亲友们资助的路费看看也将用尽。林培基一身好武艺，居然困顿如此，终日仰天长叹。此时，林培基遇到一位山东武举，他了解这位同道的武艺高强，就接他到家中养病，并切磋武艺。

当时武科考试项目包括马射、步射、开弓、舞刀、掇石等。山东这位武举擅长开弓、射箭，而这是林培基所欠缺的。在山东同行的指导下，林培基虚心学习，他给自己定了吃饭、睡觉、登堂、入室等之前都要力挽三弓的规矩。经过一段时间的互相切磋、刻苦锻炼，两人的武功都有了很大进步。

第二年（1877 年）又是正科会试之年，两人赴京会试，双双高中。林培基中光绪丁丑科，参加殿试，以高超的武艺定为第一甲第三名探花及第，授御前侍卫，钦加二品衔。

1884 年夏天，法国军舰陆续驶进马尾港，林培基此时正在离马尾不远的尚干老家赋闲。马尾与尚干近在咫尺，林培基深受闽江沿岸军民反侵略的愤怒情绪的感染。他非常不满闽浙总督何璟的临战所为。何璟来闽八年未做加强战备的工作，临时把希望寄托在和谈上，何璟等人还严谕水师："不准先行开炮，违者虽胜亦斩；必让敌炮先开，我方还击。"这一切都令林培基十分愤懑。

林培基告诉与他攀谈多时的裴荫森，他是代表闽江下游数万民众来向总督大人呈送退敌"万人折"的。

与林培基同来的还有武举人林锦亨、林福泰等。

裴荫森真是喜欢这一群尚勇好斗的热血乡民。裴荫森心想："张佩纶钦差都说闽人胆怯，依我看这些人好得很。"

裴荫森觉得高兴极了。他马上示意，可以请来闽浙总督何璟来接受"万民折"。林培基等人被请进院中厢房稍候，其他的乡民仍在衙署大门外围个水泄不通。

过了半个时辰，只听衙署的正堂侧门"呀"的一声，缓步走出一个人，只见那人穿的枣红宁绸箭衣，天青缎子外褂，缀着二品的锦鸡补子，挂着一副蜜蜡朝珠；头上红顶子花翎，脚上穿的是一双最新式的内城京靴。虽是八月热天，这几天有了台风，算是凉爽了不少。这是闽浙总督何璟出来了。

今天，当裴荫森将林培基送"万人折"的事报告给何璟后，何大人的第一反应就是乡民要造反，对此等尚勇好斗之民，必须严加管束，绝不能坏了大事。何璟还训斥裴荫森对林培基等今天的行为寄予太多的热情，认为这样很危险。

何璟琢磨自己必须亲自处理这个可能影响朝廷大局的事件，因此，他特意穿好官服，隆重登堂办公。

何璟见到林培基，对这位皇帝亲定的武探花倒也不敢怠慢，命人沏上好茶，端至眼前。

何璟试探地问道："林壮士，今日来见本督，有何见教？"

林培基见何璟话中冷淡，便直奔主题，递上"万民折"。

何璟皱眉看着折子上七歪八倒的签名，眼中早已流露出不屑。林培基见状，站起身，正色道："请总督大人听林某详细道来。"

林培基情绪开始激动，他指着门外蜂拥而入的人群，朗声说道："大人请看这些血气男儿，当今国家遭人凌辱，70里闽江任法国人来往穿梭。他们是看不下去了。到现在为止，仍不见朝廷发话，给福州军民明示抵抗旨意。我的这些乡亲，他们实在忍受不下去了。要我和锦亨、福泰等同道与众人前来，递上'万民折'，向大人请战。"

何璟见林培基说到激动处，声震内外，众人呼应之声暴起，只得改口，说："本督意在了解民意，对于林壮士等的壮举，心存敬意，只是不知诸位将以何种对策来对付法国兵舰？"

林培基望一眼背后充满热情的民众，转身向总督细细道来："尚干乡民愿自备干粮武器杀敌，不费官府一两银子。"

林培基向何璟靠近两步，进一步阐述他的计划。

"我等久居闽江岸边，熟知地形地貌。可于海潮涨满之时潜伏沙洲刈芦苇杂草，将所割下的杂草杂陈于水中，退潮时草随水退，这样可以绊住法舰的轮叶，随着轮叶的转动，杂草则缠住轮叶，越绞越紧，可致法舰机器失灵。此时伏兵可发动突然袭击。法舰不能行走，而我江岸、芦苇丛中的舢板、木筏则可自由行驶，配合我水师全部出动围攻敌舰。"

同行的武举人林锦亨、林福泰等人接着说："这时即可靠近法国兵舰，将准备好的硫磺投掷上去，还可以浇泼煤油，然后放火焚烧大兵舰。"

听完这番议论，何璟的脸上露出看不分明的一丝蔑视。他想，用这种游击土办法，也想打败法国人，真是不自量力。

何璟说："本督管理此间的陆营水师，你们想想看，大清有船政局那么多兵舰，还有这些军人，对付那孤拔都有些吃力，何况你们这些乡勇呀。你们平时游手好闲，果真打起仗来，草丛里哪里藏得住身。我看还是早点回去，不要轻举妄动，以免坏了我等军机大事。"

林培基见闽浙总督看不起乡民的勇武之力，心里老大不快。

此时，门外的人群开始骚动。

"'万民折'是百姓的心意，大人可千万不要拂了这般苦心啊！"林培基愤愤地说。

"我们要杀法国人！"几十个声音开始响起来了。

"快答应林探花的请求！"乱哄哄的声音在叫。

"不能再等下去了，快拿出抗敌办法来！"许多声音在应和。

裴荫森见民情可贵，又怕在官衙闹出事来，忙出来说话："列位乡亲，何大人的意思是此事非同小可，必定要详细议定方案，断不可匆促草率，误了大事。"

何璟见众人仍不愿离去，从嘴里迸出一句："诸位听好，如果再不离开，则以军法从事。"

裴荫森见这位何大人这般腔调，脸上也流露出不快。他将林培基拉到一旁，低声说："不如上钦差大臣张大人那里去，表达众人心意，或许会有效果。"

林培基点了点头。他想，对呀，张佩纶大人来福州这一阵子，到处视察，不像这位暮气沉沉的何总督。张大人是想干点事情的啊。

林培基转身向众人道："诸位乡亲，今天我等到总督府，也算向官府表达了心意。此事在做不在说。既然我等已经说完了，只要去做就是了。"

又过了半天，人群来到马尾向钦差张佩纶请战。

张佩纶到福州这一个月，见到的全是神色惊慌的官吏和商人，他们纷纷找门道将家眷和财产疏散出了福州城，就是连船政大臣何如璋连日来也忙着让儿子离开福州回广东大埔。此事令张佩纶反感得很。

突然有一大群热血的尚干乡民前来请愿，愿无偿支援政府的抗法斗争，使得张佩纶对闽人胆怯怕死的看法有所改变。不过张佩纶仍然坚持认为，在军中和政府官僚中的闽人多胆小畏事、小心多疑之徒，他认为这些人成不了大气候。

不过，林培基倒是让张佩纶刮目相看。

听罢这位武探花的抗敌计划，张佩纶没有明确表态。他还有更深一层的考虑：这群乌合之众在船厂边上是否指挥得动？关键时刻会不会乱了阵脚？但张佩纶也深知，大敌当前，应当利用一切力量组成最新的防线，或攻或守，总是有用的。

张佩纶经过反复征询了解，并在裴荫森的极力推荐下，最后决定："饬在籍二等侍卫林培基选募水师弁勇火夫三百四十一名"，同意这支民间武装在政府的监督下，可以自行操练备战，逐渐招募人员形成抵抗力量。但张佩纶向林培基下令：两军对垒，必让法军先开炮，乃可还击，不得轻启战端。

获准招募义勇之后，尚干乡"子弟踊跃争先，不旬日应募者三百名"，且都是一些勇猛善战特别是都能泅水的壮士。这支队伍驻扎于马江海潮寺右、距马尾西北约三里的腓头山麓，位于南台江北岸，与福建水师的正规部队互成犄角之势，形成对法兵舰的牵制。

战争的气氛更加紧张了，决策人物的内心都七上八下。船政大臣何如璋是另一种心态。

船政大臣何如璋这几天情绪特别紧张。他在安排厂区埋设地雷时，眼中流露出从未有过的恐怖表情。

战争就要在船厂的江面上发生，他是这场战争的具体指挥者之一。虽然曾随李鸿章办过外交，但真正与洋人兵戎相见，却未曾有过任何经验。马江上的法军炮舰就像巨大的魔影，紧紧压在他心上，挥之不去。

何如璋忧虑的是他的家眷怎么办？他的儿子也在马江，万一战争发生，炮火一轰，大家肯定同归于尽。看到许多人都纷纷逃离马尾，何如璋也想到了家属和自身的安全问题。

多年的官场生涯，使何如璋明白了一个道理，在任何情况下，都必须朝中有人。朝中有后台可以依靠，使你在任何情况下都能成为一种政治势力的组成部分，就可保证护得住官位，有了官位，其他地位和荣誉自然不用太操心了。其次，朝中有人，可以让你在不太明了朝廷的意图时，有人为你指点迷津，保证你发表言论和采取行动能大体符合“圣意”，不至于犯政治上的错误。最后，一旦你犯了事儿，朝中的政治保护网，可以让你减轻责罚。

何如璋对此道谙熟有加，这不能不归功于他与李鸿章的关系。

何如璋曾在李鸿章的手下用心研究洋务，并为李鸿章所赏识，任清政府驻日公使，是李鸿章办理对日外交的得力助手。1880 年回国，授詹事府少詹事。1883 年中法交战，海防戒严，10 月，何如璋以懂洋务受任督办福建船政大臣。

作为外交家，何如璋懂得国际法有关兵船入口别国领海不得逾两艘，停泊不得逾两星期，违者即行开仗的规定。他曾于法国军舰入侵马江不久，在一份奏折中指出：“法人此次来议越事，乃一面令该海军提督孤拔率领舰队驶泊马江，以图要胁。”但他只能听任朝廷和李鸿章的意见，让法军舰泊于船厂下游，与我舰对阵。

对马江前线的防务，他是与张佩纶共同负责的。按说何如璋情况熟悉，应该更有一些实际的作为。但何如璋却未做认真准备，反倒先将家眷和儿子疏散回广东大埔。

1884 年 7 月 21 日，何如璋在给父母的家书中写道：“唯法越之事，前之议和简明条约，后因我军驻防越界者与法军打仗，法军战败，乃派使来责我败盟，令其海军提督孤拔率领舰队来闽，声言欲据船厂为索赔兵费之地。本月廿二后连日来船六艘聚泊马尾厂边，我亦派兵船五号与之连泊以相牵制。现在彼此按兵防备。若彼必欲据我船厂，则须与之一战。我厂中有陆军四营，水陆相助，谅彼亦不敢轻动。唯厂前即系彼此用兵之地，眷口在此居住不安。顷署外民居早已纷纷迁避。因思万一开仗，能胜固佳，若败则移避颇为费事，故令毅儿等搭船旋潮，庶遇有事时，进退皆无阻碍。缘船政系差事，不同守土之官，胜故自佳，否则亦可退守省城，以图后举。现有亲兵 40 名，又添招同乡兵 30 名，水勇 20 名。此系防备有事时保护一切之用。察朝中情事，大约必可言和，即一时讲不成亦不致即占船厂，署中预备周密决不致伤损。”

家书是真正实情的流露，值得注意的是，何如璋在此时亦无主见，他对战争的前景是悲观的，认为法国人占据船厂必然要发生激战，此时，先考虑将家属转移是最主要的。更值得注意的是，何如璋认为守船厂不是守城池，可以退到省城，“以图再举”，这是受到弃厂议论的影响，未战已先想到要撤走，并且先将自家性命的保护视作眼前重要事情，立即就办，为自己添了许多警卫力量，同时，还寄望于和议的成功，不思做苦战准备。果然，炮声一响，何如璋跑得比谁都快。这是后话。

腐败的清帝国内，关键时刻，何如璋太多，而林培基太少。

15. 面对生死布阵

八月的福州城，没有一点风，天气热得让人透不过气来。衙署里有几棵老榕树，叶子挂着层层灰土，绿色都褪浅了。无数的鸣蝉正在声嘶力竭地苦叫。

何璟被闷热的气浪弄醒过来，汗珠一点一滴地从他的额上滴了下来。

觉是睡不成了，一心虔诚信佛的何大人，起身来到佛堂，点燃一炷高香，心里默默祝祷：但愿法国人不要真正动手，他能在任上安度晚年，平安致仕。

香插入香炉后，何璟走进了卧室。前天，他让人找来一把匕首，以备紧急情况下尽忠报国，杀身成仁。

不知为什么，平日里念念佛，捻捻佛珠，心境也就平静下来，但这几天就是无法安宁，尤其是看到那把放在床头的匕首，神情更是紧张，仿佛失城之事随时就会发生。封疆大吏有守土之责，必须要追究责任的。这一点，何大人心里是清楚的。

何璟训练心境平和的手段有两个，一个是坐在佛堂里放松，另一个就是抽一点大烟。

何璟觉得犯了瘾了，该提提神了。

只见何大人横在一张弥陀榻上，跷着脚，一手拿着烟枪，一手执着烟扦，两只眼睛盯着烟灯，口里吸进，鼻管里烟出，渐入佳境。等烟膏抽尽了，何大人才响亮地咳嗽一声，又用力伸伸腿，舒畅地长长吐一口气。

何璟心里觉得庆幸的是，前线有钦差在那里张罗，不管怎么样，那也是朝廷的人。有了这个张佩纶，何大人省事多了。何璟近来也听到不少反映，说是张佩纶对闽人不信任。不知他还能搞些什么花样出来。何璟对张佩纶的一些建议不以为然。比如让沿江士兵化装成做生意的商人备用；再如在船厂附近的高处插上各种颜色的旗帜，说是要布迷阵，让法国人摸不清岸上到底有多少陆军。

根据他的判断，朝廷与法国人的谈判最后不会成功，因为打太平军时英法联军的表现，以及最近两年法国人在越南北圻的进攻势头，都可以得出法国军舰入港势在必得的结论。何璟也得知，法军在基隆首战失利，如今移师集中攻击福州，一定会加大打击力度。只是，他也了解李鸿章和曾国荃，深知朝廷对他们的建议采纳的可能性要大于对张佩纶这些书生。

何璟心想，任命张佩纶这样一个既无军事知识，又无地方工作经验的书生来闽处理军事外交危机，是朝廷不以国事为重的决定，所以他未过多过问张钦差的事情，倒要看看这个平时满口要向法国人开战的钦差到底能有什么作为。

自从到马尾以来，张佩纶从未上过兵舰。此事在许多人看来似乎是个谜。

作为负责海防的钦差，张佩纶认为自己应当统揽全局，停泊在马江上的舰船只要能把握调度即可，就像调度岸上的陆营、炮台布置一样。自己对船务实际上并不熟悉，尤其是对具体的技术问题更是门外汉，上了船并不能给予有效指导，反倒惹水兵议论。张佩纶在朝廷做侍讲学士时，对国策与当前形势可以滔滔不绝，哪怕是言辞激切一些也未尝不可，因为只有这样，才能引起当朝重臣和心怀各种居心的人重视。尤其是作为清议派骨干，顾名思义，其职责或自以为树立形象的手段，就是逢人便说，逢会必说，特别是非常注意说给皇帝及其背后的西太后听，要说出效果来。

确实说出了效果。这不，张佩纶到福建当起钦差了。

但做得怎么样呢？这也正是闽地众多官僚拭目以待的。

面对多日的调查，张佩纶对朝廷不准他阻塞航道以防法国军舰出入，又不准他先行动手十分不满，觉得失去了战机；除此之外，张佩纶对闽地的军事设施和人际关系的复杂颇为苦恼。不过，他还是做了一些准备工作。包括视察海口，雇定引水，调船，募集兵勇，办乡团，练兵，修炮台，增加火炮设备，以及令水勇埋伏江岸，假扮渔民，多树旗帜设疑阵，让人以茶市游说英美，牵制法人，等等。可以说，时间不长，办事不少，使福建前线的防务有所加强和改观。

张佩纶经过巡视考察，在给朝廷的报告或在给亲朋好友的书信中，对福建水师及船政局得出了这样的结论：

1. “炮台苦卑，船局苦敝，枪炮苦杂，弹药苦少。而十羊九牧，朝令暮更，尤其痼弊”。就是说炮台久不维修，太过简陋，应急时无法发挥作用。船政局建在水边，防卫上很困难，再加上所掌握的船只少而生产方面又困难重重。枪炮的质量不高，都是一些各种规格的老旧武器，而且弹药缺少，特别严重的是冗官太多，干事的人太少，最为要命的是所定的规范不能严格执行，朝令夕改。

2. “总督何璟，巡抚张兆栋，治务安靖，不甚知兵，而亦不讲求兵事”。闽浙总督何璟和福建巡抚张兆栋，都唯朝廷不能先动手的旨令是从，仅以防治福州城的治安为工作重点，而且不熟悉军务，也不认真研究学习，对迫在眉睫的形势缺乏清醒的判断。

3. “营官均督臣点派，不受统领约束”；“军乃新集，器仅旧存”。这是说将不知兵，另外，各陆营的军官均由总督指派，与中层军官不易合作，军令不能贯彻到位。另外，新集结的部队人多而武器不够，还是原来的装备，肯定不够用。

4. “此间募漳泉勇，帐房军器均无有，空手入白刃，赤立当炮火”；这是分析新兵的装备和素质的不如意，说从漳州和泉州招募的丁勇，营房不够住，军备亦无着落，就像赤手空拳要与持刀人打斗一样，只能被动当炮灰。

5. “乡团纷纷，有何实用？各处送来水勇，迫之入水，战战兢兢，此是寒敌胆耶？思之可叹”。张佩纶说，地方上踊跃准备应战，但他怀疑这些地方武装可能没有战斗力。另外，各地送到马江的水兵，让他们上船下水，个个胆怯不敢向前。这样的情形岂能让敌人感到胆寒畏惧！想想这些，不禁可悲可叹。

张佩纶与李鸿章及何璟等人不同的观点是，张佩纶着眼点在海战，他认为要有水上的优势才能保卫陆上，注重于保卫马尾船厂；而李鸿章和清政府着眼于保存福州城，防止法军登陆，因而注重陆上防务，要求以组织训练团练为主。在当时的清朝廷看来，在海上与法国兵舰交锋，是无把握的，惨淡经营起来的福建水师和耗巨资兴建起来的马尾船厂，并不值得死守，只有退一步守省城，才是根本。所以，李鸿章提出诸如撤出空厂给法国人，或是接受美国人的建议，自己炸毁船厂。

张佩纶作为身在前线的钦差，想法与朝廷不同，他想的是要重点保住船厂。而要保住船厂，就首先要合理排布现有的海军力量。

调船是为了增强兵力，问题在于对船的使用。

张佩纶将陆营军官和马江舰艇上的指挥官都叫到一起开会。福州将军穆图善也参加了军事会议。

张佩纶在他的指挥部主持了这次重要会议。

张佩纶首先开了头："诸位，经过二十多天的考察了解，我们调船调兵，募集水陆兵勇，办起了地方武装乡团，也加强了训练，抢修了炮台，并在岸上布了迷阵。气氛是造起来了。古人说：兵不厌诈。我对战胜法国人是有信心的。"

各路军官见张大人说到兴头上，也都觉得似乎很有把握，因为他们还未真正与洋人打过仗。

张佩纶继续说："今天请大家来，就是重点研究一下现有这些船的布阵问题。"

一见抛出这个话题，海军军官们立即有了反应。

从广东张之洞那里派来支援福建水师的高腾云第一个站起来发言："我奉命督带'飞云'号兵船来闽，编入福建水师舰队，一路上，我观察了闽江沿岸的形势和炮台的位置，我认为，我们还是有险可倚的。朝廷至今是战是和举棋不定，丧失了许多良机。堵河已经不现实了，先发制人现在也要看时机，我觉得已经非常的被动。请钦差大人要早做决断，不可自毁长城，丧失海上主动权。"

高腾云是广东顺德人，行伍出身，历任广东广德营都司，廉州营游击，此时的官衔是广海营参将。此次是奉张之洞的命令，为增加福州海防力量，将船政局所造的木质兵船"飞云"号带来参战的。

48 岁的高腾云到闽江后，日夜抓训练，已经中暑生病了两天，脖子被刮痧刮出了五个红印。但广东人的豪迈坦诚使他忍不住要抓紧时间，表达意见。

张佩纶听了这番话，受到鼓舞，用双眼环视众位水师军官。

福建船政学堂第三届驾驶班毕业生陈英站了起来，这位瘦削的汉子是“福星”号的管带。早年的陈英文理学习成绩优异而常受到教师的好评。他是理论与实践结合得很好的年轻人，被认为是这批年轻船长中的佼佼者。

陈英说：“我和各位管带已经多次向营务处张成建议，现在的布阵非常危险。法国人已将船只列好最佳阵势，我们福建水师的船与法国船挨在一起，如果这个时候法舰先开炮，一船被轰别的船腾不出空间来保护或攻击，我军将全部陷入被动，这是一个很不高明的布阵，希望钦差大人一定要慎重考虑。”

张佩纶问：“依你看，要怎样布局才算是好局？”

陈英说：“将我们的船只疏散开来，疏密相间，留出回旋的余地，至少首尾相距几里以便救应。我们对这片水域情况要比法国人熟悉。一旦发生战斗，应该更有主动权。再者，一条船有失，后面的可跟着上前，交错进攻效果将会最好。”

众人觉得陈英说的有理，场上一片寂静。平时爱讨论、爱互相挑错儿的船政局出身的学生官们，此时脸上都抹不去凝重和严肃，变得沉默寡言。

面对眼前的陈英，张佩纶感到一种年轻军官天生的英气逼人的气质，感到英雄原来可能就是眼下这个年轻人这个样子。张佩纶受了感动，他对陈英说：“陈管带，你且将进攻的想法再细细道来。”

陈英见到各管带期许的目光，自己也感到责无旁贷，此时不讲更待何时！

“我们几位在船上都有共同的想法。这些有限的兵力，应该这样来安排，首先要用各船重点兵力集中攻击孤拔的旗舰，其他的炮艇在下游用火力封锁住法舰的退路，如果法国鱼雷艇出击，则让各舰上的水兵和训练过的长杆爆炸小船分队向前靠近鱼雷艇，进行拦截和爆炸。这样，在一定的距离内，我军可发挥几种火力的作用。可以各个击破，又能有效地保护自己。”

陈英话音刚落，各舰的军官纷纷表示附和。

船政学堂驾驶班第三届毕业生林森林站起来，这位已经有五品军功的年轻军官，是“建胜”号炮舰管驾。林森林早在十几天前就多次上书张佩纶、何如璋，力陈战守之策，他的观点也是主张将福建水师的舰只分散开来。另外，他特别谈到要先行动手，绝不能坐以待毙。最近，他对炮舰的管理特别严格，有些水兵已经承受不了大量的日常训练，但林森林仍然坚持要时刻警惕，随时准备应付最紧急的情况。

林森林说：“我已向钦差大人上书，表明我的意见。我认为目前最危险的举措就是布阵的错误，一旦敌人先行发炮攻击，我方将毁于一旦，人与船同存亡固然是我等的心愿，但是，假如我们能有效地主动出击，先打掉孤拔的旗舰，则其锐气将大减，沿江炮台再调整角度进攻，则不仅可以互相支援，还可腾出回旋余地。”

“福胜”号管带叶琛马上接过话头：“我们已经多次向张大人建议，要采取隔离法舰的办法，腾出手来让岸炮配合进攻。我的‘福胜’号是铁甲结构，有16吋炮一尊，可以在关键时候发挥作用。可是现在这种样子，大家互相挨着，很难保证这些铁壳船的安全，更不要说进攻了。”

陈英建议说：“‘福胜’、‘建胜’两炮舰吨位虽小，但都是铁壳船，船上有重炮，可驶泊狭口，作浮动炮台用，威力是很大的。”

林森林补充说：“我军装备较差，不利与敌正面交锋，但吃水较浅，可驶向上游，避开敌舰射程，先保存自己，然后相机制敌。”

坐在上席的穆图善这几天为不能动手，又不得堵河憋着一肚子气，他见这些船政学堂军官谈得有理，也插了话："敌舰大，火力强，但无法驶往上游，我想法国人这次不比在越南北圻，在那里他们有炮舰和陆战队，可以先轰炮而后陆战队跟上。此地法国舰艇上并不带陆战队，地形也不熟，登陆作战有很大困难。我看如果我们加强陆防，敌人将困死江中。"

张成是在张佩纶来闽后被重用的年轻人，张成一直被认为是船政学堂毕业的指挥官中最优秀的船长之一。出于提拔年轻人和对福建水师人事权的一项试探性插手，张佩纶此前成功地将原来的闽安协副将蔡康业撤换了，而任用善于口头表达，说话极有逻辑性的张成来接替蔡康业，并让张成兼任"扬武"号管驾，并担任福建水师营务处负责人，统带所有的兵船。

张成见大家对眼前的布阵表示强烈的反对意见。他用征询的目光盯着张佩纶，希望能给眼下的钦差解解围。他对张佩纶提拔自己担当这样的重任是心存感激的，他无以回报，只有打好这场谁也无法预料结果的战争，才能说明问题。

张成也站了起来："各位兄弟刚刚都发表了意见。这些意见已经多次向我提及。我为什么仍然坚持眼前这种布阵呢？主要原因有三：一是法国人已经先占了有利地形，我军在位置上比较不利。二是水师还有保护船厂的任务，放在船厂前等于多了一道屏障；三是为什么靠得这么近？这是因为我军的炮弹射程不远，反应也慢，靠得近容易击中敌舰，如果远远地撤离后再对打，一个是我岸炮有所不及，再者易发无效火炮。此外，朝廷现在不许我军先发，万一哪一天忽然来了旨意允许先发，则靠近发射炮弹杀伤或击毁敌舰的可能性将更大一些。"

张佩纶开始总结发言："我完全支持张成的意见，这也是我的意见。眼下我军最需要的是同仇敌忾，奋勇杀敌的勇气。刚才有的管带提出撤离法舰保持距离，这是一种消极的备战，胆怯的表现，很不好。现在我们的水师官兵多船政局学生，多当地人，我已经看到，现在还不到开仗，已经有水兵开始逃跑了。所以我不能相信这样的士兵能勇敢作战，如果舰船疏散，一旦开战，可能立即各自溃逃。兵书里说得好，应该‘背水一战’，置之死地而后生。所以，一定要将这些可能产生逃跑念头的士兵推到最前线，让他们知道只有拼死作战才有生还的可能。”

穆图善觉得这个钦差似乎太过外行了。水战不同于陆战，战舰与炮台的配合是机动的。但他没有吭声。

张佩纶再阐述他的理由说：“背水一战，我炮不如敌炮厉害，那时大家已抱定为国捐躯的决心，开战时可以与敌舰撞击同碎，大家同归于尽，我们的代价小，敌舰代价大。”

张佩纶还忘不了让这些船政学堂的学生们记起护厂的职责，说：“大家在这里学习成才，对国家花巨额建起来的造船厂，应该有深厚的感情，我们的舰队也要在此多承担护厂的任务。我想这一点大家应该会理解的。”

众人见钦差如此说，脸上都憋得发紫，因为钦差大人怀疑闽人的勇敢和为荣誉而战的自尊心，为怕福建水兵逃走才采用这种阵地战。这既侮辱了闽人，也是冒非常大的危险。

年轻的管带们不再说话了，他们开始怀疑这个议论滔滔的主战派大臣纸上谈兵的想法。但这是朝廷钦差，他的话就是皇上的意旨，军人的天职就是服从命令。大家沉默了。

一场原本或许可以修改历史的方案就这样被否决了。

对福建水师来说，历史再次沿着错误的轨道运行，把胜利的天平倾向了法国舰队。

在何璟总督的鸦片烟雾里，在何如璋等人安排家眷撤离的书信里，在茹费理频频给海军舰队司令孤拔的命令里，在张佩纶自以为是的判断里，在李鸿章一厢情愿与法国人谈判的谦卑中，结局已安排好了。

历史事件的安装与拼接总是那么有序。孤拔也开始召开他的军事会议了。

明日开战

16. 孤拔的军事会议

孤拔已经进入马尾，他在等候最后的进攻命令。

8 月 16 日，法国政府电告巴德诺并转谢满禄向中国提出最后通牒。

同一天，法舰“德斯丹”号驶泊马尾港。

8 月 17 日，清廷下令在上海谈判的曾国荃等回省筹办防务。认为“法使似此骄悍，势不能不以兵戎相见”；又说“不日即当明下谕旨，声罪致讨。目前法人如有蠢动，即行攻击，毋稍顾忌”。这是说，如果法国人先动手，则可以对他们实施攻击，不用顾忌。但是，原则还是不能“先发”。

同一天，清政府意识到阻击法舰进港的重要了，给福州将军穆图善发来明确的指令：“现在战事已定，法舰在内者应设法阻其出口，其未进口者，不准再入。”

外交方面，总理衙门照会谢满禄：法既以兵力从事，中国唯有另筹办法。并照会各国公使节：法有意失和，无从再与商议。

法国政府宣布拒绝他国干涉中法事件。

8 月 18 日，谢满禄再向总理衙门提出最后通牒，这一次索赔提高到 8 千万法郎，限二日答复。总理衙门予以拒绝。

正当穆图善等人为补救放法国军舰入港之误，准备阻河关门时，8 月 19 日，李鸿章又给张佩纶发来急电："阻河动手，害及各国，切勿孟浪，仆不以决战为是。"李鸿章认为，阻河一旦实施，英美等国的商船也被阻断通行，会影响到外交上的信誉，得罪了各国，事情可能变得越发复杂起来。麻烦惹大了，将不可收拾。所以，李鸿章极力阻止福建前线的阻河措施的实施。

穆图善在 8 月 20 日电告总理衙门，认为现在已经无法禁止法舰出口。如果要取得主动，关键是时机和战舰的实力，所谓"欲禁阻必先发，欲先发必济船"。不能先动手，就无法取得主动，而动手之后也还得经得起相互攻击，所以战舰数量不够，形不成对孤拔舰队的威胁。

8 月 21 日，法国公使谢满禄下国旗离开北京。

福州马尾港。

马江这两天正被台风暴雨冲击。夜来马江涨潮的时候，水仗风势，竟爬上了码头。船厂里有不少厂房漏了雨。江风夹带着海潮，有声有势向岸上涌来。岸边的树木被吹弯了，船坞上的布幌也被撕碎了，暴雨倾泻而下，像发泄着满腔的愤恨，在马江江面上来回肆虐。狂风则像惊狂的大精灵，四面八方乱撞，扭折了树枝，吹掀了船厂的屋瓦，也将炮台上新培的泥沙冲掉了一些，哗哗地掉入江中。

马江的夜，很黑，黑得可怕。

江水忽然暴涨了，狂暴的大风，汹涌的波涛，惊骇了许多人的魂魄。闽江口又起风了，呼应着陆地上愤怒的气息，在江面上驰骋，宛如死神灰色的马蹄，踏着波面而来，波涛战栗涌起，白沫激荡在水面。

接近晚八时，江面罩着一片黑暗。

风声渐弱以后，只见停泊于江面的法国军舰上，偷偷地放下了几条快艇，上面坐着各舰的军官，一齐到孤拔的旗舰“沃尔达”号上。

坐等了一个多月的法国人今天得到了一个非常重要的消息，法国驻华公使已经关闭法国驻华使馆，离开了北京，这就意味着法国与清廷谈判决裂。

现在，是法国远东舰队说话的时候了。

一个月的马江相持也让船上的法国海军官兵觉得不耐烦了。但他们也庆幸有了这么一段时间的准备来增加对马江形势和福建海军舰队的熟悉，这些都是至关重要的。

舰长们心里都明白，今天的军事会议将决定一个新的历史时刻的开始。

虽然狂风暴雨刚刚还在江面上发威，这时却忽然间安静了下来。载着法国舰队各舰军官的小艇先后靠上“沃尔他”号，军官们走进孤拔的会议室。孤拔早已戎装在身，居中端坐，脸上抑制不住兴奋。

人一到齐，孤拔清一清喉咙，用低沉的声音向他的部下们说：“诸位，我荣幸地接到法国政府授予我的全权职责，现在我将巴德诺先生转来的内阁总理茹费理阁下的指令向诸位公布一下。”

孤拔用特别快的节奏和拔高的嗓音来表达他对这份指示的欢迎。

孤拔环视了一下会场，一双双期待的眼睛直盯着他手上的纸张。孤拔读道："我们刚发电致海军提督，如你接到中国否定的回答，立即在福州行动，毁坏船厂、炮台，捕获中国的船只。福州行动后，你即赴基隆，并进行一切你认为以你兵力可做的战斗。"

读完命令后，孤拔听到一片欢呼声。

孤拔用双手做出向下压的姿势，示意大家安静下来。

孤拔站起身，对"维拉"号船长说："首先，我要向利比士将军表示敬意，他率领法国舰队以少数兵力给基隆以沉重打击。此次攻击虽然未获得预期胜利，但我们至少取得了对中国军队作战的又一次经验。巨大的舰队是一群活动的炮台，作战中大有可为，关键就看我们如何布置和掌握时机了。"

孤拔示意他的参谋长将战前的情况作一个分析。

参谋长走到地图前，将大家的目光首先引到位于安南北圻的红河流域，开始进行他的叙述。

"今年6月26日，法国政府正式将我国在中国和北圻的舰队合编为法国远东舰队，并任命孤拔将军为舰队司令。7月14日，法国舰队的部分军舰由香港经厦门驶达闽江口。各位早知道，我国军舰试图经长门进入马尾港时，遭到长门中国守军的拦阻，我们向中国守军说是到闽江游历，了解福州的美丽风情，开开眼界，并没有其他想法。当时，有一艘被获准入港。7月16日，孤拔司令率舰进入马江，到7月25日，入港的法国舰只已有5艘。"

孤拔插话说："我们将3艘法国舰船停泊在马尾港，两艘泊于长门口内，另外还有两艘停泊在闽江口外的马祖澳。这样，初步形成了控制闽江口的态势。"

参谋长接着说："7月31日，法国舰队有7条战舰由渤海湾驶抵闽江口，至此，法国远东舰队南北两路在马江汇合。8月3

日，法国舰队由利比士副司令率军舰‘鲁汀’号、‘拉加利桑尼亚’号驶往台湾海峡，与‘维拉’号会合后，8月5日实施了对基隆的进攻。”

孤拔站起来说明：“这次对基隆的试探性进攻是很重要的。因为法国要建立进攻中国东南沿海的军事基地，这次行动暂时遭到挫折，是我们所获台湾守军数量的情报有误，可以说是寡不敌众。对台湾法国还要继续施加军事压力，完成战略部署。”

参谋长接着介绍说：“到8月初，法国在马江的战斗舰只共9艘，长门口内2艘，长门口外马祖澳3至4艘，台湾海峡2艘。这样，法国舰队就完成了陈兵马尾港，控制闽江口，威胁福州城的军事部署。”

孤拔接过参谋长的话，详细地阐明他对这支舰队布阵的看法：“在相持的数十天里，法国军舰在马尾造船厂下游组成两个梯队，前一个梯队由旗舰‘沃尔他’号，炮舰‘维皮爱’号、‘阿斯比克’号、‘豺狼’号和鱼雷艇2艘编成。后梯队由巡洋舰‘杜规特宁’号、‘维拉’号、‘台斯当’号编成。巡洋舰‘梭尼’、‘雷诺堡’号泊于长门口内监视江口，闽江口外还有法国舰只五六艘作为预备队。”

孤拔停顿了一下，做了一个深呼吸，然后又站了起来，郑重地说：“舰队在中国人求和心切的宝贵时间里，长期与中国军队对峙，我们的目的就是要胁迫中国政府妥协退步，另外也迫使在福州口岸通商的各国政府向中国政府施加压力。现在，效果已经看出来了。中国政府一退再退，他们给了法国舰队非常宝贵的时间，使我们完成了军事上的扼制行动。据法国政府和各国政府通报的情报，中国政府不想打这场战争，他们最佳的选择是少赔一点，另外，北京的中央政府要保的是福州省城，而福建的官员是想保住远东有名的造船厂以及他们制造的军舰。”

孤拔的声音在寂静的会场里回响着，各舰队的军官不得不佩服这位深谋远虑的指挥官。

“我要向各位提醒的是，从作战观点来看，法国舰队在一个月时间里完成了预期的军事部署。现在我们进可攻击福建水师、马尾船厂，退可撤出闽江口而入海，保持行动上的自由。只有保持军舰的自由，我们才能占据进攻的主动性，相反，若失去这种自由，我们很可能就会被打败。大家都十分清醒，法国远征军的舰队实力虽然要比福建水师强一些，但是，这支舰队现在是孤军深入，还面临着中国人堵塞船道和先发制人的危险。两个舰队距离这么近，谁先抓住时机开炮，谁将取得主动权。”

孤拔说到这里，脸上现出了难得的笑容：“我要告诉诸位一个政治背景。中国人至今尚未接到可以先动手的皇帝旨令，所以，我们曾通过各种渠道，向福建水师传达这样一个信息，不准现有停泊在马江上的中国舰船随意移动，否则就视为对法国舰队的敌对行为，立即实施炮击，对其实施毁灭性打击。看来这个警告真的起了作用，到现在为止，没有一艘福建水师的战舰敢稍作移动。”

孤拔放慢了说话的节奏，开始了他的另一个重点议题：“诸位，法国侨民在福州城受到刁民的威胁，据 4 个今天登船避难的同胞介绍，有好多中国人已经找到法国人的住家门口，等在那里说，等战争一爆发，就立即割下他的脑袋，因为中国人说杀一个法国人可以领到 500 两银子，昨日城里的法国人纷纷外逃。我们的英国朋友也将他们的‘冠军’号开到马江，保护侨民。作为军人，我们一定要认真履行职责，保护法国人的生命安全，捍卫法国的荣誉。”

“今天，海军部已经命令我对福建水师实行攻击，并破坏船厂及闽江沿岸的防御设施，今晚的军事会议，召集各位舰长到这里，就是讨论实施攻击的作战方案，请大家务必积极发言，保证一举取胜。”

经过一阵激烈的讨论，孤拔综合了各位舰长的意见，宣布他的作战计划。其要点是：

1. 发起攻击时机：8 月 23 日下午二时许退潮时。

孤拔选择的攻击时机正是退潮转移船身的时候，这一时机对福建水师特别不利。因为退潮时，船身移动，固定锚链的船头漂向上游，船尾随潮漂向下游。此时福建水师“扬武”号等 8 艘军舰都处在法舰上游，只有闽海关前的“济安”号等 3 舰与法舰差不多处在同一水平线上。这样，福建水师在退潮时将有 8 艘军舰船尾对着法舰船头，中方船头的重炮就无法马上发挥作用，而法舰船头重炮正好发挥攻击威力。福建水师虽然也有 3 艘舰泊点好一些，船头重炮可随退潮对准上游的 4 艘法舰和 2 艘法军鱼雷艇，但孤拔布置了 3 艘大巡洋舰来对付福建水师这 3 舰。因此，法军的这一攻击时机具有决定性的战略优势。

2. 进攻信号规定：当孤拔“沃尔他”旗舰桅杆升起第一号旗，2 艘鱼雷艇出击；当第一号旗收回时，全舰队立即全面开火。

这一规定，主要突出一个快字，因为靠得很近的炮舰，如果没有集中火力先发制人，则很容易遭到反击，一旦对手反击成功，整个计划将被打乱，无法取得预期效果。

3. 任务分配：

旗舰“沃尔他”号以左舷火炮掩护鱼雷艇攻击福建水师旗舰“扬武”号和炮艇“福星”号，以右舷火炮攻击其他水师舰船；

“阿斯比克”号、“豺狼”号、“维皮爱”号从旗舰右舷出击，攻击船厂附近的中国舰船；

“杜规特宁”号、“维拉”号和“台斯当”号以一侧炮火攻击其左侧相对的中国3艘舰艇，以其他火炮攻击中国成列之师船，随后，“台斯当”号开到海关水流汇合处，追逐中国水雷艇，然后开到旗舰“沃尔他”号泊处；

“梭尼”号、“雷诺堡”号停泊长门上游，防止装满石头的30只中国帆船沉石或布放水雷封闭金牌峡，以保持进出航道通畅。

再次和所有在场的舰长们落实作战计划后，孤拔最后总结这个作战计划的主要特点：

针对清军不敢先行开火和准备不足的弱点，实施突然袭击，以获取最大的效果和争取战场的主动权；

利用清军舰艇船头系锚，退潮时尾部朝向法舰，不能发扬火力的有利时机，发挥自己舰艇的前主炮的威力，保证火力的压倒优势；

集中力量攻击中国旗舰，破坏中国舰队的战斗力和指挥系统，以达到速战速决的目的；

控制长门口，保障增援或撤退之路。

在会议即将结束的时候，孤拔站起身，绕着各位军官坐的位置走了一圈，回到他的座位前，他向大家宣布了一个决定。

孤拔几乎是带着嘲谑的口气说：“诸位，明天我们将向福州的最高军政长官递交法国舰队向福建水师开战的通知。这份战书，证明法兰西远东舰队作战的态度，也是给现在就在我们周围睡觉的中国舰船一次公平待遇，显示法国军队的实力。诸位一定要记住今晚的部署，严格执行我的命令。明天，法国舰队将向全世界宣布对华作战的重大胜利。”

孤拔向诸位军官敬礼之后，说：“为了法兰西的荣誉，法国远东舰队战无不胜！”

军官们整齐地起立，向孤拔敬礼。

军事会议在两个小时内结束，各舰艇上军官有序地退出会议室，登上各自小艇回到战舰上传达布置去了。

晚10时，在开完秘密军事会议，部署完作战计划后，孤拔从会议室里信步走了出来。他独自一人扶着舷梯，登上瞭望台，借着快要消失的月光，紧紧盯着那福建水师凌乱的舰队阵容，陷入久久的沉思……

八月的马尾港，闽江的潮水开始涨了。

江水慢慢地拍击船体，发出有节奏的“哗哗”声。战船在潮水的巨大浮力推动下，悠然自得地晃着自己的身体。此时，朦胧的夜色笼罩着一切，每一次略有异样的摇动，都引起孤拔的注意。他与中国军队打了那么多年的大仗，深深地了解中国军队中也有像刘永福那样的英雄，只是他不能理解，为什么安邺将军和李维业将军竟然那么快就被这个中国农民军的首领擒住，并送了性命。他想，可能这两个法国同僚过于自傲，不懂得利用中国人的所谓天时地利。

什么是天时？

孤拔想起了在法国众多博物馆里看到的不少中国的好瓷器。瓷器精美的造型与刚硬的外表下的温润手感、脆弱本质，恰如眼前这些中国战船的外壳一样，美则美矣，但只要用炮一轰击。就将像那些漂亮的瓷器一样——化为碎片。

想到这里，孤拔心中涌起一阵快感。

问题在于尾巴朝着法军战舰的这些福建水师，明天退潮是否依然如此？这个天时太重要了。假如，明天这些炮舰掉转船头，将船上的重炮对准法军，摆开阵势对打。情形将是难以预料的了。

孤拔越想越紧张。他立即起身走到甲板上，找来副官传达他的命令：

"严格检查江上往来的舢板，不得让它们靠近法军炮舰。"

副官转身欲离去，孤拔叫住他，补充说：

"严密监视往福建水师移动的舢板，登记下他们往来的时间和次数。另外，叫'杜居士路因'号彻夜打开照明灯，巡视江面及港湾周围的动静，一定不能大意。"

几分钟后，江上的探照灯光来回穿梭，江面的潮水在灯光映照之下，跳跃着细碎的浪花。潮水带来了江风，使闷热的江面稍有凉意。

确认江面上的中国海军并无大动作的征兆后，孤拔走进了他的卧室，准备稍作休息。他回味着刚才部署作战计划时的每一个细节，仔细回想刚才各个船舰上的舰长们的发言，特别是那些站在各自立场上的争论，判断着这些争论对法国军队明天决定性战斗的意义。

夜深了，露水重，风凉了。孤拔遥望天上若隐若现的星星，暗暗祈祷：

"上帝保祐法国远征军的荣誉，明天法军将向世界证明战无不胜！"

一边这样想着，一边解开紧紧锁闭的前襟铜扣。孤拔用他犀利的目光再次扫过江面，然后，一把拉上窗帘。

孤拔太兴奋了，半个月以来，他一直默诵着茹费理总理给他的电报，他对电报内容几乎达到字字研究的程度。的确，茹费理在折损几员大将后对孤拔寄予重托，而孤拔也的确比安邺和李维业要高明得多。

电报上的内容是这样的：

"当你接到中国否定的回答时，立即在福州行动，对中国舰队实行攻击，破坏船厂、炮台及沿岸设备，然后驶去基隆，进行你认为力所能及的一切行动。”

这真是应了中国的老话：将在外，君命有所不受。孤拔特别感谢茹费理在议会获得授予他的对华军事全权后，立即就给他这样宽松的，富有创造意味的电文，让他孤拔成就远东征战的大业！

接近午夜，江面平静多了。

从造船厂到水师的船上，没有动静，人们入睡了。

又过了一个平安夜。

17. 风雨马江战前夜

8 月 22 日，当孤拔的进攻方案酝酿成熟的同时，马江岸边的船政局正在紧锣密鼓地干两件事。

一件是魏瀚和一批工程技术人员整夜赶造新船。

“开济”号于 1883 年 9 月 26 日建成下水，“展轮试洋”，据当时的评价，其成效是“逆风逆水每点钟行英海里十六迷卢(浬)，每一时计行中国里九十一里”，“船身尚属牢固，轮机当属灵捷，询中华所未曾有之巨舰，海防必不可少之利器”。此舰以巡洋快舰的速度，每昼夜行程近两千里，使中国造舰进入一个新水平。拨驻南洋使用后，受到南北洋的重视和赞扬。

此时，南洋大臣左宗棠又向马尾船政定制两艘，一艘取名“镜清”，于光绪九年十二月（1883 年）安上龙骨。

就在法国军舰炮口之下，魏瀚和他的同事们正在赶制这艘新的兵船。

厂房之内，此起彼伏的锻造与敲击声响不绝于耳。从法国进口的火锯、钻铁机、剪铁机、砺轮、评秤等在技术工人手里忙碌运转。装配车间里，各式各样、大小不一的旋盘与刨机，紧张地工作；锻造车间还有巨大的卷钢筋铁板的机器，这些铁板将用于锅炉及船体外壳，由辊轴加工操作。一切都是那么井井有条。

现在，工厂里已经看不到外国人了。因为马江的战争乌云密布，所有的外聘人员都先后离开了船政局。

魏瀚这几天一直没有休息，他要承担许多指导工作。所庆幸的是，经过这几年的训练和磨合，工人已经掌握了蒸汽机的安装、发动和维修知识及车床操作技术；安装车间里工人也能独立进行主机的安装工作；翻砂车间早年以外国工人为主操作，现在，魏瀚指导中国工人已经多次完成了蒸汽机的铸件，连外国工程技术人员都赞叹“最难铸造的汽缸的质量完全符合标准”。更为可贵的是，对于轮船上的罗盘、望远镜、气压计、气压表、船炮瞄准器、经纬仪等，都能加以制造。这些技术工人在战争的威胁下忘我工作，希望能与他们所尊敬的总工程师魏瀚先生一起，早日完成制造“镜清”号巡洋舰的任务。

33岁的魏瀚风华正茂，他是在欧洲见过世面的优秀中国工程技术人员。这位曾经获得法国博士的年轻人，发誓要为祖国的造船工业多出力。所以，一俟采购材料任务完成后，魏瀚就赶回马尾，接受了南洋大臣左宗棠交付的造船任务，他要用自己的行动来报答早年对他有知遇之恩的父母官。

虽然现在左宗棠远在南洋，但他的言行和对朝廷的影响，还在船政局发挥作用。另一位创始人沈葆桢则已经病逝了。如今眷恋这两位大人的船政学堂学生都面临人生的考验。

魏瀚这几天特别关注马江上他那些船长同学的反应，想在非常有限的时间里，听取他们对福建水师战舰技术质量与战斗力的评价，想在有限的时间里给予必要的建议。

魏瀚心里暗暗祝福水师的官兵们能打胜仗。他要用自己的技术为水师多抢时间，提高战斗效力。熬红了双眼的魏瀚紧紧盯着在战争恐怖环境中加紧工作的船厂，他非常担心这艘即将完工的巡洋舰突然被炮火轰毁。同时，他也敏感地关注着马江上的动静。

此时，有人向魏瀚报告，船政大臣何如璋紧急动议，要将船厂自行炸毁。

魏瀚冲出车间，愤怒地说不出一句话，布满血丝的双眼充满悲哀。这位正直的读书人，此时头脑却是清醒的，他急匆匆地赶到何如璋的办公室，劈头就是一句："炸厂自毁愚蠢之至，万万使不得！"

何如璋从容地向魏瀚展示了总理衙门转来的指令。

魏瀚据理力争，他想说服这位海防大臣不要自毁长城。

"何大人，炸厂的主意是美国人出的，你想，把厂炸了，法国人不用对我水师采取军事行动，我方就自行断了后路。这是列强害怕中国造船工厂同他们持久作战而炮制的阴谋，不能上当。"

何如璋说："此事朝廷自有主张，难道朝廷还会有错？"

魏瀚："大人不会忘记，阻河未获允准，先行动手制人又不获准，早先这些决策原本是正确的，现在看来已经很被动了，为何还要一意孤行？"

何如璋脸色陡变："魏瀚，食朝廷俸禄，自当努力践行，不得有二心。一切均得按朝廷旨意行事，否则你即使干对事，也要丢了身家性命。"

魏瀚没有想到，这位掌握着船政和水师生死大权的海防大臣，居然在这个时候仍只想着自己的"身家性命"！

魏瀚两天前听工人反映，陈世职已经偷偷地在厂区埋了地雷，说是执行何如璋的指令。工人们偷偷地将引线抽掉，引起一阵骚动。

窗外，依然是夜黑风高。此时，陈世职又在执行何如璋的命令，他在那些被工人抽起了引线的地方，再一次布埋了许多地雷引线。

何如璋原订炸厂计划由于一个偶然原因没有实现。即两天后，马江上的法国炮舰轰击船厂时，陈世职被炮打死。事后《申报》报道说：陈世职死后“手中尚余药线未放”，要是这个计划实现，一厂官吏和工匠将化为灰烬。

魏瀚拖着疲惫的身子，连夜又赶回车间。他从未想到，战争会如此复杂，仗还没打起来，自己竟然会在同胞埋下地雷的工厂造船。

何璟也失眠了。

这几天福建城到处都处于高度紧张之中，做生意的全都关了门，地方当局对承包商、苦力头、茶叶运输者和劳动者的雇主们普遍签发了特别通知，警告他们要对其所管理的每一个人的行为负责，保证他们要奉公守法，不得趁乱打劫，如发生暴力行动，他们将受到严厉惩罚。

张佩纶从马尾送来的信息也令何璟头痛。法国人已控制了闽江，他们的战舰与中国的炮舰一起停泊在靠近船政局的江中，而中国的炮舰则在它们已上膛的大炮射程之内。法国船皆升火，并准备好随时可以作战。它们的中桅已经放了下来，在甲板上用铁板围起来的炮廊中安置着机关炮。孤拔曾通知中国舰队，没有得到他的允许，不得移动位置。福建水师在船上的水兵不喜欢与法国人如此逼近，可能确实有不少人看出其中的严重危险性，据张佩纶的报告，其中一条船上已有许多人开小差逃走了。以后，该船的舰长把舰上所有的小艇都派到别处去，才阻止了此事继续发展。张佩纶对此事特别重视，他在许多场合表达了对闽人胆怯不可信任的想法。

在协调调集各地兵力时，何璟也碰到了困难。

一方面，一个多月来，关于战争即将爆发的消息一再传播开来，所以，小有动静，恐慌便像瘟疫一般传开来。7 月 23 日，罗星塔前曾发生了一起让全城大乱的事件。英国战舰“冠军”号到达马尾港，声称要保护在榕的英国侨民时，按照常规，“冠军”号向孤拔的战舰帅旗致敬，鸣放了 13 响礼炮。中国人以为战争真的开始了，于是纷纷从他们的住处跑出来，有的跑到山上去。在各舰上受雇的工人也中断工作跑上甲板看热闹。此种情形，在数天后又发生过一次，那是孤拔向英舰“冠军”号船长庖勒特回拜时，放了礼炮。

此时在福州城，枪支有了好买卖。数量相当可观的老式滑膛枪和手枪在民众中找到了买主。有的以组合的方式每四五人分配一支步枪，二三人一支手枪，大多数人则只能用木棒铁棍武装自己。由于抗战情绪高涨，民众变得易激动，他们竭尽全力促使当局官员按照他们的意愿行事。

另外，福州人不能与广东人和睦相处，使战前气氛更加紧张。从广东调来的一支 500 人的士兵队伍刚到福州守卫城门，就因福州人强烈反对而被迫调离。广东人陷入恐怖之中，他们惧怕福州人的威胁，因此又自发组成一支自卫武装，以便在福州人袭击时保卫自己。另一些广州人乘广东的轮船或其他轮船去上海，更多的人则跑回家乡。特别是妇女和那些在外国人家里做佣人的老妈子。

福州笼罩着战争的阴云，金价大贵而铜钱大跌。原来的比价是 1100 枚铜钱换一块银元，30000 枚铜钱换一两黄金，但现在已经涨到 1400 和 40000。米价也贵得吓人。官商则大肆搜刮，如盐业官员控制经销商，大量收集黄金，随时准备外逃。

何璟还让翻译官找来上海出版的《字林西报》，了解英国人办的这份报纸对马江局势的分析。何璟注意到这样一条消息，说广州城到处散布着一种每张卖价二枚钱的宣传品。该宣传品说，某天上午8点钟是杀掉所有外国人的适当时间。有一张大揭帖贴在柯尔医生的墙上，说那所建筑不是用来诊治病人，而完全是用来关押中国的年轻姑娘以供凌辱的地方，号召本地民众将其摧毁。所以，在广州的英、德、美各国炮舰舰长在德国领事馆举行防范会议，决定一旦发生情况，船上的海军陆战队和水兵将登岸作战。

何璟被这些消息弄得精神紧张。现在的福州城是对外开放的五口通商口岸，各方力量集凑，矛盾错综复杂。何璟感到无法应付这些来自上下左右，包括民间的和外交上的棘手事件。

军务在身，何璟无法再像过去一样微服出行，试一试民间舆论，卜一卜前景。于是他吩咐随从再到那一棋摊去，听听那里的民间棋手们的看法。随从很快回来说，平民百姓不怕死，照样下棋，发表对政府的牢骚。随从激动地告诉何璟，棋摊上多了一些旁观的年轻人，他们急于互相探听消息，随身带着简单的武器。那些年轻人高声宣称，他们原来就等待机会去攻击法国战舰，嘲笑法国人也不看一看驻守福州城的士兵和战斗人员的数目，用那几条兵船，就想占领福州城，真是可笑。

何璟听了汇报，倒也心安了一些，没想到这些赤手空拳的子民竟然如此不畏死。

随从兴奋地提到，棋摊上的百姓特别得意的是，现在只要把闽江口堵起来，岸上这么多大炮和那么多兵勇，就是困也将这些法国人困死，试看他们还能逃走得了。

何璟爱听这话。

他并不大相信这些来自民间的言论。对近来时局的变化，局面的难以控御，他日渐生出倦怠之意。他需要的是有秩序的现状，而不是那些虚张声势的勇武的喧闹，这会影响他对朝廷大政方针的判断和执行。

虽然何璟也对各省的观望不满，但他仍相信天朝的伟大，不至于在法国人的几艘战舰前就被撼动了根基。基隆的首战未让法国人登陆成功，对何璟就是一个安心的灵丹。

值得注意的是，朝廷对谢满禄下旗离京的理解。

8 月 21 日，法国代办谢满禄降下法国国旗，关闭使馆，离开北京。这已经意味着中法即将开战。但清廷却麻木不仁。美国人士马士对此事评价道：“直到 8 月 19 日为止，没有一个中国官吏曾经在任何时候体会到他的国家已经在战争的边缘。”其实这位观察者所说的日期还谨慎了一些。就在马江开战的 8 月 23 日，朝廷也没有开战的思想准备。浙江的欧阳利见在 23 日寅刻接到的电报说：“法下旗，我不理，法换人请和。”

同日，北京的李慈铭在日记中写道：“谢满禄递交最后通牒后，总理衙门置之不答。谢满禄始仓皇离京，可以肯定法国人其实是不想使用武力解决问题的。”

这些官员的言论可以看做朝廷态度的反映。他们不但误以为法国无意开仗，而且误认为谢满禄的离京是清廷的一个胜利。

至于马尾前线，只是因洋教习迈达路过福州，提供了他私人的信息，何璟等人才于 8 月 22 日得知谢满禄下旗离京之事。

这一夜，何如璋再度让人在船政局密布地雷，以备一开战即炸毁船厂。

18. 战书下到总督衙门

8 月 23 日清晨，闽江上一阵阵清风徐徐吹来，消除了台风天气的闷热。

江面依然泊着福建水师舰队，依然尾部朝着孤拔指挥的舰队。

孤拔在法国时就研究中国的文化，早在多年以前，他为了了解刘永福，请了一些到法国学习的中国留学生讲孔子的《论语》，介绍《水浒传》，他似乎明白中国政府为什么要利用刘永福抵抗法国在越南的发展。在河内时，他又将刘永福特别崇拜的关公也研究了一番。孤拔认为，他在北圻之所以能与同僚击败刘永福，在很大程度上就是因为掌握了中国政府对刘永福不信任的心理。另外，他与米乐将军海陆的配合，发挥了法国炮舰攻击船舰和炮台等战术的优势。

他料定，此番与庞大的中国水师作战，仍然可以继续利用中国人的矛盾心理。

孤拔很佩服那些在出招前就报上姓名的中国古代好汉，就像他在北圻的对手刘永福一样。

现在孤拔感觉到无比骄傲，征服中国这副重担居然落在他的肩上，真是千载难逢的机会。现在就要与这个数千年文明的礼仪之国来个正面较量了。

一切布置完毕，孤拔将开战决定通知法国驻福州副领事白藻太和停泊在马江的多国船只。

接到通知后，白藻太于次日早晨降下了法国国旗，关闭了他在福州的领事馆，并于上午8时向各国领事送了作战通知。

8月23日上午10时，闽浙总督何璟的衙门洞开，何璟迎进来一位法国传教士，法国传教士见何璟忙着泡上好的茉莉花茶招待他，又不急着询问何事，忍耐不住，就从怀里取出孤拔的战书，递交给何璟。

接过战书，何璟的脸色煞白，双手不由自主抖了起来。

“这怎么可能呢？请问阁下，一个月来，我们有什么招待不周的地方？请阁下转告贵国舰队司令，我们一定好生调理。您知道，我们从来都是与法国为友的。”

何璟想，这几天还接到李鸿章的口信，讲与法国人的谈判有了进展，福州是法国海军舰队友好访问的地方，一定要忍耐和克制。我们一定不能先动手。怎么前几天那么确定的消息，如今却突然起了变故。

一切都得怪总理衙门把法国代办谢满禄下旗离京的严重性看得过于简单。北京并没有迅速向何璟和张佩纶传达最新的决裂消息及产生的后果，所以何璟仍然停留在一种良好的臆想之中。

何璟对这么明确的挑战方式，心理准备是不足的。

战书还是战书。

法国传教士递上战书，很优雅地行完礼后，走了。

何璟也忘了说上一句“送客”之类的官话，脸上的表情除了惊愕之外，还有不少迷惑。这可是大事啊，怎么北京方面的信息竟是如此不同。面对弹到手里的这团火球，何璟气急之下，也不知作何处理。这位何大人，平素里掌握着闽浙海陆防卫的大权，自从中国人与法国人在越南北圻打得不可开交时，他得到的密示就是观察闽浙海面的情况，尤其是要留意法国舰队的动向和英美的态度。与此同时，李鸿章又反复交代不要轻举妄动，和议能解决的问题，就不要动武。现在的情况是，战争已经迫在眉睫，没有人告诉他应该如何应对局面。打还是不打其实都由不得他何璟。另外，法国人已经喊打了，还手要还到什么程度，也是心中无数，他能不急吗！

何璟在接到法国驻福州领事馆的照会后，即刻向朝廷发了一封电报。此时，在福州城里的何璟还没有接到朝廷开战的消息，他无法预见福建水师的毁灭在即。

由于传教士在十点多钟才送来照会，到总督衙门时，一个个繁琐的礼仪加上文字翻译的耽误，等到何璟看见照会的中译文本时，已经是中午十一点了。

何璟急急招来译员将作战通知书译了出来。接着用电报将电文发给了在马尾船政局的张佩纶：

"顷接白领事照会，孤拔即于本日开战。"

发完电报，何璟早已急出一身冷汗。照他的估计，没有充分的时间做准备，这一仗打下来，恐怕要吃大亏。

何璟心想：反正现在有钦差大臣在马尾，先将战书转交过去，这位张大人平素主战态度那么强硬，或许能腾出手来，对打一通，也有可能小胜。到那时，我何璟不仅好向北京交代，也算是守土有责了。

一边作这个想法，一边在房间里来回踱步，发完电报之后，他接二连三差人打探马尾的最新情况。

此时，阳光照射在总督府大院的榕树上，投出的树影重叠黝黑。树上的知了叫个不停，气压很低，湿热的空气中没有一丝风，凝结的阳光定定地落在庭院的廊阶上，冒出阵阵热浪，烤得榕树叶都失去了深绿色。何璟注视着大门，盼望从那里能突然冲进送来信息的人。已经近中午，何璟也忘了肚子是饱是饥。

电报送到张佩纶手里。张佩纶急急扫了一遍战书内容，差人马上将何如璋请来。

张佩纶将孤拔的战书递给何如璋，一边用冷峻的目光审视着何的反应。

何如璋看到战书中几句特别刺眼的内容，也不禁皱起眉头。

孤拔写道：“法兰西远东舰队司令孤拔奉命进驻马尾港，维护马江的防务。鉴于中国政府不能履行中法相关约定；无视因观音桥事件的挑衅行为给法国造成的损失，并履行因此而产生的赔偿义务。法国政府将采取正当措施，从马江港口的开放得到补偿。该补偿方式即取马尾港作为抵押品。”

读到此处，张佩纶看到何如璋口中喃喃自语，似乎在琢磨“抵押品”三字的分量。

孤拔的作战通知书虽短，却极为明确有力：

“为了使法国海陆联合舰队的行动更加符合贵国文化传统与习惯，法兰西远东舰队司令孤拔将军特将中国军队交出港口的时间定于今日，如不和平交接，帝国舰队即视贵国无视法军之诚意。时间一到，法国炮舰即以武力形式，付诸行动。”

张佩纶问：“何大人，孤拔的战书已到，您看怎么办？”

何如璋回答说：“这些法国人，实在不讲礼貌。您看我们以礼相待，他却要与我们打。”

张佩纶接着何如璋的话题，继续说：

“我刚从北京来马尾，时间一月有余。根据目前我们这几条战船和陆勇20营的兵力，加上整修的炮台工事也不完备，现在开打，对我们是十分不利的。你说，我们有没有可能让孤拔暂缓一天？”

何如璋觉得有道理，他是朝廷总理船政事务的大臣，他考虑得更多的是保住船只和造船厂。但他觉得打肯定是不可避免的，因为现在回想起来，孤拔一个月来的准备工作，包括“友好访问”时的神态及多次出入闽江口游弋的战舰，都是在侦察和试探。

张佩纶身为清廷新任命的会办福建海疆事务大臣，肩负着守护福建安全的重任，他在京城作为“清流派”那些激昂慷慨的主战言论，至今仍影响着朝野诸多官员。也就是乘着这种舆论上的造势，张佩纶被看做是主战派的中坚。现在，以建造船厂训练水师和送出留学生等作法获得朝野支持的左宗棠被调到陕西去打捻军和回民起义军，全国上下就寄希望于张佩纶这个钦差了。

饱读诗书的张佩纶，忽然记起中国古人打仗时的一些做法，这些做法一举浮现在眼前，让他激动不已。

他想，中国古人作战时也是用下战书的办法，而且必须得到双方的认可，这样的规则才是符合礼仪之邦的文明。

于是张佩纶开口对何如璋论证说：

“何大人，孤拔与刘永福作战时，刘永福也是向他下战书，约定在河内城外作战，那时两人打斗虽然残酷激烈，但都很守规矩。我认为，现在孤拔也将西方人那种骑士决斗互相定时定地点的作法搬到这里来了。我以为可以找孤拔，向他郑重提出，我们不同意在今天开战。至少得让我们有所准备，等明天再打。”

何如璋并不怀疑张大人的认真与诚恳，其实这早就是他的想法，只不过让他先说出来而已。

“我觉得张大人的建议十分必要。”

张佩纶从何如璋的回答中得到了鼓励，顺着他的思路往下说：

“当务之急是要抢时间派人送回战书，请其改期。”

张佩纶说：“孤拔是法国军人，赳赳武夫，听说他深为喜好我大清文化传统。论其职位，当派遣一位相应的使者前去劝说为好。只是情势急迫，谁前往合适呢？关键是不能没有职级与分量。”

何如璋心想：都什么时候了，还讲究级别！但脸上还是一副附和的表情。

派什么人好，两人又想了好久。

这时，船政局负责技术的一位叫魏瀚的总工程师推门进来。想向两位大人报告应战前船政遇到的技术问题。

何如璋与魏瀚很熟悉了。他向张佩纶介绍说：

“这位就是我经常向您提起的魏瀚，他曾经赴法国留学，了解法国人的浪漫与好斗性格。”

张佩纶一听，对这位掌握战舰技术的人才，便有了几分亲近感。连忙问说：

“魏先生觉得今日之事将做何种发展?”

魏瀚回答：

“依小人所见，我们的战舰布局欠妥，这是最为要害的地方。现在马上退潮了，那时无法掉头，重炮使不上火力，这些意见早在几天前各舰管带都有提出，只是不知为何不做调整。”

魏瀚又说：

“另外，我们的射程及炮台的支援力度也发挥不了作用。这都要及时早拿出对策。”

张佩纶似乎对魏瀚在法国留学的背景更感兴趣。

张佩纶说：

“听说魏先生曾经获得法国博士，在法国曾对孤拔有所了解，可有此事?”

大敌当前，魏瀚听说张大人这一番话，不禁顿起警觉，不知他是何意。

魏瀚说：

“我在法国留学时，曾听到一些来校上课的法国海军部军官经常提到一位年轻的军官叫孤拔，他们引用他说的话：‘海上作战也要抓住时机，我经常将法国在远东的发展作为人生的一大目标。譬如中国，我们的拿破仑皇帝称之为未睡醒的雄狮，不可轻易去触动它。可是我认为，假如换一个角度，我们也可以像对着美丽的中国瓷器用力一击那样，立即就会使它变成一堆碎片。’”

魏瀚说：

“我当时听到这番话时，觉得很不舒服，天朝的神威在这个洋人眼里竟然如此不堪一击。我们只有多学习一些技术，多武装好我们的战舰，可能在将来派得上用场。”

张佩纶端详眼前这个受过西方教育的年轻人，他发现了自己的判断是正确的，刚才与何如璋的谈话，可以继续下去了。

张佩纶站了起来，走到魏瀚的眼前，凝视着他说：

“现在，孤拔就在我们的眼前，我想让你去做一件满朝文武为之振奋的大事，你敢不敢？”

张佩纶就将与法国人推迟开战的想法告诉魏瀚。

魏瀚是清醒的，他第一个念头是啼笑皆非。他相信他所了解的孤拔，此时绝不会轻易言退。但是，身为总工程师，他十分爱惜自己从法国归来后辛苦设计制造的这些战船。哪怕是有一丝可能，他也可以做出个人的牺牲。

此时的魏瀚，竟是如此的沉着与冷静。这引起了张佩纶的暗自伤感。他想朝中那些大臣，讲到与法国人作战，个个只动口不动手，光会差遣别人干事，还不如眼前这个搞技术的下级文官！

张佩纶受到鼓舞，他为这样短暂的时间里，想出如此良策惊喜不已！

议论妥当，魏瀚出发了。

魏瀚深知，此行吉凶难卜。但他仍怀着古代诸多勇赴敌营谈判的英雄那般的心情，登上了驶往孤拔旗舰的小艇。

魏瀚乘上一条小艇向孤拔的旗舰驶去。

看到一条小艇直接冲向孤拔的旗舰，法国战舰上的水兵一下子紧张起来。立刻就有士兵加以阻拦。他们担心这可能是一个陷阱，万一小艇上是一个亡命之徒，事先载满炸药冲向旗舰，主帅的安全就将受威胁，全部的安排就要被打乱。等到问明情况后，魏瀚才被允许登船。

孤拔在旗舰的豪华客厅里接待了魏瀚。

魏瀚试图向孤拔讲清中国方面未做好准备的种种理由，话一出口，魏瀚自己也觉得这是何等苍白无力。

孤拔冷静地听完魏瀚的讲述，冷冷地说：

“你觉得这种古书里讲的故事，到今天还管用吗?”

孤拔对眼前这个接受过西方文明的年轻人，居然还能怀着爱国热情来做这样的蠢事，不可理解。

魏瀚向孤拔递回战书，说：

“我奉朝廷钦差、总督及船政大臣的命令，来向你递回战书，请准我方稍做准备，明日应战。”

孤拔让副官接过张佩纶的信。

展开仿古生宣的信笺，那上面的余墨犹香，张佩纶娟秀的行楷颇得元代大书法家赵孟頫的神韵。孤拔觉得在这样的情景下阅读这位文官的文笔，真是太惬意不过了。虽然他未必能看明白汉字的意思。

所有的法国战舰已经生火，主机的轰鸣声震颤着甲板，各就各位的官兵忙碌准备着这场已经精心策划的屠杀。魏瀚的呼吸仿佛被窒息了。

翻译迅速将张佩纶的信读给孤拔听，魏瀚看到这个法国舰队司令带着奇怪的表情仔细回味着信上的内容，还不时打断翻译的话，寻找信上的重点词句，好像在猜测某种多重含义。

只见张佩纶的信中写道：

“大清帝国会办福建海疆事宜大臣张佩纶钦差驰书法兰西孤拔将军：中法舰只友好相处一月有余，马江欢迎法舰游历，给予贵方提供诸多方便。大清王朝向以宽大胸怀接纳各国友好人士。不生衅乃本钦差主持防务之原则。顷接将军所致战书，声言我国失约，欲以马江为抵押品。此乃无视两国尊严，有辱我大清国体。本钦差决不同意！此外，诚如将军所言，凡事均需守约而有规矩。此乃千年以来圣人所教导也。有规矩，则符合竞赛规则，符合西人之公平竞争原则也。据此，本钦差郑重提出：欲行开战，本钦差亦绝无退避之理，决意奉陪。只是因准备稍有匆促，请改为明日开战。专此送达。并请马尾船政局总工程长魏瀚面陈详情。”

孤拔请翻译逐句解释了准确意思之后，更加坚定了打垮这个花拳绣腿的钦差大臣的决心。这很自然地让他想起了关于漂亮瓷器的故事。

孤拔摇摇头，朗声笑道：

“我佩服你的勇敢与忠诚。请回去告诉你们的钦差大人，战书已下，中国有句老话，一言既出，驷马难追。我堂堂一个舰队司令，怎么能说改就改呢？”

魏瀚觉得这个打到家门口的强盗，居然还引用中国古代君子的作法来为开战做铺垫，一时怒从中来：

“不要以为你们的舰队就一定能打赢。这是在闽江口，还有许多炮台和水域是你们无法占便宜的。要打，我们也不会善罢甘休。”

午间的阳光开始西斜，孤拔不想再与这位年轻的中国工程师论战。他以胜券在握的姿态，宽容地让出通道，目送这位意想不到的使者离去。

魏瀚心事重重地坐到小艇上。他的心情很复杂。他觉得自己已经坐到点燃引信的大炮口。

这到底是履行一次悲壮的使命呢？还是蒙受一次西方强盗对这个古老的礼仪之邦的武力侮辱？

一切都不可避免地开始了。

帝国舰队 30 分钟沉没

19. 悲壮中沉没的舰队

张佩纶、何如璋得知孤拔将于当日开战，却未能及时通知福建水师舰艇。

1884 年 8 月 23 日下午 1 时 45 分。闽江潮水迅速向大海退去。孤拔的旗舰“沃尔他”号突然升起进攻信号旗。

正当两只法国鱼雷艇按原计划冲向福建水师时，法国舰队的“野猫”号机关炮开火了。

孤拔预计法国舰队开火后，很快会遭到福建水师的还击。于是，他马上下令收下第一号旗，这是开火的信号，一时间，所有的法国炮舰立即向福建水师开火。

此时，海潮已转流，泊于下游的法舰船首向内，所有的前主炮向毫无防备近在咫尺的中国舰队狂轰。

数十门大炮炮口的闪光，像连续不停的闪电，把半边天空照得通红，成串的炮弹，拖着长长的火尾巴从江面穿过，同时倾泻到各艘福建水师的甲板上、船舷上、桅杆上。

马江江面和马尾地面都在突如其来的攻击中震颤。

福建水师的战舰被炮火的硝烟所笼罩，透过浓黑的硝烟，不断听到声如炸雷的炮声，山摇地动，江浪排空，通红的火焰冲上了天空。船上的旗杆被打断了，褪了色的旗帜像一片片败叶，在炮击的气浪中飘落。

按照孤拔的作战计划，前梯队6艘舰艇攻击上游的福建水师“扬武”、“福星”等7艘舰船。

战斗刚打响，孤拔舰队最大的巡洋舰“特隆方”（既“凯旋”号）赶来参加战斗，集中火力攻击“振威”号炮艇。

“特隆方”号是法舰中最大的，属于二级远洋装甲舰，排水量4127吨，三桅上备有横帆，双缸蒸汽机功率2400马力，加全帆最大时速达13海里，有装甲带和炮廊（保护炮身之铁甲），而最大厚度15.24厘米，最薄10.16厘米，后面有木衬，板厚66.04厘米。装甲带围绕着吃水线，高达中甲板横梁，其装甲的炮廊通到上甲板。两座固定的炮塔是在炮廊的前角上，每个炮塔都有1尊13.97厘米后膛来复炮，与在前甲板上的1尊18.42厘米后膛来复炮，共使一个炮门，中甲板上有6尊24.13厘米后膛来复炮作为舷侧炮，船首装有青铜冲角。

“特隆方”号的支援加大了法国舰队对福建水师的打击力度，同时也减少了孤拔对福建水师反击力度的担心。

“扬武”号是福建水师最大的巡洋舰。1872年4月23日下水。船长63.33米，宽11.99米，船头吃水5.30米，排水量1560吨，使用常式卧机二汽缸，其汽缸、锅炉、机器均安置于舱内，与水面相平，以避免敌人的炮击。烟筒分作三截，随意升降，也是为了避弹。时速12海里，乘员170人。船上安装回德准特钢炮9尊、小钢炮2尊，共11尊，“扬武”号多用英国前膛炮，穿透力强，射程远，但前膛炮手容易受伤。

“扬武”号成为孤拔集中火力攻击的重点。

法国舰队中的“都庄”号鱼雷艇攻击的对象是与之相距500米的福建水师旗舰“扬武”号。“都庄”号的水雷装有13公斤绵火药。它向“扬武”号左舷中央部位攻击，水雷爆炸后未及转向的“扬武”号受了致命损伤。“扬武”号上的管驾张成是福建水师作战的总指挥，此时，正在“扬武”号上的望台瞭望。见“扬武”号首先遭到法舰攻击，张成马上下令各炮位的炮手开炮还击，进行抵御。

经过法国舰队鱼雷艇鱼雷的攻击后，“扬武”号顷刻之间船身遍受重伤。船上的水兵和各个岗位上的军官全都乱了套，死伤众多。

张成先在桅后避炮，接着在天窗口招呼机械师启动。几乎就在鱼雷撞上“扬武”号时，船上的木匠周宝用铁锤将锚链击断，张成即令开动机器，将船调转过来，想用前面的主炮向法舰开炮还击。船的尾炮尚能操纵，“扬武”号在转动中向法国旗舰“沃尔他”号还击。

原先已经瞄准对“扬武”号攻击的“沃尔他”，在“扬武”号遭鱼雷重创后，又对它接连进行攻击，迅速击中“扬武”号，使之侧倾下沉。

早在制定作战计划时，孤拔就把“船大炮多”的“扬武”号旗舰当作首要的袭击目标，目的就是要首先打掉这艘指挥船，夺“诸船之气”，把福建水师的士气打掉，摧垮其意志，使福建水师群龙无首，指挥系统失灵，从而各个击破。

“扬武”号在这下沉的瞬间，尾炮和舷炮忽然发出了刺耳的轰鸣声。“扬武”号在用仅存的尾炮回击“沃尔他”的舷炮，尾炮第一弹就落在“沃尔他”号的船桥上炸裂，炸死了来自上海的引航员汤姆士和其他5个水手。孤拔此时正站在汤姆士的身旁，一阵气浪扑来，孤拔赶紧抓住船舷以保持平衡。一看，手被弹片擦伤。

负责燃炮的是留美回国练习生杨兆楠。杨兆楠原来与同期回国的薛有福、黄季良，都可以在陆地上工作，但他们坚决请求上船参战。在法舰以优势兵力依托有利位置的情况下，杨兆楠等深知处于极其危险的境地，却毫不畏惧。

就在“扬武”号即将下沉的最后时刻，杨兆楠“赶将尾炮向孤拔船上连放三次，打倒五人”。此话出自杨兆楠的同学，一同在“扬武”旗舰上对敌作战的容尚谦于马江海战后第二年，被刑部尚书锡珍等人传讯时的口述。闽海关税务司法来格的报告中亦有补充：“‘扬武’号用它的尾炮很准确有效地回答‘沃尔他’号的第一阵排炮，第一弹就打中了‘沃尔他’号的船桥，轰毙引水（自上海来的，名叫汤姆士）和五个法国人，在炮弹爆炸时，孤拔正站在引水人身旁，仅免于死。”

杨兆楠还在船将沉入江中的最后几秒钟，让战友从尚未燃烧的侧舷跃入水中逃命，而他自己则奋力发射最后一枚炮弹，与“扬武”号一同沉入江中，以身殉国。

孤拔吓出一身冷汗，他看到身边躺着一排尸体，庆幸还有一颗落在他脚下的炸弹未爆炸。他一脚将哑弹踢入江中。

27秒后，“扬武”号终于被击沉了。管驾张成在“扬武”号沉入江中之前，跳水逃生。

“扬武”号在被击沉前，以尾炮和舷炮向孤拔旗舰反击，还击伤了法国另一艘鱼雷艇。但是，在猝不及防的袭击下，“扬武”号除张成等少数人逃生外，全船有107人阵亡。

“福星”号在法舰开炮后，急忙起碇。

管带陈英对舰上的兵士大声喊了一声："弟兄们，我等誓死报国的时刻到了！"

眼见法国鱼雷艇对"扬武"号的攻击，陈英指挥对鱼雷艇的拦截，并且登上望台高呼："男子汉吃国家俸禄，当以死相报。现在时候到了，有进无退，弟兄们，给我狠狠打啊！"

眼见"福星"被包围，陈英身边的仆人建议说："大人，'伏波'号和'艺新'号已向上游开驶，我们为什么不跟上？"

陈英怒斥仆人："别想让我走！"

陈英见"福星"船炮俱小，"非深入不及敌船"，他立即决定利用船小灵便的优势，迅速靠向敌舰，伺机向敌舰开炮还击。众人在陈英指挥下，开足马力，两次向敌舰冲了过去，一边向左右两旁的法舰开火，一边瞄准孤拔的旗舰开炮猛击，可惜炮小未能中其要害。

与此同时，暴露在敌舰近距离射程内的"福星"号，被来自各个角度的法舰重炮轰击。速度快于"福星"号的"维拉"号，在追赶上对手后，马上瞄准施放鱼雷，给对方致命一击。鱼雷在"福星"号的暗轮附近爆炸，暗轮被毁，船身立即倾斜。船上机损人亡，损失惨重。面对冒死撞来的"福星"号的进攻，孤拔指挥"沃尔他"旗舰略做后退。

这时，一颗炮弹在望台上爆炸了，正在望台指挥战斗的陈英被炮弹炸翻在甲板上，鲜血从胸口和脑门汩汩往外流淌，陈英的双眼愤怒地圆睁着，仿佛要盯着炮弹在孤拔的指挥台上爆炸。

三副王涟见管驾陈英牺牲，狂叫数声，操纵火炮继续向"沃尔他"号开炮还击，在猛烈的对射中，被法舰上射来的炮弹击中身亡。

"福星"号上，死伤的士兵躺在不断下沉的甲板上，少数官兵继续用能还击的钢炮战斗，由于一颗炮弹落在弹药库上爆炸，船身立即起火焚毁。在熊熊燃烧的大火中，全船没有一个下水逃命的，直到船体下沉，共70人阵亡。

战斗打响后，最早掉转船身，将船头重炮对准法国舰队的是“福胜”号和“建胜”号。

“建胜”号管带林森林痛感当局者不能听从这些年轻军官先前的忠告，以至于如今的被动挨打。在无力改变大局的情况下，林森林前些天只能要求“建胜”号官兵日夜加紧备战，防止突然袭击。林森林在战前已经做好视死如归、报效国家的准备，他已于昨天将平日所用的香篆盒，托人带给住在福州城里的母亲，以表达自己以身许国的意愿。

在法国舰队首先集中火力，炮击“扬武”号时，“建胜”号立即起锚，全速前去支援。林森林冒着弹雨，指挥发炮，击中孤拔“沃尔他”号旗舰船首，使孤拔受了轻伤。

在法舰猛烈炮火的轰击下，林森林中弹倒下，“建胜”号很快被击沉。全船48人无一生还。

督带“福胜”号和“建胜”号两炮舰的游击吕翰，早知战事将发生，将妻子、母亲送回广东老家，并在给亲友的信中多次提到：“翰受国恩，见危授命，绝不苟免”，早已下定了慷慨报国的决心。

吕翰15岁肄业于上海英书院，是清同治六年（1867年）经船政大臣沈葆桢考选为福建船政局后学堂的第一届驾驶班毕业生，曾经为沈葆桢所赏识，擢带过“振威”兵船，驻防澎湖。他还被调到“扬武”号练船上，游历过南洋群岛及日本等处。授守备加游击衔。因跟随沈葆桢防护台湾有功，晋升都司。1876年，管带“飞云”兵船。1877年调去带“威远”兵船，兼充驾驶练生教司，即当驾驶专业学生的教师。复以台湾后山三次剿平加礼番社案，朝廷奖励其晋升为游击官衔。1881年，调赴天津差遣。1884 年赴闽任福州船政局任学堂教习。中法战争爆发数月，吕翰强烈要求参加战斗。

吕翰对船政大臣何如璋说："现在敌舰就在眼前，正是军人建功报国的好时机，请派我登船参战。"按照规定吕翰是作为中级教官留守学堂而不必上船作战的。

得到批准后，吕翰被改派统带"福胜"和"建胜"两炮艇，驻于"建胜"炮艇之上。这两炮艇虽小，但艇上各有 1 门 18 吋大炮，吕翰当时登船抚炮而笑曰："酬我志者，此也。"

吕翰是反对将福建水师的船与法舰同泊一处，近距离相持的，他多次向张成呼吁，甚至警告说："距离那么近，万一敌人先开炮，我军将立即化为灰烬。必须将水师兵舰疏密相间，首尾数里，才能互相救应。"可是张成在张佩纶等支持下，就是无视大多数管带的意见。

战斗一开始，由吕翰统带的"建胜"号和"福胜"号炮艇立即起锚，回转船身，向法国舰队开炮。吕翰在"建胜"号上，身穿短衣，手执指挥剑，冒着弹雨指挥发炮攻敌。法国舰队以大炮猛攻"建胜"号炮艇，一时弹如雨下。一块弹片击破吕翰的前额，血流如注，吕翰满脸都被鲜血染红了。他将衣袖扯开，撕下一块衣袖裹上伤口，又站在指挥台上指挥战斗。此时，艇上有一些新兵见战斗如此惨烈，想凫水逃跑，吕翰为稳定军心，挥剑击杀逃兵，全艇将士同仇敌忾，开足马力向敌舰冲去。

数颗炮弹在艇上炸开了。吕翰连同全船官兵一同沉入马江。

这一年，吕翰 32 岁。

"福胜"号此时已受弹着火，船身四分之三笼罩在熊熊大火中，黑烟冲天。管驾叶琛被子弹打穿脸颊，喉部受伤，他从甲板上忍痛爬起来，艰难地指挥已经起火的炮艇向法国战舰射击。一排子弹打来，射中叶琛的胸部，叶琛终于倒下了。

“福胜”号上的大副兼管炮翁守正连发数炮，多中法舰。这时一颗敌舰上射来的子弹穿透翁守正的胸膛，鲜血直溅到发烫的大炮上，翁守正用最后的力气将炮弹送入炮膛，而后悲壮地倒下了。这一年，翁守正刚满18岁。

“福胜”号被击沉了，艇上28名官兵阵亡。

事后，一位参加过马江海战的法军中尉罗亚尔回忆说：“其中有些人表现出勇敢和英雄的优美榜样。在其中一艘巡洋舰上，船身四分之三都着火了，而且即将沉入江中，令旗忽然升起来，又有一个炮手向我们的战舰送来最后一炮。”

距离太近了。近得可以观察到中国士兵在烈火中燃炮击敌，可以看到战斗的惨烈和慷慨赴死，看到被动还击的中国海军的英勇无畏。

“飞云”号在督带高腾云的指挥下，为了增援受到法舰攻击的“振威”号，全速向敌舰猛冲。

高腾云亲自操纵发炮，向法舰做准确的攻击。而且占据中流，抵抗着敌舰的主力炮火进攻。忽然，西北方向打来一颗炮弹，高腾云腿被炸断了。高腾云扶着后桅坚持指挥战斗，又一颗炮弹在甲板上爆炸，将高腾云掀入江中。高腾云牺牲后，木质战舰也起火下沉。

“飞云”号上的官兵见高腾云死得如此悲壮，个个愤怒难消。在船身几乎被烈火吞没下沉的时候，军衣着火的士兵，还奋力爬上舰桥，升起了国旗，向敌舰发出了最后一颗炮弹，全船46人，全部随燃烧着的战船沉入马江牺牲。

高腾云牺牲时44岁。他是奉命从广东率船来闽增援的少数有实战经验的海军军官。“飞云”号从马尾船厂里被制造出来，前往南洋服役后，又被高腾云带回马江参战，与英雄们一起沉入江底。

英国人赫德在事后写道："真正的荣誉应当属于战败的人们。他们奋战到底，并且和焚烧着的，满被枪弹洞穿的船舰一齐沉没。"

马江上被击中燃烧而下沉的福建水师，已经成为世界海战史中一个不可磨灭的印记，久久地留在人们的记忆之中了。

"振威"号管驾许寿山与大副梁祖勋一直站在望台指挥战斗。自愿请求登船参战的留美回国学生邝咏钟时任二副。当法舰突袭开始后的第一时间，许寿山马上大声传叫砍断锚链开炮。

停泊在海关附近的"振威"号立即对准"德斯当"号迅速回击。遭受敌舰"特隆方"号攻击，身受重伤的"振威"号，仍然全速冲向"德斯当"，要与敌舰同归于尽。不幸中敌舰"费勒斯"号发出的侧舷炮，船身开始下沉。管驾许寿山仍顽强奋战。由于"振威"号是法舰重点攻击对象，许寿山和大副站立的指挥台的位置，首先遭到法舰的重炮轰击。许寿山的话音未落，法舰炮即响起，一下子将中弹的许寿山抛入江中。"振威"号在头尾中弹着火，失去控制的情况下，二副邝咏钟出现在指挥台上，他冒着燃烧的大火，靠住倾斜的船体，仍然指挥一次又一次地发射炮弹，直到一艘法国鱼雷艇在烟火中冲进，给"振威"号致命一击，"振威"号才完全被炸沉。船上 62 人全部阵亡。

罗蚩·高文在后来的目击回忆录《法国人在福州》一书里这样写道："这位管驾具有独特的英雄气概，其高贵的抗战自在人的意料之中；他留着一尊实弹的炮等待最后一刻。当他那被打得百孔千疮的船身最后倾斜下沉时，他仍拉开引绳从不幸的'振威'号发出嘶嘶而鸣仇深如海的炮弹"，"重创了敌舰长和二名士兵"。这位目击者以崇敬的心情补充说："这一举动在世界悠久的海军史上从无先例。"

其他抵抗中被击沉的轮船，"济安"号 70 人牺牲，"永保"

号12人牺牲，“琛航”号64人牺牲。

只有“伏波”号、“艺新”号在法舰开炮时，快速驶离战场，避炮上游，最后搁浅在林浦。

就这样，在30分钟内，大清帝国刚刚成形的福建舰队，转眼之间被迅速击沉。沉没的地点就在洋务派经营多年的近代海军摇篮马尾港。

近千名经过训练培养的近代海军将士，让封建王朝的绳索捆住手脚，眼睁睁看着利剑向自己刺来，未及驶出大洋与敌人交手，就在匆促慌乱中被炸得血肉横飞，血染马江。

无数有志之士以炮舰强我海疆的梦想又一次破灭了。巨大的悲哀笼罩着海空。

20. 马江在喘息

水兵的鲜血染红了闽江水。江面上漂满了尸体，这些准备了四十多天，想与法国舰队一决雌雄的士兵，就这样还没有展示他们的战斗实绩时，便被炮火击沉于朝夕相处的这片水域。这一天，他们仿佛都不愿意就这样简单地离去，闽江的潮水缓缓地向大海退去，也将这些水兵的尸体漂移到了马江下游著名的金刚腿处。战死的冤魂在这里汇聚，他们直面灰色的苍天，仿佛要诉说瞬间的惊惧和不甘。

马江在喘息。

海战不到三十分钟即告结束，马江上下，火光冲天，被击碎的船只碎片、断桅和落水士兵，漂浮满江。

福建水师在半个小时内被彻底击溃了。四十多天两军对峙的阵势，转眼之间变成法国舰队的一军独霸。

马江继续退潮，带着一江浩浩潮流，呜咽着，满江的殷红和油浊向大海流去。江上吹来了满是血腥和硝烟味的热风。未曾散去的硝烟里，远山、近水、岸树，都蒙上一层惊愕和忧伤的颜色，只剩下模糊的轮廓，仿佛一场惊梦中瞬间的幻景。

江上星星点点的浮游物上，有落水士兵的断肢残体。有的落水士兵抱着漂木挣扎，江上不时传来阵阵呼救声。

这些是少数落水幸存的水兵。半个小时之前，这些水兵还在战舰上服务，他们也曾幻想这场战争可以避免，因为上司不断传来严禁首先动手的指示，以为可以通过与洋人的谈判解决赔款问题。反正国家已经赔出习惯了。鸦片战争以后，不仅赔了钱，还将港口都辟成通商口岸。但是他们也凭直觉感到这场战争不可避免。因为按照军事上的惯例，兵临城下，靠自觉投降是远远不够的。他们面对的是世界上有名的法国孤拔舰队，这是一支以打仗为生的法国海军。他们的目的就是要征服远东，而今选择福州马江上的福建水师先下手，早已经筹划得十分周密了。水师官兵们最直接的生命威胁，就是张佩纶布下的生死阵。这种完全在强大的炮舰火力控制下的对阵，全靠人家打了才能还手的对策，使得再有本事的高手，都无力掌握自己的命运，何况这场战争的对手，是熟谙海上战斗的法国舰队，他们并不讲究正人君子的规则。

午后2时多，大火在燃烧。江面上满是木块、折梃、碎桅和帆船的碎片。攀援在这些漂流物上的中国士兵，只有头部浮出水面，看上去像一些小黑点，身不由己地随波逐流。

孤拔命令法舰上的法国人向这些濒临死亡而毫无抵抗力的对手射击。又让大小汽艇横行江中，用机枪扫射，用竹竿、刀枪挑射泅水的士兵。中国水兵的鲜血染红了闽江。退潮了，浪涛一个跟着一个，崩雪似的重叠起来，又撕开去，卷起了巨大的漩涡，狂怒地撕扯着江面的残碎木板，发出阵阵响声。冲到堤上的浪涛被堤岸挡住了，又向后退去，和后面赶来的潮流挤到一起，又一声轰鸣，掀到半空中，倒卷几圈，迅速地向江中涌去。

在美国整整度过近十年留学生活的詹天佑，这时正在船政学堂任教。他所从事的是英文和驾驶专业的教学业务，海战爆发时，他的同学杨兆楠、薛有福和黄季良都请战上了"扬武"号巡洋舰。

詹天佑这一天因事未上战舰，留在船政局。

眼见一场惊心动魄的炮轰，一个初步成形的福建水师就这样被击沉，无数战友就这样沉入江底，詹天佑和船政学堂的其他师生震惊之余，纷纷赶往马江下游，下水去救那些尚抱着残余木板漂浮的同胞。

流急滩险，江中布满暗礁漩涡，詹天佑试着下水，数次努力都没有成功。

这时，江岸上本来准备急用的化装商船小艇被推入水中。由于河岸陡峭，沙石暗礁密布，他们遂从下游处入水，驾舟逆流而上。小艇距离一位奄奄一息，手中的木板快要脱落即将沉没的水兵越来越近。突然间，一大块漂浮物击中小艇后部，小艇失去控制，眼看就要撞上一块礁石。危急时刻，瘦小的詹天佑双手撑住礁石，才避免了舟覆人亡。营救失败了。

眼见那位战友慢慢被潮水冲走，詹天佑泪眼模糊，他痛感自己力量不能用到关键处，连连跺脚叫唤。

一转眼，又有两位抱着漂浮物逃生的水兵向他们漂移而来。此时的詹天佑紧紧盯着船上的绳子，迅速测量出距离。这一次，他亲自将绳子抛向江面上的战友，由于船身摇晃，潮水流向改变，一次抛绳没被接住，船上的人同时跃入水中，一齐架住一位已经放弃生命渴望的战友，搏击激流拖着他游向小艇。将人救起后，又马上驾着小艇快速靠近另一位落水者，将已被潮流冲出5米多而手中已无任何支撑物的战友救起。

又一位落水者从上游漂来，由于潮流方向的改变，偏离小艇越来越远的战友已无力呼救，这是一位头部受伤的水兵。詹天佑等不顾已经精疲力竭，立即又驾艇追上那块支撑了水兵生还希望的残破木板。

詹天佑不顾危险，跃入江中。突然，一个恶浪打来，他连喝了两口水，呛得直往下沉。一个潮头冲来，刚被詹天佑从托起的逃生水兵头朝后一仰，两人又被冲开。眼见这位从战场炮火中幸存的战友就要失去生命，詹天佑奋力朝前一扑，一手紧紧搂着对方的腰，一手奋力搏水，突破两个潮头向小艇游去，终于在众人的扶持下，救起了落水者。

詹天佑也被众人拖上了小艇，他眼看着这些从炮火中劫后余生的战友能重回岸上，疲惫的目光里稍有几分欣慰。

这些曾经在西方学习的船政学堂的优秀毕业生，没想到仅仅几年时间，西方殖民主义势力已经向中国动武，而自己在这场战争中的作用竟然是在江面上救人。那种驾驶兵舰巡视海疆的朴素理想，被这次突如其来的打击，破坏得体无完肤。他们都陷入痛苦与迷惘之中。

面对中国这头被拿破仑称之为“未醒来的睡狮”，马江海战只是一次试探性的攻击。晚清就像是一个身患多种疾病的巨人，需要综合治疗。洋务运动科技强国，造兵舰以御敌的思想成果，就是一副苦药。花费巨资，刚刚将小病治得稍有好转，可是敌人怎会坐视你健康壮大起来？就在那一处仅刚刚收口的伤处再狠狠戳上一刀，让这个巨大的病人再次旧病复发，陷于痛苦之中。

但是，一个民族得以生存与自救，在于这个民族在苦难与奋斗中产生了许多前仆后继的志士。马江海战时只能挥泪捞人的詹天佑，终于在修筑中国铁路的巨大创举中，实现了他的实业救国理想。

罗星塔前的马江上浓烟弥漫。

孤拔舰队轰沉福建水师的军舰后，又开足马力冲向停泊在马江配合作战的福建水师的其他船只。

水面上的战斗结束，炮声暂时停了下来。

岸上的守军除了一部分逃离外，仍有一部分坚守炮台，准备还击。

战争爆发得太突然，听不到任何来自最高决策层的指令，炮台上的将士在浓烟散后自行开火了。

站在罗星山炮台上往马江瞭望，山风渐大，给未曾下透雨的闷热的天空，堆上大团大团的云朵。云聚云散，远山近景的色调，呈现出鲜明的层次。丛丛树叶在江上吹来的带有硝烟气味的退潮气流的摇动中，仿佛在悲咽。浓云里，一层灰蒙蒙的树丛，托起一段黑色的山林，像送葬的行列。

岸上的炮兵最想说的话，就是送几发准确的炮弹到孤拔的舰上。总应该给自己的水师一点声援。

罗星山和三岐山的炮台猛烈地向江面发炮。

马限山炮台3尊克虏伯大炮也在不停地对准孤拔的旗舰射击，有几发炮弹落在“沃尔他”号上，有些落入江中，炮击声中，夹杂着法舰上敌人的嚎叫。不断爆炸的红焰，一道道炮弹的流光，闪耀着交织在马江的上空。

岸炮的炮弹纷纷落在马江上，掀起一柱柱排空巨浪。一时炮声动地，江上一片火海硝烟。

孤拔的副官赖威尔被这突如其来的炮轰声震呆了。他走出了船舱，想看清楚是否还有福建水师新的兵舰投入战斗。等他判定这些炮弹来自马限山的岸上火炮时，刚要跨进船舱向孤拔报告，一颗炮弹又在他的左前方炸开了。被气浪一掀，赖威尔一头撞在船上的炮台上，头上起了一个大包。

赖威尔双手捂着额头，冲进孤拔的指挥室，向他报告中国陆上炮兵的还击情况。孤拔马上命令舰队调转炮口，集中火力向岸上轰击。罗星山上的炮台和马限山上的炮台，在法舰的猛烈轰击下，慢慢失去了抵抗力。

原来排列在船政局前的福建水师的战舰已被击沉，张佩纶用于保护船厂的屏障已被消除。孤拔解决了岸炮的轰击威胁后，再次命令他的舰队全力轰击船厂。

眼前的船厂早已进入孤拔的射程，他已经多次演练攻击船厂的周密计划。消灭福建水师，打哑岸上的中国炮台，孤拔兴奋得双眼圆睁，深陷的双颊刻着几许凶残，一向沉默寡言的他此时大声呼喝。在近距离炮火袭击之下，孤拔不能明确判断岸上有多少岸炮还会吼叫，据法国驻福州领事馆白藻太副领事的报告，张佩纶和何如璋在岸上的伏兵不计其数，有几万官兵，厂区亦遍埋地雷。如果冒险登陆，仅有600多人的孤拔舰队的陆战队兵力，远不是中国人的对手。

但是，畏缩不前不是孤拔的性格。在退潮时进攻福建水师这一着险棋不是赌胜了吗？当时要是福建水师选择涨潮时机进攻，所有法军的优势都将能转化为福建水师的优势。这一仗的结果如何，还很难下结论呢。

进攻船厂，孤拔想再赌一把。

孤拔抱着试一试的想法，想乘中国军队突遭袭击，阵脚大乱时扩大战果。他命令数百名法军陆战队坐小船来攻马尾船厂。先发火炮，继以密集的机枪射击，一时弹如雨下，岸上守军受伤多人。但两营守军沉着应战，等孤拔火力稍减后，都司陆桂山指挥船政局的守军开炮还击，由于靠近江岸，距离近且角度变化不大，定向的炮台可以发挥一定的作用。法军陆战队乘坐的小船几次靠岸登陆都被打退，船舷上的悬挂物如缆绳等也被炸得断成几截。法军想乘胜占领船厂的企图被打破了，只好返回军舰上。

唯一解决问题的还是重炮轰击，占领不了船厂，为我所用，也要重伤其元气，让远东这个最大的船厂在我孤拔舰队的炮弹中毁灭。

船政局和造船厂早已失去任何保护，静立在江风和潮声的悲鸣之中。左宗棠、沈葆桢苦心经营的造舰船以强海防的设想和实践，今天碰到了一个严峻的考验。不远处，英国和美国人刚刚观看完一场血腥的不宣而战。如今，他们又将冷眼旁观一幕少数炮舰用活动炮台攻击远东最大造船厂的惨剧。

几声炸雷似的炮弹爆破声，回荡在船厂的组装车间和设计室里，造炮厂和轮机厂遭重创，船坞受炮击损害最烈。一艘接近完工的铁甲船被炮击后，船体倾斜，弹片洞穿船身数十孔。学堂也遭到不同程度的损害。

一旦没有了自己的海军，岸上的造船厂就成了任人宰割的羔羊，成了被动挨打的活靶子。

马江在喘息。带着无数沉没将士的冤魂，悲咽的江潮向东奔流。

马江在流血。早已没有“两岸青山相对出，孤帆一片日边来”的从容与惬意。

被炮弹轰毁多处的马尾造船厂，在灰色的天空中孤寂地暂停了劳作。

炮声一响，张佩纶在哪里？何如璋在哪里？何璟又在哪里？

21. 钦差走后的火攻船

把时间倒回到开战前，看一看主持中方前线作战的领导者们在做些什么。

接到孤拔的战书后，何如璋与张佩纶曾请魏瀚前去递回战书，理由是中方准备不足，须推迟决战时间。

何如璋在临战前还对前来请求发放武器弹药的军官们说："昨得李鸿章大人的来电，说和议大有进步，你们所说的将要发生战争的事一定是谣传。"现在，面对战书，何如璋没有了主张。

当魏瀚急急奔回船政衙署，将孤拔不肯推迟开战时间的情况告诉两人后，张佩纶和何如璋才决定通知船上的将士，并向陆军发放弹药。

可是为时已晚。

仅仅过了几分钟，震耳欲聋的炮声自江上传来。因为船政衙署位于船政局内而不在沿江，无法看到江上情形。

早在炮战发生前，为防不测，张佩纶和何如璋都已事先准备好了退路。

何如璋见情形危急，主动提出要趁乱将所保管的船政局银两保护好。他以押送银两为由，提出马上撤离战场，赶快上福州城里去。

张佩纶情知何大人临阵脱逃的用意，并不表示反对。

何如璋的亲兵早在开战前已经集合，共有 80 多人。炮声一响，何如璋便在亲兵的簇拥下，先跑到离马尾十多里的快安，再连夜奔向福州，躲进两广会馆。

张佩纶还想亲眼看看江上的战况。于是他先在马尾造船厂后面的小山上观战。十分钟后，福建水师的主力舰只纷纷被击伤下沉，张佩纶赶紧决定出逃。

几个士兵抬着黑色的竹轿，竹轿上坐着钦差张佩纶，行进的方向是彭田。

彭田村位于福州马尾雾岭山后的山坳里，距鼓山涌泉寺25里地，离马尾造船厂18里，处于群山之间，海拔600米。

张佩纶被巨大的炮声震得六神无主，原先清议派领袖的那种自以为是和泰然自若的神情，早已不复存。竹轿旁还跟着几十名官兵，保护钦差的安全。

回想方才在船政衙署旁法舰上射来的炮弹爆炸声，张佩纶觉得所有的一切来得太快，太突然，连思想准备都没有。

从马尾造船厂走三里地到达朏头村。这里是请战成功的武探花林培基率领民间武装驻防的地方。张佩纶经过此地时，示意不要让那里的乡勇知晓，否则无法预料将会闹出什么乱子。由于事起突然，朏头的将士未曾参战，事后他们扼腕叹息，深以为恨。

从朏头艰难地爬上约15里山路，翻过十二座大小不一的山岭，才能到达彭田村。

张佩纶撩起帘幕，但见沿途劲松参天，野花奇草点缀左右。登临本来是一种开阔心境的好事，今天的张佩纶却心绪烦乱。如今他是败军之将，是指挥一场近代海战失败的朝廷钦差。他要到哪里去，为什么要坐上这个竹轿，在轮流扛轿的士兵的大声喘气声中，张佩纶不敢再想那么多了。

张佩纶让轿子停在一棵柳杉王前。见到柳杉王，张佩纶竟说不出话来。这棵千年柳杉王就站在山巅，傲然俯视滔滔闽江东去，俯视这千年古城，俯视就在脚下的造船厂。俯视刚刚就发生在它眼下的这场海战。

坐在庞大树冠下的张佩纶，觉不出这树究竟有多高，胸围有多大，苍劲茁壮的主干棕红润泽，周边鼓风摇曳的幼年柳杉，似少女般挺拔秀逸，与婆娑古树的浓荫遮天，虬枝匝地，形成鲜明的对比。

望树兴叹，张佩纶觉得自己罪责难逃。那些战死于法国军舰炮火轰击下的水师官兵，如果论其生命的年轮，连这些小树的一半都不到。

张佩纶坐上轿子，跌跌撞撞，经两个多小时，到达彭田村头。

村里60多户农民这一天正在集资盖大王庙，庙宇已基本完成，此时村民们恰好准备安放大王庙的大梁。这是一处简易的庙宇，占地约125平方米。

见一拨士兵拥着轿子走过来，农民猜想：今天哪里来的官员，到这个深山里要干什么。

张佩纶见状，便上庙拜梁，心里像打翻了调味瓶。

村民终于弄清楚来的是一个钦差，是避开法国番人的炮火来到彭田的。

彭田陈禹谋家被选做张佩纶的住所，几十名士兵住在陈芳年和其他农民家中。

张佩纶让卫兵将出逃时从马尾带来的黄金偷偷埋在地里，画了地图做记号。直到局势稳定后，才派人来取走黄金。

这是8月23日黄昏，张佩纶下午2时多从马尾逃离后，傍晚时分到达彭田。此时，马江上大规模的海战将近尾声。在崇山峻岭之中，没有无线电等设备，他不可能指挥前线的战斗。直到战役结束、法军孤拔舰队退出闽江后，他才回到马尾。

马江方面，孤拔派出小炮舰，在傍晚时分继续对港汊河段进行搜寻，遇有中国船只，即行攻击。善于海战的孤拔清醒地认识到，要想在晚上安卧江面，首先要彻底打垮所有具备战斗力的中国船只，哪怕是小舢板。

入夜，马江潮高流急。孤拔为了舰队的安全，将舰上的照明灯一一打开，派人轮流值班，以防中国水师残部偷袭。江面亮如白昼，所有的小船都不见了踪影。

凌晨4时，幸存的一部分中国士兵，作为第一批自动组织起来的抵抗力量，发誓要为死难烈士报仇，与法国人血战到底。于是，他们在黑暗中驾2艘小艇，携带水雷去袭击法舰‘蝮蛇’号和‘杜居士路因’号，可惜未及靠近法舰，即被警觉的法军发现，很快被击沉。

马江上有一处叫道庆洲的绿洲，绿洲上长着芦苇。

芦苇丛中，潜伏着傍晚就等候在此的乡民。

一片苍茫的沼泽上，芦苇紧挨着芦苇，密不透风，苇丛遮天蔽日。苇丛中的乡民们开始了新的战斗。

林狮狮是这个武装小分队的召集人。

自从林培基请战以来，林狮狮就和其他乡民日夜摩拳擦掌，想助张钦差一臂之力。怎奈张钦差不相信闽人，将这些乡勇民间武装配备在岸上做后备队伍，以防法国人登陆作战。

下午，听说马江发生了激烈的炮战。林狮狮立即组织起乡民数千人赶赴马尾。只是当他们到达江岸后，看到的却是血染的马江。

林狮狮立即抢到一些停泊于别处的运盐船，将船上盐货卸下，分别装上火药、柴草，泼上煤油，准备趁晚上舰抛锚停泊后靠上去火攻。

芦苇是这次战斗的最好掩护。

他们将船上的火药都装上后，趁着法国军舰还在炮击罗星山和马限山上的炮台时，悄悄地驶入了这片熟悉的芦苇丛中。

四更天到了。孤拔舰上的照明灯熄了。其他法舰上的照明灯也陆陆续续关掉了。江潮开始涨了，涨得很有节奏。

涨潮送来了江风，吹动着芦苇林狮狮和他的同伴们点燃了火球，启动了小船。土炮，火枪、漂雷一起向法舰进攻。

大小不一四五只火攻船游出了芦苇丛，顺流飘来，向法舰停泊点靠近。船上数名决意与敌舰同归于尽的乡民，奋力划着桨，快速向敌人冲去。

点燃的小船，火光通明，让梦中惊醒的法国人立即发现目标。一只只火攻船还未靠近法舰时，纷纷被机关枪击中，船上的乡民大部分被射杀。有一些乡民见无法硬攻，只好任船只向前漂，自己则跳水避免被枪杀。

孤拔见状也深为感慨，赞叹马江夏夜这一悲壮景象，同时也深深感佩不屈的中国人在舰队被消灭后，居然还能用这种办法来袭击法国舰队。

夜战情景令法军胆战心惊，草木皆兵，一夕数惊，一夜不得安宁。孤拔下令将舰船起锚移动，避开这些危险物。

看到火攻船的计划实施效果并不好。林狮狮用了最后一着。

白天，他弄到了一艘商船，船上装有火炮。他已经将这艘武装商船作为进攻的主要武器，他原想，先让火攻木船接近法舰，引起爆炸，趁孤拔注意力转移，再用这艘商船上的火炮轰击孤拔旗舰，造成混乱，或许能取得局部胜利。

现在，火攻船被孤拔一一避开，林狮狮只能孤注一掷了。

只见芦苇丛中冲出一艘大木船，顺着潮水快速靠向孤拔的旗舰，对准孤拔的船舱，发射出一炮。说来也巧，这一炮一下击中船首上舱，顿时将船舱炸出几个大洞。

孤拔以为解决了火攻船可以睡一觉了，没有想到已经远离大炮台的射程，居然还有炮弹向他的船舱轰击。

来不及想那么多，孤拔一跃而起，却被下落的舱板压折了左臂。

孤拔不敢大意了。他站在甲板上看到的又是一条开足马力向他冲撞过来的木船。这情景，白天也都曾看到过。

孤拔命令，对准林狮狮所驾木船开炮。

裂帛般可怖的怪声从空中飞来，接着就是震天动地"轰"的一声，炸弹落在林狮狮的木船上，林狮狮和三位乡民像稻草人似的被抛起落入江中，机关枪从法舰上扫下，飕飕的一阵阴风，将浮游于江面的几个人一起射杀了。

一个参加过这场海战的法国海军中尉写道："黑夜来临了，有新的危险威胁我们。中国人向我们送来一连串大小不一各式各样的火攻船。在黑暗中，这些点着火的船，慢慢地顺水漂流，实在是一个动人的和瑰丽的场面。所有的战舰都把时间用在变换碇泊的地点，避开这些浮游的巨大火盆。"

淡淡的晨曦中，天上浮着一层灰冷的光。天上的灰光染上一些无力的曙红色。潮水涨着，一寸寸地漫上来，阵阵凉风已经将马限山头的薄雾都驱散了。远近两岸的山岭都清晰地露出了面貌，船厂的房舍轮廓也清晰起来。滚滚流淌的马江上，只剩下法国孤拔舰队频繁移动泊位后的疲惫与惊悸。

林狮狮和他的最后一条战船同沉于马江之中。

没有了福建水师的对峙，江面显得开阔了许多。

钦差走了。船政大臣走了。

当时有一位叫戴启之的诗人，在《纪败绩》一诗中讽刺张佩纶说："平时未习孙吴书，书生安足恃兵符？大言欺人实无补，随陆应羞不能武。"

又在《马江败》一诗中形容两位大官出逃情形："事机已坐失，束手更无策，走向鼓山头，惊魂归不得。"

这是诗人之见，表达了对马江之败决策者无所作为的愤慨。

没有了对手的下一仗该怎么打，孤拔又定下了方案。

岸上炮声犹在

22. 罗星塔在流血

1884年8月24日的马江之晨，天上透出些红色，地平线与远树显得更黑了。江上的红色倒影渐渐地与灰色融合协调起来，有的地方成为灰紫色，有的地方特别的红，而大部分的天色是葡萄色的，再过一会儿，红中逐渐透出明亮的金黄来。

这是近十天来，马江最好的天色。

太阳从江面上升上来，血一样红，没有耀眼的光线。渐渐地，天变得像江水一样，无色透明。

椭圆形的太阳边缘不断被修整，升腾，扩展，变成大半个金红色的圆，于是，马江被煮沸了。火球在升腾，它要剥离和跳出马江的母体，飞向广阔的天穹。

一样的朝阳和一样的潮水，却再也见不到昨日停泊于马江上的福建水师了。这中国近代第一支海军舰队，在马江的朝阳与雨露里成长，却永远沉没在家门口了。

8月24日，清廷下令沿海各省督抚、提督，见有法舰进口，立即轰击，不可迟疑不决。

24日，孤拔准备再次实施炮击船厂的计划，并试图再次登陆。

正当孤拔因无法判断中国岸上守军实力而犹豫时，“特隆方”号上的波克斯舰长乘了小船到旗舰上会晤孤拔。

孤拔指着上游的造船厂说：“这么大的一个造船厂，我们除了登陆占领外，还有什么办法能将它破坏得更为彻底?”

体会到法舰炮火优势的法军军官，此时特别佩服孤拔的指挥才能。他们都坚信只能用优势的火炮集中打击中国海陆军及其布防设施，才是最为简单便捷的速战方法。

波克斯不假思索，马上回答：“只有用炮击。”

孤拔对潮水与江面的情况事先有过测量与调查，对大战舰从何处靠近船厂最有利也有过考虑。实际上孤拔知道炮击的效果，但他提出了一个问题：

“炮击固然有效果，‘杜居士路因’号上有口径19厘米的大炮，你的‘特隆方’号巡洋舰也有口径24厘米的大炮。另外，‘费勒斯’号和‘德斯丹’号两艘巡洋舰，也有很具杀伤力的火炮。这些战舰论火力足以给船厂造成重创。”

波克斯接着问：“那为什么不一起靠上去打?”

孤拔说：“据水深测量报告，4舰排水量大，就是涨潮时也还不能达到最佳位置，这样就无法帮助摧毁这个造船厂。”

波克斯说：“你是说只有小炮舰可以接近，而那些口径14厘米和10厘米的大炮不管用。”

孤拔点头称是，他担心仅靠这些小艇的火力保护不了陆战队，舰上的炸弹也只能炸毁船厂的部分设施，而无法完全摧毁整个船厂。

波克斯说：“请司令放心，已经有经验证明，中国守军是不善于对付江上游动的战舰的。在靠岸之前，我们就是一组移动炮台，只要选择岸炮定向攻击不到的角度，则危险性就会大大降低。因为中国炮台的大炮装置是定向的，经过他们的面前，只有一瞬间的危险性。我相信凭着这两天的战绩，也足以将中国人吓跑。这些小炮舰队，可以运上一些陆战队，先炮击，后登陆，可以将船厂捣毁。”

孤拔终于下了决心，说：“那好，我们就用火炮解决问题。”

上午11时，孤拔下令出动4艘大舰6艘小舰，上溯闽江。

11时半，法舰在造船厂前面摆开阵势开火。

岸上守军沉着应战，暂不还击。法军以为清兵完全撤离，已经没有人守厂。

经过一阵炮击之后，法舰上下来了数十名陆战队员，从船厂铁水坪上岸。法军刚一踏上陆地，岸上守军突然发炮，一阵突然袭击，打得法军大惊失色，迅速撤退。转眼之间，几名上岸士兵被炮击中身亡。同时，火炮也向靠近铁水坪的战舰发射密集的炮火，法军小炮艇赶快载上逃命的士兵，迅速逃出中国守军的火炮射程。

孤拔对这次炮击船厂是这样描述的：“我们重28公斤的榴弹，对能及的东西，均予摧毁。对准工场和仓库或对着一艘即将完工的巡洋舰所发出的射击，虽然发生很大的损害，但没有达到我们预期的程度。不过铸造厂、装配所、设计所都受到很大的破坏，巡洋舰遍身是孔洞。”

孤拔指的巡洋舰，就是魏瀚主持赶造的福建船政局新船。

另据当时外国目击者证实：法国人“对准工场和仓库，或对一艘正要完工的巡洋舰所发出的射击，造成很大的损害”。

有些外国人记载轰击时间："从上午十点到下午三时，炮火燃烧一个下午，船厂发生了五次剧烈的爆炸声。"

法国人猛烈炮火的攻击不仅对船厂施威，还疯狂地炮击平民，造成严重伤亡。

船厂被毁坏的情况，可以看看中方的调查核实结果。

关于此次炮击的损失情况，后来船政大臣何如璋在奏折中这样写道：

> （船厂）濒江外围残缺，而校练门尤甚。缘门内新设炮台，战时经厂中差弁冼懿林等击坏法船，彼乃攒攻，致该处墙门悉毁，炮架也伤。其各厂为敌击伤者，砌砖之厂，以合拢厂，画楼为最，水缸厂次之，炮厂，轮机厂又次之，铸造厂为最轻。架木之厂，以拉铁厂为最，广储所，砖灰厂次之，船亭，栈房又次之，模厂最轻，船槽陡出江干受炮最烈。新制第五号铁胁船身将次下水，被敌炮击穿九十余孔。至学堂匠房等处，虽受炮较轻，而器械具书籍亦有残缺。

历经近二十年，耗银两千万两的马尾造船厂，在法军两天的炮击中，损失巨大。

8月25日早晨，法国舰队"杜居士路因"号和"特隆方"号的陆战队，由法舰军官郁利五和德荷台率领，在桑哥司令的指挥下，登陆孤悬江中的罗星岛，在攻击罗星塔炮台时遇到了中国士兵的抵抗。

开始时，法舰以榴弹炮和哈乞开斯式机关炮掩护，先行集中火力对准罗星塔上炮台猛烈轰击。见炮台上没有动静，几个法国陆战队士兵开始向罗星塔上挪移。

当法国士兵接近山顶的炮台掩体时，忽听一声大吼，但见炮台后杀出五六个中国士兵，有的手持步枪，有的手握刺刀，呼的一声扑向已经迈进炮台的法国士兵。

登陆的法军万万没有料到，经过两天大炮的猛烈轰击，这个孤岛上居然还有士兵坚守炮位。

中国士兵手疾眼快，照着刚一露脸的法国陆战队士兵头上猛刺一刀，另一个中国士兵就势抢先一步，一脚将这个法军士兵踢倒在地，刺伤了他的胳膊，痛得法国人嚎嚎直叫。

这里刚刚制服一个进入炮台的法国人，另一个方向又上来了三个法国人。持枪的中国士兵开枪射击，又打中其中一个的肩膀。

有中国士兵在炮台抵抗的消息向后传开后，法军暂时回撤到罗星塔下的一个土墩后，架起机关枪向炮台一阵猛射。另有一些法军向炮台掩体里扔炸弹。

顿时，罗星塔上的炮台燃起一阵大火。

趁着硝烟未散，一群法军冲了上来。

突然间，从炮台升腾的大火中冲出 4 个浑身着火的中国士兵，他们顶着呼呼的火苗，向敌人猛扑过去。有的握着烫手的刺刀，有的高举枪把，有的举着空炮弹箱，一齐狂喊着向敌人扑过去了。

在这一刹那间，涌上来的法军发出一片惊慌的惨叫，正要掉头逃窜时，英勇的战士已经赶上去同他们扭在一起，拼在一处。

辨不清是哪一边发出的杀声，枪响了，一个浑身着火的中国士兵倒下了。

另一个中国士兵被法军一刀戳在胸脯上，黑短上衣浸出一块新鲜的血，鲜红鲜红的……

见战友就要倒地，另一位中国士兵马上用枪托砸向法国士兵。被袭击的法军沉闷地叫了一声，仰面倒下。

此时，孤守罗星塔的士兵就剩下最后一位了。但见这位士兵不慌不忙，他站起身理理早已破烂不堪的衣裤，怒视数十名围上来的法国士兵。平时总是在炮弹送入炮膛后想象挨炸的法国兵是啥样子，今日里，却在生命最孤独和最激昂的时刻，得以看清这些长着鹰勾鼻，蓝眼，金发的法国人。这是一个没有留下姓名的中国士兵。他庆幸，在中国海军舰队被击沉后，还能凭借一腔热血，坚守炮台，还击敌人。

他瞅准最靠近他的一位法国士兵，突然，从背后拔出一把短刀，猛扑上去。

早有防备的法国兵们同时射击，子弹洞穿了这最后一位战士的身体。他的鲜血一下子溅到了克虏伯大炮的炮筒上。这位中国最后的守军双手紧紧握着拳头，盯着眼前这些侵略军，徐徐地倒下了。

罗星塔炮台仅有的枪声停息了。

这里是纵目江天的制高点。法国军舰上的军官和士兵终于能站在对手的位置上庆祝胜利了。他们举目远眺，江面上法国舰队整齐地布着战阵，取代了原先福建水师的停泊之所。

这里是西方人最熟悉的名塔，这座塔在五口通商后，更加出名，许多世界地图和航海图上就是以罗星塔作为标志的。

桑哥司令对随同登陆的两个法国舰长说："孤拔司令最欣赏中国的古代文明，他一定知道这个名塔的故事。"

随行的法军翻译带领这群得意的法国官兵匆匆参观了罗星塔。

当他们发现镌刻在塔基上的两行相似的文字时，不禁好奇地发问："这是什么意思？"

翻译也只能简单地告诉这些远征军殖民者。这是一副对联，是以马江潮水为题而撰写的。

一提起潮水，得意而敏感的法国军官们倒想问个究竟了。

罗星塔自明代天启重建后不久，就有一对塔联，联句是：

朝朝朝朝朝朝夕
长长长长长长消

据清朝梁章钜《楹联续话》载：塔联无人看得懂，康熙时来了一个道人，才解评出来。原来，根据汉字多音通假的规律，这对塔联可以读成：

朝朝潮、潮朝、潮汐
常常涨、常涨、常消

这样的解读，对于连中国话都不懂的法国士兵来说，是很深奥的。但有一点，他们都深有感触，即这种早晚潮汐消长的现象，倒是为这一次法军消灭福建水师提供了决定性的战机。

因此，登陆罗星塔的法军认为，根据潮汐规律，他们仿佛得到上帝的保佑。

上午10时左右，法军陆战队将罗星塔上的3尊德国造克虏伯大炮抬上船，作为战利品。

罗星塔又目睹了一幕中国人的耻辱经历：舰队被消灭，沉没于马江；船厂受重创，连未曾下水的巡洋舰也被击穿九十余个弹孔；仅有的守炮台士兵靠肉搏保不住一门大炮；连大炮都被法国人掳走，抬上军舰。

这是怎样一个潮落潮涨的岁月啊！

假如罗星塔有知，她的心必定会流出殷殷热血。

23. 南北岸炮的还击

从罗星塔炮台拖走3尊克虏伯大炮后，法军在马江上完全取得了控制权。

8月25日上午11时，上岸攻击船厂和罗星塔的法军全部撤回法军舰上。孤拔请各舰舰长到旗舰来开会，商量下一步该怎么办。

孤拔向在座的舰长们表示祝贺。祝贺法国远征军舰队在短时间即取得如此辉煌的战绩：摧毁了中国一个舰队。

孤拔面对个个神采飞扬的法国海军军官，说："中国政府对这次惨败很快会作出反应。我们的处境也将面临新的危险。首先，我们在福建水师不会先行开炮的情况下，进行了致命的攻击，在有效射程内完全控制了局面，先发制人才取得今天的局面。"

孤拔停顿了一下，继续说："但是，我估计中国政府马上会下令沿岸陆军和炮台对我们进行阻击。我们在进口时已经观察过的那些炮台将会对法国舰队构成很大的威胁。"孤拔深深知道，一旦中国军民联手抗击，所有的洋人都将面临灭顶之灾。他特别强调说："各位想必已经知道，此地是鸦片战争时指挥中国人抗击英国人的领袖林则徐的家乡。林则徐到福州后还对马江沿岸的炮台进行过布防，就是为了防止西方人的入侵。我们应该非常谨慎地保持现在这个重硕的胜利果实，因为，当我们撤离马尾时，很可能会遭到当年广州三元里抗英那样民众乡勇齐心攻打少数英国士兵的情况。所以我们要趁中国政府还未下最后的决心之前，赶快撤离马江。”

有军官提问：“孤拔将军，为什么我们不能一鼓作气将福州城占领？我以为中国人连指挥官都跑得无影无踪了，他们的抵抗意志已经被我们军舰上的大炮彻底摧毁了。”

孤拔冲这位提问的军舰舰长点点头，说：“你的问题提得很有气魄，胆识不错。依我个人的看法不仅要占据东南沿海的中国水域，封锁省城福州和台湾海峡，我们还要北上攻击旅顺和大沽口，寻找北洋水师再战，直接兵临京城。这样，我们的担保品或抵押品才能保证拿到手。”

说到激动处，孤拔咬咬牙，大声表达他的不满：“但是，巴黎方面，内阁茹费理先生不同意我的进攻方案。我们只能在这附近再绕一些圈子。”

孤拔将巴黎给他的指令形容为“绕圈子”，显然有不满情绪。

孤拔又恢复了平静的口吻：“各位想必已经知道，当利士比将军在基隆的炮声响起时，我们在马尾的战舰并未受到中国海军的任何攻击。这一点已经证明，中国政府对这场战争的立场和决心是游移动摇的。我相信，即使在基隆的首战失利，那也是一次十分有益的试探。当台湾的军情上报时，北京还未拿出对福州的预警方案，而我们立即采取了23日的进攻，这一仗彻底击溃福建水师整个舰队，近千人的战斗兵员瞬间被消灭。在这一点上，我们牵制了可能向台湾增援的福建水师，如果让这些兵舰出闽江江口向基隆利士比将军的3艘战舰逼近，则情形完全两样。如今，法国舰队腹背受敌的威胁解除了，我们还要实现第二目标，再次进攻台湾，选择基隆下手，进行第二次进攻。”

孤拔得意地宣布：“法国政府已经允许我在夺取台湾海峡的控制权后，向北推进，直逼清朝政府的首都北京。这样，大家可以骄傲地在地图上打上标志：法兰西远征军在北圻胜利后，已经又向北推进了一大步。”

众海军舰长鼓掌，向这位战胜了中国刘永福的农民军和钦差张佩纶的将军致敬。

孤拔知道大家最关心的是目前该做何打算。又对他们说：“法国舰队在罗星塔已没有什么可以做的了。本来我们应该占领船厂，夺取现成的巡洋舰。但据说张佩纶在岸上还有数万陆军，而我们的陆战队全部算上也才600多人，人数上不占优势。再有就是何如璋已经命令他的人在船厂各处埋了许多地雷，冒险挺进，恐怕要吃亏。据说美国人已经劝船政局自行炸毁工厂，而李鸿章也将此建议转交船政局讨论。我了解的情况是，他们已经有所动作。不过工人反对炸厂，而官员主张炸厂，最终结果如何，也无法得知。我有责任带领舰队安全离开开辟新的战场。假如我们的陆战队员大部分在这里被地雷炸死，我也无法向国内交代。还有，近日从外交部得来的情报，福建水师曾向法国定购新式鱼雷，假如情况属实，中国人清醒后也许会对我军舰实施新的攻击，激战日久，法军无法在燃料、给养等方面及时补充，势必增加危险。基于以上考虑，我决定，撤出闽江口。”

孤拔接着说：“出口仍是一个问题。23日的光辉战斗只是一个前奏，单单打沉一支敌舰队不足以说明是彻底的胜利，正如我上面分析的那样，现在仍然存在各种危险。以后，我们要在20公里的航程中，冒被陆上各炮台炮火攻击的危险，要将那些既众多又坚固的工事一个一个地摧毁，这件事情比打败一支舰队还要艰巨。因为，现在中国政府已经下令：见有法舰进口，即进行轰击。”

各舰舰长纷纷表示同意如今只有撤出这一条退路，要趁着中国人惊魂未定，有计划地边攻击，边撤离。

舰长们建议，舰队旗舰要发挥主攻手的作用，孤拔将军应将旗帜移到“杜居土路因”号上，以“杜居土路因”号为旗舰，让这艘大巡洋舰上粗大口径的大炮，在关键时候说话。

8月25日下午，法国舰队离开马江驶向下游。经过两岸的炮台，即行炮轰。

田螺湾炮台是第一个攻击对象。

田螺湾炮台上的中国守军埋伏在土墙后，冒着法舰猛烈的炮火，开炮还击。

岸上炮台的设置，在经历了与西方人数十年较量后，仍未进行有效的改进。因此，中国守军面对不断从面前驶过的法国军舰，他们的定向炮位只有一个瞬间可以获得最佳射击角度。

早在鸦片战争定海海战时，面对英国军舰的不断入侵和在中国海面的自由行动，岸上的炮兵曾向督战的颜伯焘建议说：“我们应该设计一个可以移动的炮座，随时可以转向瞄准远近距离的来犯之敌。”

颜伯焘不以为然，他大声呵斥这位提出好建议的部下说：“我可以一炮就击沉驶进我海面的敌舰，不必再装第二枚炮弹，还要移动炮座干什么?”

历史学家汤因比说：“历史最大的教训就是我们从历史的教训中什么也没有学会。”

此时，已经距离鸦片战争近50年，岸炮的设计依然是定向的。清廷的大多数海防决策者依然以为，无须设计可以转向的炮车或炮架。

孤拔舰队至少有两大优势，一是可针对中国岸炮不能转向的弱点进行机动规避，躲开岸炮的攻击，使岸炮无法发挥威力。二是火力可随时集中和随时分散。

孤拔舰队的大炮，对准了一个又一个闽江沿岸的炮台。进口时，他们是以“游历”为名，出口时，则已经干脆撕下了伪装。

孤拔指挥舰队从闽江上游向下游位置的岸上炮台轰击。

8月25日下午，法舰驶到大屿附近锚泊。法舰集中炮火轰击闽安锁门尖端的炮台，各炮台无法回击。这座炮台在这天上午曾攻击了从正面来犯的一艘法舰“拉加利桑尼亚”号。这是刚从闽江口驶进的法国舰队最强大的一艘铁甲舰。从台湾驶到闽江口的“拉加利桑尼亚”号，想加入摧毁岸上炮台的行列。当它来到离炮台二英里半地点时，猖狂地向炮台放了一阵排炮。炮台上的大炮立即回敬。对打了一阵，炮台上的大炮终于有两发炮弹连续命中敌舰，迫使该舰掉头逃窜，驶出闽江口原泊地，受重创后，驶往香港修理。

8月26日，法舰连续从背面轰击闽安炮台。

闽安炮台即北岸炮台，位于闽江北岸亭头南船村，与对岸的长乐象屿村南岸炮台隔江相对，对面就是淡水与海水分界处的金刚腿。这里地势十分险要，是省城福州的重要门户。

清初清军占领闽安镇后，为防止郑成功回马杀到福州城，修建了南北岸炮台。道光三十年（1850年），林则徐为防英军进犯福州，着手重修此处炮台。当年左宗棠特别赞赏林则徐修建炮台的选址，认为炮台建在隐蔽处，台前为树林所隐，敌不能窥我，而我则能窥敌，这样就可以出其不意，打他一个措手不及。

马江之役爆发后，驻守这里的清军观察（中级军官）朱明亮，奉命统军向试图撤出闽江口的法舰实施轰击。在岸上炮火与法舰炮火的猛烈对攻后，一部分法军在炮火掩护下登上北岸炮台，与守在炮台的清军展开肉搏战，由于无法得到支援，北岸炮台少数守军全部壮烈牺牲，炮台终于被法军占领。山巅主炮台上，被重点猛烈攻击的炮座面目全非。江边炮台基座被炸毁，主炮台、前沿炮台、弹药库之间用于交通的隧道也被轰塌。炮位上中国士兵横叠竖码，其状惨烈无比。

登陆北岸炮台的法军，再次用大炮准确地摧毁了炮台工事，并用绵火药炸坏了炮台上的大炮。

由于兵力有限，占领北岸炮台的法军在确信这个重要的炮台已经无力再对法舰构成威胁后，就全部撤到舰上。

南岸的象屿炮台在长乐县潭头乡象屿村西北侧，与北岸炮台隔江对峙。炮台所在的两山夹束绵亘十余里狭窄水道，最窄处仅 330 多米，为闽江的第二要隘，被称为闽安镇门。

8 月 26 日，法军在占领并摧毁北岸炮台后，转头来攻南岸炮台。法军依然采用从背侧面炮击的办法。中国岸上守军守着不能转向的大炮，无力地引颈受戮，心里只有万分焦急。愤怒的士兵们用几乎毫无作用的步枪向法舰射击。

不到一个小时，南岸的象屿炮台也被轰毁。法军登陆进入闽安镇。

闽安的守军闻知福建水师被法国军舰击沉，马江上游形势危急，同时又接到朝廷可以向法国人立即还击的命令。当地潮普营士兵曾组织还击，但因为法军集中兵力有计划地沿岸撤退并进行了扫荡，岸上守镇的一部分清军和头目们都跑掉了，只剩少数士兵抵抗，很快就被法军击退了。闽安镇的百姓在法军上岸前也都躲避到后山的两处土寨里。

法军上岸后，一进村子就肆意抢劫，并放火烧毁房子。

村民陈明良是个孝子，他守候在卧病的老母亲的床前，没有离开。

母亲说："孩儿，你也去躲一躲吧，老娘已是半截入土的人，无所谓了。"

陈明良说："母亲，别怕，有儿子在，你会没事的。"

母亲又说："听说那些番人，杀人不眨眼。那大炮转眼就将房子和人都炸成碎片，你还是走吧。别管我了!”

陈明良说：“娘啊，我要背你上后山，你偏偏不走，看你都病成这样了，还是走吧。”

陈明良的老娘正为儿子的婚事操心呢。久病的老娘眼看着为儿子盖的新房刚刚安上大梁，她要在这里守候住对面的新房，她想，番人也是人，不至于毁了人家的好事。所以，老太太就是不肯躲避上山。

眼见法国番鬼在家门口烧杀抢掠，为非作歹，陈明良怒从心中起，他马上绕到后山召回十余位村民，下山到普安亭与来犯的法军拼命。

当陈明良率领一拨村民匆匆赶回村里时，法军已经在他的家里放了一把火。他远远听见老母亲在着火的房子里撕心裂肺的痛骂声，陈明良被震怒了，他大步跑在最前面，大叫一声冲向就要烧塌的房子。就在他刚刚靠近房门的一瞬间，房子倒了，老娘在病床上喊的最后一声是：“明良儿啊，快快回来杀这些禽兽啊!”

亲娘没了，新老房子全都烧光了。

陈明良气管里呼出来的都是怒火。他顾不得想那么多了，手持大刀冲上去对着一个法国兵猛砍，法国兵被这突如其来的袭击吓坏了，撒腿便跑。一边跑一边呼叫同伴前来救护。

法军一阵枪击，几个村民中弹倒地。陈民良也被法军团团围住，最后受伤被抓住。

法军将受伤的陈明良捆绑在镇上三叉街口的一个石狮旁，陈民良双肩鲜血直流，仍不停地怒骂着法国强盗，最后被法军杀害了。

法军的暴行激起当地群众的极大愤怒，山上的乡亲们纷纷下山，结队四出攻击陆上的法军。

此时，赶来增援的守将张世兴和被张佩纶免掉闽安副协的蔡康业等人，趁机率众夺回炮台，赶走了一支登陆侵扰闽安镇的法军。

民众和官军零星的抗击，对大局无济于事，但的确对轻易得手、得意忘形的法军起到了威慑作用。

宣战之后

24. 慈禧定调：对法宣战

8月26日，正当孤拔舰队通过闽江口第二道岸炮防线时，清政府发布上谕，正式向法国宣战。

马江失利和驻巴黎公使李凤苞离开法国巴黎，表明中法两国进入了更严重的军事对峙状态。

北京的宫廷开始沉不住气了。

慈禧太后以为新换的一班军机大臣，会比奕䜣更妥善地处理好与法国人的矛盾。她原指望通过李鸿章或曾国荃的谈判能暂时避免战争进一步升级，至少不要在中国东南沿海开辟第二战场。但事与愿违，就在北京举棋不定的时候，闽江上游的福建水师被消灭了。

慈禧太后坐不住了，法国人欺人太甚，如再妥协，会有损天朝体面，即刻召醇亲王奕譞前来商议。

奕譞被召到宫内，慈禧开门见山询问打法国人的对策。

奕譞上前跪奏说："此次法人侵扰，一战而基隆炮台毁，再战而马尾兵船沉。这是我大清炮台不坚固，战舰技术不如洋人的明证。目前我大清的防御政策应当调整。去年臣曾有坚壁清野，陆路设埋伏，诱敌上岸之议，以我之长，攻敌之短。臣以为，宜降旨严询南北洋，除战船、炮台外，有何必胜之策？万万不可将大清帝国的军队置于挨打的地位。如再遭受打击，会使官兵丧失精气神。所以，目前最主要的是要鼓舞士气。"

慈禧太后问道："驻法公使李凤苞曾建议当前应该加紧对越南的进攻，迫使法人用兵北越，而无法再作他扰，卿以为如何？"

奕譞表示同意："打越南是陆战，正是我方长处，请早下圣谕为是。"

慈禧太后定调子说："法人狡黠，以和谈为名，行侵占我大清领土为实。今后倘有再敢以赔偿和解之说陈奏者，即交部议处。着军机处草拟开战文告，晓谕各国及全国臣民。"

奕譞到军机处，找来许庚身、阎敬铭等大臣草拟开战文告，并通知逗留在上海的法国公使巴德诺和上海领事李梅，令其出境。

8 月 26 日的这份宣战书，首先回顾法国占领越南北圻的种种冒犯之举，次举其违约开炮制造观音桥事件，以及后来的入侵基隆、马江诸役，说明挑衅起自法国，最后，表明中国决战的信心，并安抚在华其他通商各国，不要因法人之事，有伤和好。值得注意的是，这份上谕全面回顾了中法战争的过程，特别肯定了刘永福的"忠怀"，并鼓励其他将士迅速投入战斗——

越南为我大清封贡之国，二百余年，载在典册，中外咸知。法人狡焉思逞，肆其鲸吞，先据南圻各省，旋又进据河内等处，戕其民人，利其土地，夺其赋税；越南君臣阇懦苟安，私与立约，并未奏闻。法国无理，越亦与有罪焉。是以姑予包涵，不加诘问。

光绪八年冬间，法使宝海在天津与李鸿章议约三条，正饬总理各国事物衙门会商妥筹，法又撤使翻议。我存宽大，彼益骄贪。越之山西、北宁等省为我军驻扎之地，清查越匪，保护属藩，与法国绝不相涉。本年二月间，法兵竟来扑犯防营。当经降旨宣示，正拟派兵进取，力为镇抚，忽据该国总兵福禄诺先向中国议和。其时该国因埃及之事岌岌可危，中国明知其势处迫蹙，本可峻词拒绝，而仍示以大度，许其行成，特命李鸿章与议简明条约五款，互相画押，谅山、保胜等军，应照议于定约三月后调回，叠经谕饬各该防军扼扎原处，不准轻动生衅，带兵各官，奉命维谨。乃该国不遵定约，忽于闰五月初一、初二等日，以巡边为名，在谅山地方直扑防营，先行开炮轰击，我军始与接仗，互有杀伤。法人违背条约，无端开衅，伤我官军，本应以干戈从事。因念订约和好二十余年，亦不必因此尽弃前盟，仍准总理各国事务衙门与在京法使往返照会，情喻理晓，至再至三。闰五月二十四日，复明降谕旨，照约撤兵，昭示大信。所以保全和局者，实已仁至义尽。如果法人稍知礼仪，自当幡然改悔。乃竟始终怙过，饰词狡赖，横索无名兵费，恣意要求，辄于六月十五日占据台北基隆山炮台，经刘铭传迎剿获胜，立即击退。本月初三日，何璟等甫接法领事照会开战，而法兵已在马尾先期攻击，伤坏兵商各船，轰毁船厂。虽经官军焚毁法船两只，击坏雷船一只，并阵毙法国兵官，尚未大加惩创。该国专行诡计，反复无常，先启兵端。若再曲予含容，何以伸公论而顺人心！特揭其无理情节，布告天下，俾晓然于法人有意废约，衅自彼开。

各路统兵大臣暨各省督抚，整军经武，备御有年。沿海各口，如有法国兵轮驶入，着即督率防军，合力攻击，悉数驱除。其陆路各军，有应行进兵之处，亦即迅速前进。刘永福虽抱忠怀，而越南昧于知人，未加拔擢。该员本系中国之人，即可收为我用。着以提督记名简放，并赏戴花翎，统率所部出奇制胜，将法人侵占越南各城，迅图恢复。凡我将士，奋勇立功者，破格施恩，并特颁内帑奖赏；退缩贻误者，立即军前正法。朝廷于此事审慎权衡，总因动众兴师，难免震惊百姓，故不轻于一发。此次法人背约失信，众怒难平，不得已而用兵。各省团练，众志成城，定能同仇敌忾；并着各省督抚督率战守，共建殊勋，同膺懋赏。

此事系法人逾盟肇衅，至此外通商各国，与中国订约已久，毫无嫌隙，断不可因法人之事，有伤和好。着沿海各督抚严饬地方官及各营统领，将各国商民一律保护；即法国官商教民有愿留内地安分守业者，亦一律保卫；倘有干预军事等情，一经察出，即照公例惩治。各省督抚即晓谕军民人等知悉。倘有借端滋扰情事；则是故违谕旨，妄生事端，我忠义兵民必不出此；此等匪徒，即着严正法，勿稍宽贷，用示朝廷保全大局至意。将此通谕知之。钦此。

这份宣战诏旨，命令中国海陆各军在东南沿海和越南向法军全面反击进攻，并第一次在皇帝文告中宣布给黑旗军首领刘永福以提督衔，赏戴花翎。此外，朝廷令云贵总督岑毓英、老将冯子材等配合黑旗军在越南北圻组织反攻；令漕运总督扬昌浚立即督师自江宁启行经赣赴闽；令两江总督曾国荃加强吴淞等处的防御，并速拨江西振武5营应援福建，督饬提督章高元旧部速赴台北；令前两广总督张树声督师乘轮抵平潭；从江南各省拨粮饷枪械接济闽台，晓谕兵民：有能擒斩法兵、焚毁法船者，破格从优奖赏。

战书既下，历来对外政策处于摇摆不定的清政府，仍不肯就此放弃和平解决争端的幻想。

此时，清政府仍在继续寻找与法国和解的途径。

军机处在给沿江沿海各将军、督、抚的电令中再度流露出对决战的犹豫心态："奉旨：法人肆意要挟，无理已甚。本宜即行声罪攻击，因美国仍拟调处，用意颇善，未可辜负，致失与国之好，是以迟迟未发。现经总署照会法使并照会各国，倘法国竟将照会置之不复，亦不退出兵船，唯有即与决战。"

显然清政府对英美等国仍寄予幻想。然而这只是清政府以慈禧、李鸿章为首的决策者们的一厢情愿而已。

结果证明最后还是出现了最坏的结局：法国人说，愿意和议，拿钱来！清廷不愿打而被迫还手时，却又因优柔寡断不是法国人的对手，第一回合的马江之役，败下阵来了。此时的清政府，已处于两难境地。

25. 金牌、长门最后一击

8月27日，法舰进犯琯头。"杜规特宁"号由一艘汽艇导引，单独驶向长门，从背后向炮台轰击一个小时之后，由另一艘法舰继续炮轰炮台。

在法舰的大炮打响之前，驻防在山上的清兵用步枪朝江面射击，据法军参战的军官记载“曾给法国人以相当的困扰”。这一天，法军死亡军官1名，士兵3名，另有几名受伤。

8月23日马江开战的同时，法国舰队停在琯头的两军舰就已向岸上发炮，并企图登岸，控制出海口，但受到福州将军穆图善督率的防军伏击，未能得逞。

长门炮台和与之相对的金牌炮台是法国舰队逃出闽江口必须经过的一道难关。也是最后的一道有清兵重兵把守的关口。

8月28日，法舰“特隆方”号和“杜规特宁”号天一亮就开始驶到金牌附近，与两岸的炮台交战。

孤拔严密布署了这次生死对抗战。

穆图善也在这里布下重兵，决心对法舰实行一次有效的打击。

一个多月前，穆图善与张佩纶、何如璋等几位要员分工时，就定下穆图善镇守长门、金牌这个咽喉要地。当时，朝廷严令不得对进口“游历”的法国兵舰动手，穆图善看在眼里，急在心里，他几次上奏朝廷，急切地支援张佩纶关于“塞河”或“先发”的主张，而且他的把握更大些。因为他就控制这些关隘。

现在，能转变形势的几着棋都走不通了，马江海战开始后，主战的前线指挥张佩纶钦差跑到彭田避难，福建巡抚张兆栋在家囤积粮食和黄金，不敢率兵出城增援前线。而闽浙总督何璟更是缩在福州城里，烧香拜佛抽大烟，对局势无能为力。

现在，尚能在前线指挥作战的只有穆图善了。老穆是满族人，平时战备尚能勤勉，所用部下都能尽力尽责。

穆图善部署完沿江防御后，自己退守连江城。

此时，真正与炮击闽江沿岸炮台的法舰奋力相对抗的都是穆图善手下的中下层官兵。

金牌炮台凯右营游击杨金宝就是其中一位智勇双全的指挥

官。杨金宝是湖南人，作战勇敢。一个月前法舰从长门经过时，杨金宝就告诉穆图善，必须尽快想办法改变定向炮台。他建议多给兵勇发些炮弹，布置在山麓高处，从各个角度伏击，尤其近距离射击，或许稍可弥补旧炮台只能单向攻击的不足。

8 月 28 日，杨金宝预先安排守炮台的诸兵勇，分别埋伏到有利向过往法舰射击的最佳点，等到法舰靠近步枪射程内，杨金宝一声令下，岸上士兵从树丛中射出密集的子弹，将法舰上的法军打死打伤多人。

法国舰队在闯过多重关卡后，以为已经摸透了中国岸防守军的实力，尤其是掌握了对定向炮台的有效攻击方法。从 8 月初利士比对基隆炮台的攻击以来，所有对付中国岸炮的办法只有一个，那就是从背后或侧面发射炮弹，局势马上就变得简单起来。

正因为法舰试图从侧背攻击金牌和长门炮台，舰只开得靠近沿岸的炮位背侧，使岸上步兵的轻武器得以近距离杀伤舰上敌军。

法国舰队中最大的巡洋舰“特隆方”号和“杜规特宁”号，就是这样遭到中国守军杨金宝指挥的兵勇袭击的。

法国兵舰急待调转头稍作撤离再发炮，杨金宝马上指挥炮手发炮，但炮台上的炮弹射程不远，杀伤力不强，法舰得以撤走。

经过短时间的对攻战，金牌炮台阵地已几乎被法舰上的炮弹轰毁。主炮台上原建的圆堡式建筑，由炮位、弹药库及营房等组成，周围有围墙。经过炮轰，三合土和花岗石结构的围墙被炮弹炸坍好几段，临江处的两个炮台和一个弹药库都被炸毁。

除了“特隆方”号和“杜规特宁”号集中火力攻击长门炮台外，另外两艘法国兵舰“沃尔他”号和“豺狼”号也赶来增援，加入炮轰炮台的战斗，一时阵地上弹如雨下，硝烟滚滚。被炮弹炸飞的土石和守军的肢体，四处散落。

金牌炮台的右炮台还未被损坏。此炮台是半地穴式，9平方米大小，深1.6米，墙边长3米。墙上架着4尊火炮。炮台高于围墙。

杨金宝见炮手大都伤亡，自己操纵起大炮。等法舰一阵排炮发射后，他沉住气，凭着平时目测距离的功夫，向法舰连发两炮。此炮发得精确，恰好落在法舰上，一时舰上乱成一团，受伤的舱体冒着浓烟，但法舰的轮机房与弹药库是分开的，损伤并不严重。否则，杨金宝这一颗炮弹至少能重创一艘巡洋舰。

孤拔万万没有想到在这里遭到如此顽强的抵抗。他命令舰队猛烈向一切可能藏匿中国守军的树丛开炮。法舰上发射的是杀伤力极大的开花弹和三百多斤重的实心炮弹，一时间炮声震天动地，被摧折的树木狼藉一片。又一座弹药库被击中，引发一连串的大爆炸，山头火焰四起，硝烟冲天，弹药库变成一片废墟。隔壁的营房也在炸弹爆炸中被震塌。

金牌激战，牵动了当地乡民的爱国爱乡激情，乡人纷纷冒死前往阵地慰问将士。在阵地上激战的士兵们已经饥渴难耐，死伤惨重，但有效的阻击使法舰仍难以逾越此关。

见法舰攻击如此凶猛，乡人劝金宝稍作休息。

杨金宝指着山顶冒烟的炮台和众多牺牲在阵地前的士兵，大声说：“现在是什么时候，还休息得了吗？我甘愿在此为国捐躯啊！”众人皆肃然起敬，纷纷加入阵地战斗，听从杨金宝调遣。

长门炮台的清军也进行顽强抵抗，法军在只有数百米宽的狭隘江面受到两面夹击，行动受阻。

双方稍作调整准备再战的间歇，统领凯字全军的清军副将张得胜重新进行了部署，补充了弹药和食物的士兵各就各位，在被炸塌的弹药库中搬出炮弹，送到炮位。

法军企图组织向长门炮台的登陆，破坏炮台，遭到张得胜军的有力阻击，终未得逞。

法军转向金牌炮台，驶近岸边，再次组织重炮轰击。杨金宝沉着指挥，躲过几阵炮击后，瞅准靠近的敌人，一阵排炮猛轰，击倒了一群争先登陆的法军。

但是，金牌炮台终因人少弹尽，被法军占领。

杨金宝发出最后一颗炮弹后，被飞来的弹片击中胸部，顿时昏死过去。

阵地上的乡民背起这位英勇的指挥官，沿着熟悉的山路迅速撤离了炮台。

只听得身后法军炸毁炮台的巨大爆炸声不绝于耳。这一次，对金牌炮台实施攻击的是法舰“特隆方”号、“杜规特宁”号以及与之密切配合的“豺狼”号。

午后，经过四小时的激战，金牌炮台多数被毁，炮台上已经听不到声音了。法军认为可以顺利占领金牌炮台了，于是派数十人登陆上岸。

刚到半山，不知从哪里又射来一阵枪弹，阵前法军被击毙十余人，其余的转身就跑，丢下伤亡的法兵，仓惶逃回舰上。

原来，杨金宝被救出炮台后，到半山腰苏醒过来，他坚持留下来战斗，让跟随的乡亲和士兵在半山设埋伏，对登陆的法军进行最后一次居高临下的打击。

但是，金牌炮台已经没有大炮可以向孤拔舰队开炮了。

孤拔指挥他的舰队一字排开，从正面轮番向长门炮台发炮。当“伏尔他”号上的一颗炮弹落在长门炮台爆炸时，一发炮弹恰好将炮台上一门大炮的炮管打了一个缺口，震动之下，将装在大炮内的炮弹引发打了出去，刚好落在孤拔的座舰之上。当时有传闻，以为这一弹将孤拔打死。

实际上，这一炮仅使孤拔受了轻伤。被击毙的是其他法军官兵。孤拔受挫后，更换了旗舰，继续猛轰长门炮台。

战后，朝廷将这门大炮封为“缺嘴将军”。

两天后，福州将军穆图善返回长门。听说杨金宝负伤击退敌进攻的壮举在士兵中广为传诵，他心生忌恨。因为战斗的紧要关头，穆图善自己跑到连江去，远离了战场。心虚的穆图善将杨金宝带到衙署，指责杨金宝临阵脱逃，丢了炮台，招致炮台被法军摧毁，要对杨金宝军法处置。

金牌地处琅崎岛，此间的乡绅深知真正的抵抗英雄是杨金宝。当他们知道穆图善竟然要对杨金宝军法从事时，愤愤不平。他们纷纷联名上书，详细叙述杨金宝保卫炮台可敬可叹的英雄行为，请求为其伸张正义，免其一死。

穆图善也知道此役中自己罪责难逃，抓住杨金宝，无非也是转移注意力。治杨金宝的罪，也为了说明他穆图善忠于职守。

穆图善官场沉浮几十年，心知肚明这场战争结局已经十分不妙了，该为自己的前途做打算。

首先，福建水师全军覆没。这一点，负责指挥水师的何璟、张佩纶、何如璋等要员是脱不了干系的。其次，造船厂被炸得面目全非，也是责任非同一般。第三，才是闽江沿岸炮台布防的得与失。按照穆图善的理解，不管怎么样，炮台上沿江的军民对法舰撤出河口进行了还击。尽管他不在现场，但可以认定这是贯彻了他的军事意图。

更为奇妙的是，长门炮台的那一门“缺嘴将军”大显神威，居然靠击来的炮弹做引发动力，击发出无人驾炮的上膛炮弹，飞到孤拔的旗舰上炸了个痛快。这个富有传奇色彩的细节大可夸张一番。穆图善想：如果将这个情节和对杨金宝进行处罚而后又放了的事一起上报朝廷，也许不但可以免罪，还能树立从严治军和英勇抗法的形象。

从 8 月 25 日到 29 日，法舰用 4 天时间破坏从马江到闽江口两岸炮台。各炮台守军虽也不乏逃跑现象，但多少还进行了反击，尤其是长门和金牌炮台。只可惜因炮不能转向，未能发挥更大作用。此后，法舰队驶出闽江口。

夕阳斜下，马江海战后的闽江又一次出现了往日的潮涨潮落时的壮美景色。几片大的云已经逐渐散去，被淹没在金光里。天边横着五颜六色的云带，红、青、黄、紫、蓝、黑，诸种颜色时而分离时而混合，很难分辨出各自的边际来。江面上的落日在一片血色的晚霞中挣扎。

海潮涌上来了，马江潮也涨了，像几千年的潮涨潮汐一样。对于几千年的古老帝国来说，闽江口的故事只是其中很小的一个段落。但是，第一支中国近代海军舰队在这里未出海扬威即被击沉，被斜阳里的潮水吞没了。这是怎样一种让人沮丧和痛心的象征。

潮漫夕阳的马江沿岸上，连日来马江海战中死难者的家属在剪纸招魂，沿江设祭，两岸数十里日夜哭泣声不绝。

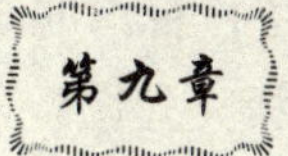

台湾存亡一线牵

26. 刘铭传基隆失守

马江的硝烟刚散去，台湾上空的战云又增厚了。

8 月初，利士比攻打基隆失败后，掉头驶回闽江，参加了对马江福建水师的围歼。由于马江一战，孤拔的策划获得成功，法军在基隆的失利被暂时淡忘了。

8 月下旬，法舰退出闽江，集结于马祖澳休整待命。

9 月 18 日，孤拔接到法国海军部“专力进攻基隆”的电令，并得到从越南战场调来的 3 个步兵大队和数十艘舰船的支援。

1884 年 9 月 29 日下午，孤拔命令“胆”号、“斗拉克”号，“尼夫”号、“鲁汀”号和“巴雅”号 5 艘军舰向基隆进发。

次日，孤拔又命“拉加利桑尼亚”号、“德斯丹”号和“特隆方”号向淡水（沪尾）出动，企图一举占据台湾北部的基隆、淡水两个城市。

“阿达朗德”号、“野猫”号和“沃尔他”号则留在马祖澳，以保障与芭蕉山电台的通讯联络。

9月30日晨，孤拔的旗舰“杜居土路因”号到达基隆港前，和“梭尼”号、“雷诺”号停泊在一起，连同上次留在台湾的3艘战舰，这一次攻打基隆共动用10艘兵舰。

9月30日和10月1日两天，孤拔率军舰10艘到达基隆港外，而利士比则率军舰4艘，泊于淡水海面。两路军共载登陆兵员2250人。法军计划以夺取基隆为主，攻击淡水为辅，得手后，两面夹击台北府城，进而占据整个台湾北部。

自从利士比8月初进攻基隆，轰毁炮台之后，驻守台湾的军事指挥最高长官刘铭传，对台湾北部的海岸防务重新进行了部署。

台北守军主帅刘铭传率陆勇约17营6000余人，分守基隆和淡水港口。其中基隆守军9营，由福建陆路提督曹志忠率6营守东岸，提督章高元率3营守西岸，武装民团数万人协守基隆。

刘铭传将部队布控在淡水大路的南方各山峰及西南方一带高地。

在蜿蜒的丘陵和峰峦之间，靠西侧有一高岭，名叫狮球岭。地势虽高，却无险可守，很容易攀登。因此，敌人要想从海上攻上陆地，必夺占此岭。狮球岭被孤拔选中作为首先占领的目标。

孤拔的想法是，先占领狮球岭，在那里设置炮位，用炮火轰击在其高度以下的台湾防御工事和据点，让大炮继续发挥在越南和马尾时那样的威力；然后再派陆战队沿岸边的山脊侧背绕行贴近港湾，这样可以从侧面向中国守军发动进攻，打乱中国岸防只能单向正面御敌的部署。另外，在海面的战舰可以随时用大炮向岸上炮台射击，支援登陆作战的法军。

作战计划已经定好。孤拔和各位军官商量了这次作战的人员安排和组织分工。

法军登陆部队由三个大队组成，即大队长伯尔率领的第一大队，郎治率领的第二大队和拉克罗率领的第三大队，其余兵员是来自越南西贡和海防的苦役，共约1000人。为了统筹指挥，任命伯多列威兰上校作为台湾远征军司令，主要负责陆上攻击指挥。

10月1日晨，基隆港湾里秋雾初起，海面上笼罩着薄薄的雾气，一切都显得平静如常，只是停泊在基隆港湾的战舰，让人感觉到令人恐慌的杀气。

1884年的10月，法国远东军海陆协同攻占台湾的战争，就这样悄悄展开了。10月1日这一天，法军在海上浓雾中开始组织陆战队登陆。

法军第一登陆大队600多人，在伯尔大队长的率领下，悄悄地向海岸靠近。

数分钟后，“巴雅”号的前主炮对狮球岭的丛林发出了第一炮。随后，整个法国舰队的大炮立即向同一方向开火。为了试探山里清军的火力部署，舰炮同时向可能驻守清军的各山峰射击。

法军选择登陆的地点是基隆仙洞海滨一带。

根据初步的火力侦察判断，法军在6时30分开始在口门外的西山登陆，运载士兵的各小艇并未受到阻击。接着，从各方来的运输舰也依次停泊海滩。

从艇上下来的法军登陆部队，开始向狮球岭攀登。法军的大炮集中炮击狮球岭周围各山峰以及隐藏有中国军队的另一个峡谷。

经过近3个小时的边侦察边袭击，在炮火的掩护下，法军占领狮球岭。伯尔命令随后到达岭上的重炮及轻武器一齐开火，居高临下向中国守军工事猛烈射击。

由于侧背受敌，中国守军无力反击，损失惨重。

刘铭传顶着正午的太阳，仔细观察法军炮火的方位。

晌午十分宁静。太阳火辣辣的，炮声响过之后，山上的鸟儿都不见了，只有不甘寂寞的秋蝉仍然不知疲倦地此起彼伏叫个不停。

在法军大炮的射击间歇，刘铭传走了几个炮位，了解到一些情况。这里有刘铭传从天津李鸿章那里带走的100余名亲兵及一批先进武器弹药。他看到士兵们因长时间坚守在阵地上，又缺少水喝，个个都熬红了双眼，有的士兵干涩的嘴唇早已裂开了小口子。午间山里的闷热，使部队战斗力大为降低。

此时，法军又开始进攻，多发炮弹在刘铭传身旁爆炸，炸倒了几棵大树。面对密集的枪弹，士兵开始恐慌，他们劝刘铭传赶快离开，免得无谓丢了性命。

刘铭传说："人是活的，我们可以观察并且选择避开炮弹攻击的地方，哪里会这么简单就让炮弹打中？"

众人顿时备受鼓舞，士气又恢复起来，再次击退法军的进攻。

占了狮球岭的法军在硝烟未退时，再次出击，从各山头纷纷向中国守军的据点包抄过来。

刘铭传命令曹志忠、章高元和苏得胜率将士坚决顶住法军的进攻。但由于兵力分散，中国守军无法抵抗在强大炮火掩护下作战的法军，只好退出山口。

正当法军与中国守军在狮球岭相持鏖战的关头，淡水方面担任前敌营务处差使的李彤恩两次来报紧急情况，说有5艘法国战舰开足马力来犯口门。

正在指挥陆战的刘铭传闻讯大惊。他深知淡水太重要了。那里是基隆的后路，淡水离府城仅10余里，粮饷都在府城，而且该地炮台久未修整，布防空虚，守兵少得可怜，法军万一正面进攻，一定守不住。

刘铭传认为，如果淡水丢失，则中国台湾北部的守军不战自溃，全局将顷刻瓦解，后果不堪设想。

刘铭传立即派曹志忠、章高元和苏得胜率领陆军紧急增援淡水，其余在狮球岭作战的各营边打边撤。

许多将领反对撤兵，章高元痛哭流涕，“扣马而谏”。刘铭传不为所动，坚持退出基隆，全力支援淡水。

十月秋老虎，中午依然闷热无比，加上缺水少食品，伯尔大队的战斗力也大大下降，兵员疲惫。法军指挥官遂决定由郎治和拉克罗两大队接防。由于刘铭传将一部分兵力撤出战场去支援淡水，法军的进攻并未遭到太多抵抗。

一夜无战事。10 月 2 日早晨，法军郎治和拉克罗两大队 600 人在狮球岭一带继续登高，向旁侧山峰制高点进逼，并未遭到伏击。不久，法军就占领了西边所有的据点，控制了淡水大路。

正午，法军军旗插到了各个碉堡之上。法军士兵在饱尝上一次基隆惨重败后，对如此轻易占领这些重要的防御工事深感不解。

南边的高地也很快被占领。

10 月 4 日早晨，由戈尔敦上尉率领的海军陆战队在海关大楼处上岸，至此，基隆全部被法军占领。中国军队撤至基隆城后面的高地上。

在撤出前，基隆煤矿机械早已撤运至后山，厂房和 15000 吨煤焚毁，但许多产煤区如八堵、深澳、土地公坑、暖暖、大小窟、四角亭等处仍为守军所控制。

法军进入基隆，本想占据基隆现成的机械采掘煤矿，为战舰提供充足的燃料，见到现成的煤已遭焚毁，采掘设备多已撤走，十分恼怒，在城里烧杀掳掠，无恶不作。而后，又在南北海面，借稽查之名，截劫民船和鱼米杂物，扣押过往行人。

基隆失守，朝野震动。

对于这个事关台湾守战前景及对刘铭传本人评估的问题，不妨稍作一些分析。

刘铭传弃基隆的功过得失，早在战争的当时就已争论不休。左宗棠、刘敖及一些在京官员，都认为刘铭传弃基隆是错误的，甚至有罪。刘铭传本人不服，多次上书说明他的撤兵决定是出于战略的需要，在当时情况下实属不得已而为之。

在马尾之战前五天，即8月18日，法国海军部长电告孤拔，准备再向他增援“一个半大队的海军士兵，全部兵员为1800名”。9月底，这支增援部队抵达马祖，马祖总共是三个步兵大队、一个炮兵中队、三个炮兵小队，人数达2250人。法军集中了比以前多得多的兵力，再度进犯台湾北部。

这次法军进犯，是分两路进行的。除进攻基隆一路之外，另一路由利士比率领，进攻沪尾（今淡水）。当时刘铭传在基隆前线督战。关于基隆的战况及后来撤军、援救沪尾的缘由，刘铭传是这样奏报的：

> 十二日（按：即农历八月十二日，公历9月30日），法复有八船突至，并前泊共十一船，兵势益盛。十三日（10月1日）黎明，敌兵千人自口外西山登岸。恪靖营营官毕长和等各带百余人接战，往复冲荡，血战两时，敌复自山巅抄击，章高元、陈永隆等退出山口，血战抵持，直至酉刻。敌更猛扑我军，复经陈永隆等击退，阵斩一酋。我勇伤亡逾百。……正当全力相持之际，突报沪尾敌船五艘，直犯口门。炮台新造，尚未完工，仅能安炮三尊，保护沉船塞

口。敌炮如雨，孙开华、刘朝祐饬张邦才等用炮还攻。炮台新壅泥沙，不能坚固，被炮击毁，阵亡炮勇十余人，张邦才负伤亦重。飞书告急基隆。臣以基隆万分危迫，沪尾又被急攻，基隆无兵可分。沪尾又当基隆后路，离府城只有三十里，仅恃一线之口，商船声息稍通。军装粮饷，尽在府城，沪口除沉船外，台脆兵单，万无足恃。倘根本一失，前军不战自溃，必至全局瓦解，莫可挽回。不得不先其所急，移师后路，藉保府城……

从这份奏折中，我们可以看出当时基隆的战斗是很激烈的，台湾军民为保卫祖国领土做出了重大的牺牲。

除此以外，我们还可以了解到刘铭传下令从基隆撤军的主要理由有两条：一是基隆、沪尾同时被攻，沪尾守军已难支持；二是沪尾离府城较近，交通方便，万一沪尾有失，则府城危急，全局瓦解。所以："不得不先其所急，移师后路。"毋庸质辩，刘铭传提出这些撤军理由是十分充分的。但问题是，刘的奏折并没有如实地反映当时的实际情况。事实上，刘铭传下令基隆撤军的时候，沪尾还没有开仗。

基隆战后，左宗棠、刘铭传关于基隆撤军的争论越闹越大。左以奏劾李彤恩为名，行攻讦刘铭传之实。刘也毫不示弱，全力辩解。1885 年，清政府派前往台湾增援的杨岳斌抵台后"秉公研究"，"务得确情，奏明严行惩办"。杨岳斌在他的《遵旨确查据实复陈折》上说："伏查原参李彤恩一案，光绪十年八月十三日，李彤恩以前敌营务处差使，驻防沪尾。是日，法人攻基隆甚急，另驶五船赴泊沪尾洋面，声言十四日开仗。李彤恩不审敌情，据此两次飞书告急。抚臣刘铭传，当函知提臣孙开华与李彤恩，请坚忍为一二日之守，此时，本无退基隆意。是夜戌刻，李彤恩飞书又至，遂致刘铭传拔队往援。李彤恩第知沪尾兵单，而不知孙开华诸将领之足恃。第知台北为重，而不知基隆一失，难以速收。未免贻误戎机。”当时杨岳斌正处于左、刘两大交恶的夹缝中间，他的奏陈，自然会避重就轻，尽量持平；但也不敢胡乱编造。从杨岳斌的奏折，我们起码可以得出这样三点认识：

基隆开仗在农历八月十三日，即公历 10 月 1 日；而沪尾开仗在八月十四日，即 10 月 2 日。

刘铭传决定基隆撤军在 10 月 1 日晚上，这时沪尾还没有发生战斗。

由此可以知道，刘铭传决定基隆撤军，并不是像他奏折中所说的是由于沪尾已经失守这样的客观现实，而是基于沪尾恐将不守的主观推断。

杨岳斌所奏的上述情况是否属实，我们再引用几条材料加以佐证。

法国参战军官罗亚尔（Loir）在他的《孤拔舰队》一书中这样记载：“当战事在基隆进行时，利士比提督于十月一日率领“拉加利桑尼亚”号、“凯旋”号及“德斯丹”号抵达淡水。……翌日晨六点三十五分，红堡（按：沪尾的新炮台）向留在碇泊处、当时按照工作表的规定正做洗刷舱面工作的法国舰队开炮。”罗亚尔当时是凯旋号的上尉，他亲自参加了沪尾之战。

当时在沪尾观战的英国人法来格（Farago）这样报告：“1884 年 10 月 1 日（即中国的八月十三日）早七点钟，本关（指淡水海关）见有法国大战舰 3 只驶来。……乃法国副水师提督利士比所管带……该水师提督升旗传信，称次日十点钟时要向本口炮台开炮。”这个英国人还在他的报告中详细描述了第二天炮战的全部过程。

当时驻守沪尾的湘系将领孙开华，在致彭楚汉的信中说：

"弟驻防沪口，日夜巡防。十四日（即公历10月2日），法人轰击终朝，究竟别无伎俩。"

类似材料还可以引出许多。上述资料足以说明：基隆开仗的时间是10月1日，沪尾是10月2日。杨岳斌所奏的情况是可信的，而刘铭传所奏并不可靠。

那么，为什么刘铭传要有意混淆事实，把基、沪说成同日开仗呢？最主要的原因是为把自己撤军的理由说得更充分些。如果不是沪尾已经不支就全军撤离基隆，这样轻弃国土之罪恐怕难以担当。问题是，既然刘铭传决定基隆撤军是由于他判断沪尾恐将不守，那么，他这个判断是否正确呢？

从当时法军的兵力分配来看，进攻基隆的是法军主力，而沪尾仅是次要的。上引的刘铭传奏折提到，在基隆的法国军舰有11艘，而在沪尾的仅5艘。如果再根据当时法国人提供的材料，那么我们就可以更加详细地了解到当时法军的整个兵力部署：在基隆方向，法军共有各种舰只10艘，它们是：战舰"巴雅"号、巡洋舰"雷诺堡"号、巡洋舰"杜居土路因"号、炮舰"鲁汀"号、炮舰"益士弼"号、运输舰"门拉克"号、"胆"号、"尼夫"号和"梭尼"号、情报舰"巴斯瓦尔"号。此外，还有刚从越南增援而来的步兵、炮兵二千多名，这支军队是当时侵华法军战斗力最强的一支军队。而在沪尾方向，法军各种舰只仅4艘，它们是战舰"拉加利桑尼亚"号、战舰"特隆方"号、巡洋舰"德斯丹"号、炮舰"蝮蛇"号。能供登陆作战用的海军陆战队最多仅二三百人。

从沪尾的中国守军来看，有孙开华擢胜军三营、张李成土勇一营、刘朝祐铭军一百多人。在淡水河南岸的观音山上，还有柳泰和一营。此外又有大陆新增援的三百人正在从新竹到沪尾的路上，并已接近前线。这些军队总加起来，起码有六营之多。按照淮、楚军建制，每营兵勇五百人计算，则足有三千人。如果再扣除伤亡、病疫等减员，至少也有二千人之众。这个数字是法军的八九倍乃至十倍。再加上沪尾海口已用大石填塞，而且布上了水雷，法国军舰要靠岸也不是那么容易的。

从后来的战斗结果看，也证明刘铭传的估计是错误的。刘铭传于10月1日晚上下令“仅于狮球山下留曹营告奋勇者三百人”，其余守军全部后撤。次日早晨，大军才抵达台北府城，但沪尾炮战已经打响。据观战的英国人报告：原来法军准备在10月2日上午10点钟开仗，不料那天的6点多钟中国军队就主动开炮了。炮弹击中了法舰“维伯”号，“船头桅打成两截，复于其船旁击一大洞”。这时，法舰正处于逆光地位，无法瞄准，炮弹乱飞一气。双方整整交战了一天，中方仅白堡（旧炮台）被毁，红堡稍损，其他安然无恙。这些事实说明，在没有基隆军队增援的情况下，沪尾守军可以抵御来犯之敌。

其实，后来刘铭传也知道了自己判断的失误。他原计划全部撤离基隆守军，并“立派曹志忠、章高元、苏得胜共率奋勇数百人，驰救沪尾”。但当他得知沪尾战报之后，就改变了调兵计划，仅派章高元率数百人驰援沪尾，另外命令曹志忠率所部六营又悉数返回基隆方向，设险驻扎。刘铭传调军的前后更改，正好说明他原来判断的失误。

不错，刘铭传决定基隆撤军是有他的策略考虑的，他感到在前后不能顾全的情况下，不计较一城一地之得失，移师后路，保证全局。这样的策略不能说是错误的，而应该说相当高明。但策略本身的正确与否并没有多大意义。问题的全部关键在于，这种策略必须同当时的客观实际结合起来考察。当时的客观实际是：后路并无多大险情，也不存在着失守的问题。因此，刘铭传即使有过这样正确的考虑，也不能说他当时的决定是对的。

刘铭传强行下令基隆撤军后，使得原来就存在的淮、湘矛盾由此而激化，台湾北部人民也难以理解。同时，由于基隆撤守，法军占据了港口沿岸的第一线山地，中国守军再度北进，也只能驻守在长达十余里的第二线山地上，这就给收复基隆造成很大困难，对刘铭传后来领导抗法斗争十分不利。

27. 淡水大捷

10 月 1 日，也就是在法军向基隆的海岸和狮球岭猛攻时，淡水这一边的法军也同时准备进攻。

清晨，利士比率领“拉加利桑尼亚”号、“特隆方”号和“德斯当”号抵达淡水，在原留这里的“蝮蛇”号旁抛锚，法军舰队排列在与海岸线平行的海面上，时刻准备向淡水发起攻击。

淡水守军原有 5 个营，战前从大陆增援的刘朝祐 2 个营和章高元部 2 个营由基隆赶来后，总兵力增至 9 个营。

沪尾炮台装有 170 毫米克虏伯炮 3 门，小型土炮 4 门。

在数个月的备战中，中国守军已将港口用沉船和大石沉堵，由于河口被满载石头的沉船所封锁，一只英国通讯舰“戈克歇非”号被堵在港内，无法行动。

为了对付可能从淡水登陆的法军战舰，刘铭传命令赶修了两座炮台。一座是尚未完工的红堡，大约是三合土的外观呈暗红色，故有此称；另一座颜色较浅，建在海滩上，称白堡。红堡建于高约 40 米的丘陵上，控制着海面，此炮台距法舰 3300 米。白堡建在沙滩上，共有 4 个炮眼，指向河口，专门控制港口，距法舰 2600 米。

又是一场战舰与岸炮的对话。

法国人在马江海战时的偷袭战术优势已经没有了。因为清政府已下诏对法宣战，命令中国军队对一切进口的法军战舰开炮。所以刘铭传没有不准先发制人的限制。清军已经加强岸炮的修筑，并派重兵守卫。法舰若停的太远，则无法集中火力摧毁岸炮；若停靠太近，则可能遭炮台攻击。

这里不是马尾，一天的对峙已使淡水的形势急转，所有的可能性都将在这里重新得到验证。

如果说马尾的海潮决定了战争的优劣转化，那么淡水对法军或中国军队各有哪些天时呢?

短时间的相持，被一个清晨的短暂海雾打破了。

雾里看花，终隔一层。这是说因雾的能见度影响对对象的观察与判断。

想当年，诸葛亮因一场大雾，上演了一场博得后世无数喝彩的“草船借箭”。

如今，淡水海面的秋之晨雾初起，防守的中国岸炮将士不再丧失时机，他们终于想到这是一个难得的出击时机。

10月2日早晨6时，不等法舰有喘气的机会，刘铭传命令炮台士兵对准海面上的法舰开火。

这一次，老天站在了中国岸防炮台一边。趁着海面薄雾，法军逆光瞄准困难，在短暂的宝贵时间里，刘铭传先敌发起炮击，打破了利士比原定10时发起攻击的战斗部署。

法舰不甘挨打，立即反击。但此时因雾气笼罩和逆光影响，造成舰炮瞄准目标全部偏高，以致法舰的炮弹大多打得过远，白白消耗。

红、白炮台抓住机会，准确地击中法舰。法巡洋舰“德斯丹”和“特隆方”号被击伤。

炮台上的炮手们见到法舰上冒起浓浓黑烟，一片欢呼。

7 时，太阳升起来了，借天时而获得小胜的中国守军开始感到难受了。

阳光迅速将海面上的薄雾驱散，海是蔚蓝的，蓝得使水天格外的明晰，仅仅半个多小时，天时又转到了法国人手中。

4 艘法舰很快纠正了瞄准的误差，对蔚蓝海面和青山之间的红、白炮台开始了反击。4 舰同时对这两个制造麻烦的美丽的圆形工事轰击。

白堡里的炮兵正在欢呼刚刚取得胜利，从“拉加利桑尼亚”号上射来一颗炮弹落在炮台左侧，一阵震天动地的大爆炸，将炮台轰开了一个大缺口。这是法舰上 24 厘米口径大炮发射的榴弹。接着，又有近 4 颗炮弹准确地落在白炮台上，岸上守军在被炸坏的工事里伤亡惨重，被炮弹炸死的士兵或仰或卧散开来，静静地躺在冒着硝烟的土坑里，受重伤者发出凄惨的呻吟。

见到众多士兵的伤亡，在前线指挥作战的提督孙开华调整了部署。他一方面命令守军第二梯队马上接防尚能作战的炮台工事，一方面命守军有计划地分散埋伏，以便在第一时间痛击登陆的法军。

炮台是法舰的天敌，只要岸上的炮台在，其射程范围内的海面都是海上舰只危险的坟地。

红堡的中国守军，继续发射岸炮，双方的交战越来越激烈。炮弹如密雨般飞向炮台，将高地上的红炮台周围炸得坑坑洼洼。摧折的岸树和灌木狼藉一片，新炸翻的红壤土散发出血腥味。

1 个小时后，清军炮台被摧毁，回击停止了。

法舰上的射击减至每 10 分钟发一炮。

在与岸炮的互攻中，法舰也受到重创。法军知中国守军有备，不敢贸然登陆，于是派船向孤拔求援。

5 日起，平静的海面突然露出狰狞的嘴脸，刚刚才见的一片无边无际的青翠蔚蓝，眨眼间换上一副模样。

起风了，海水像一锅烧开的水，猛烈地沸腾，张牙舞爪的浪头，铺天盖地而来。狂风驾着奔涌的浪头，鼓荡着，扑向岸崖。轰隆隆的涛声此起彼伏，满天巨响。

法军登陆计划因风浪太大，小艇无法靠岸而暂停两天。

8 日，指挥登陆的法军马丁上校关节酸痛，这是长期海上生活留下的风湿病又发作了。指挥官换为“雷诺堡”号舰长波林努，“特隆方”号的杜华尔上校任副官参谋，总指挥仍为利士比。

8 日清晨，呼啸的海又平静了，重新露出了温和的面目。利士比在获得 3 艘军舰和部分陆战队的支援后，开始组织新一轮的进攻。

6 时，各艘舰上的陆战队却已经整装待发。8 时 45 分，陆战队与携带各种器械的水雷兵同时上小艇出发。

由于港口被中国守军的水雷封锁。利士比认为解除它们的最好方法是军队登陆，夺取控爆站，将水雷一个一个炸掉，然后用“特隆方”号装载 500 公斤黑炸药水雷，将封锁河道的栅栏炸开，进而控制港口。

法军计划登陆的路线原本是这样安排的：在河口北岸的一个小湾登陆，攀登到清军设置红堡炮台的山坡上，然后自上而下选择线路逼近白炮台。这样可以避免走过两座炮台之间茂密的丛林，因为丛林里可能有清军的埋伏。

在登陆部队上岸前，孤拔命令所有战舰用榴弹向海岸和炮台及清军营地猛烈轰击，约在上午 9 时半，小艇抵达岸边。陆战队下船整队，并陆续开始移动。分 5 批登陆的法军陆战队约 600 名，一上岸就直扑沙滩上的白炮台。

求胜心切的法军不知有埋伏，被清军守将孙开华、章高元等率部包抄。

孤拔从旗舰上看得真切，他大叫一声“中了埋伏”。话音未落，丛林中早已传来阵阵枪声，又见一道道青烟升起，孤拔知道法军陆战队遭遇到清军守军的伏击。

几分钟后，数百名清军从红炮台后面的高地蜂拥而下，杀声震天，迅速收拢包围圈。

情急之下的孤拔急令法舰开炮，但已无法支援陷入重围的法军陆战队。

从北、东、南三个方面奋勇杀来的中国守军锐不可当。刚从船上下来的法军，还没来得及搞清方位，已被密集的枪炮声和喊杀声惊呆了。晕头转向的法军拼命用步枪射击，还不到一小时，弹药已耗去三分之二。

在短兵相接、血肉相搏中，法军伤亡累累。11 时半，3 批法军登陆分队不得不退出战斗。

参加防御战的地方武装张李成部，成功地分割了另一支法军陆战队。孙开华见敌兵逼近，命部将李定明、范惠意率领士兵分头拦击。章高元等率部从北路追击，孙开华率领亲兵奋勇追击，将法军阵脚打乱。此时，法军已被分割成散兵，唯有逃命而毫无抵抗之力了。

午时，登陆法军弹药告罄，全线崩溃。清军追击到海滨。眼见可以在海滩上消灭这些法国人，此时，法军炮舰上突然又射出阵阵排炮，追击在最前面的清军被轰倒几个。法军趁机抓紧撤退。一个法军舵手趁乱跑到港口灯塔的石山上，向孤拔的旗舰发出求救的手势信号：“我们被逼后退，损失严重。”

短兵相接，大炮是不长眼睛的。法舰开炮掩护法军撤退，混乱中自己将 1 艘运载登陆兵力的小艇击沉，致使 70 余人落水。

“拉加利桑尼亚”号陆战队队长方丹在带伤撤逃时被张李成用挠钩钩住，方丹正欲掏枪射击，张李成向内一扯，挠钩顺势将方丹提出水面，失去重心的方丹双脚离地，双手乱抓，挠钩十分锋利，张李成见扎住一个法军军官，哪有放手之理，只两个来回，就将方丹钩斩于水中。

“特隆方”号上的陆战队长德荷台也被击毙。

不久，所有的陆战队陆续败下阵来，纷纷觅路撤回舰上。

此时，涨潮了，海面上的风浪又大起来。小艇不能靠岸。要上艇必须涉过深达脖子的海水，受伤的士兵根本无法登上小艇。

“蝮蛇”号舰长自告奋勇，要求带着他的小战舰到小艇所在的港湾内去接应，他认为他的小战舰可以接近岸边，而且它有口径 14 厘米的榴弹炮，可以一边运载兵员，一边火力掩护。

经过 3 个多小时的战斗，付出代价的法军士兵如惊弓之鸟，连海浪拍岸的潮声都疑是中国守军的枪炮还击声，他们急于撤回数千米之外的海面，那里有强大炮火的炮舰，只有呆在上面才是安全的。此时，他们开始不再相信孤拔司令的神话了。他们感到这里的中国人不像在越南北圻和马江海战时的那么不用头脑打仗。他们在短短的 3 个小时里，所经受的惊恐与绝望要远远超过过去几个月的总和。

现在，他们为了登上前来救援的小艇而相互推搡和挤压，尽管“蝮蛇”号舰长声嘶力竭地叫嚷要保持秩序，全都无济于事。

孤拔今天算是碰上另一位中国好汉，这使他想起在越南与之交手的刘永福，孤拔今天才更具体地体会到中国正规军中其实也有优秀的将领。

强行登陆，扑向炮台的法军陆战队 600 多人，经过与刘铭传指挥的守军 3 个小时的激战后，出现了孤拔向中国东南沿海战略转移以来的最大伤亡。法军方面宣称伤亡人数是被打死 17 人，打伤49人，其余纷纷逃回海上。

由于接应的艇小而人多，在逃回海上的1个多小时里，因争相上船而掉在水中淹死的法军就有七八十人。

参加这次战役的法军罗亚尔上尉说："这次的失败使全舰队的人为之丧气"，"大家的谈话总不能脱开这个令人伤痛的话题。"

刘铭传的奏折这样说："我军阵亡哨官3员，死伤兵勇百余人，法军被斩首25级，枪杀300余人……俘获14名，枭首示众。"

刘铭传还上奏请奖有功将士："本次接仗实为非常之恶战，海关人皆啧啧。军士露宿防守，艰苦万状；孙开华所部出力尤多，所请奖励不无稍优之处。"

中国守军淡水大捷，使法军占领台湾北部作为"担保品"的计划化为泡影。从此以后，孤拔未再轻易攻打淡水，只是将其战舰停在河口前面以封锁港口，直到中法和约签订。

28. 台湾海峡封锁线

淡水大捷之后，占领基隆的法军陷于台湾军民的重重包围之中，为了改变颓势，保住对基隆的占领，孤拔宣布自1884年10月23日起对台湾海峡实行封锁。法军对北起苏澳，南至鹅銮鼻，包括台湾岛自东北经北部西海岸至南端共339海里的沿岸实施了海上封锁。其目的是想割断台湾与外部的联系，阻止内地对台湾的增援。但以法军的实力，并不可能对如此漫长的海岸线实行有效的封锁，而只能借用封锁之名，肆意炮击船只，劫掠船货，屠杀和掳走船民充当苦力。

法军声称，对台湾实施封锁后，“有权对中国采取一切战争措施而不必宣战……有权捕获那些悬挂中国旗的船舶”。法舰队先后出动40余艘舰船参加封锁，以台湾北部为重点，游弋于台湾周边及各港口，掠夺渔民、商船，阻止清军军械、物资、兵员上岸，监视中国南、北洋水师的行动。

左宗棠到福建任督办军务的钦差后，向朝廷呈报了法军封锁台湾挟掠商船的情形：“往来商、渔各船，屡被法军轰击，受害甚惨，民间视为畏途，不肯受雇。”他对“渡勇未到，援船不来”的严峻形势“殊深焦灼”。

以下是左宗棠据台湾各路的探报汇总，发往向北京的一组汇报，内容是1885年1~2月间，法军封锁台湾海峡，焚毁轰击船只的情形。从中可以具体地感受到“屡被法逆轰击，受害甚惨”的程度。

台湾道禀报法船游弋各口焚击各船情形

计开：

十一月初五日，有法船一只，停泊新竹油车港，并拖带商船一只。又见商船一只，已被法船开炮轰坏，搁在浅水之中。船上血迹淋漓并有青菜、酒缸等物。嗣据泅水逃回水手蔡连升供称：“该船名‘陈合发’，载运木板等物，自福建来台，在红毛港被法船轰毁，焚烧殆尽，人尽死亡，仅存船底而已。”

——新竹县禀报（新竹团练林绅士禀同）

十一月十五日，金合兴、晋江金捷美等商船四五号，暨北路驳货船，统计大小十余号，在后南沃地方遇法船，尽遭焚毁。

船中舵手、搭客无辜受戮，或遭剖腹，或遭割首等情。

——三郊团练董事禀

十一月十七日未刻，有法船一只，游弋红毛港上之泉水空港，适遇竹堑郊行商船一号，（船名‘金妆成’），由泉州载运米线、纸箔杂货，又有头北船一号，均被法人开炮，尾追莫及。又见随后有商船二号，已被法船赶上牵去。而法船又将龙皂渔船两只，内有捕鱼者共十六人，尽行掳去，而空船放还。

——新竹县禀报（绅士禀同）

十一月二十一夜，法人在旗后焚灭民船一只。

十一月二十二日下午，法人又在旗后轰坏民船五只。内本地商船三只，泉州南沃船二只，所载皆木料、京果等货。

——以上凤山县禀（旗后炮台管带禀同）

十一月二十三日早晨，有大号民船一只，船上无人，随风漂至东港对面之琉球岛，闻船户已被法人掳害。

——凤山县禀（东汛弁禀、东港埠馆委员禀同）

十一月二十三日未刻，东港崎仔头庄洋面，有漂流坏船一只，往视船上并无舵手，只有桅杆，水已满舱，捞拾熟烟、药料、洋布等货。

——水营勇报

十一月二十四日早，有安平渔筏二三十只，出海捕鱼，法船连放大炮未中。四草湖外，驶来民船一只，法船开炮六响未中。

十一月二十五日早晨，法船一只薄南势湖，截牵居民柴船二只，舵手被掳上船，唯水手一名落水，附板登岸，该柴船尽行开炮打沉。

——凤山县禀（水勇营南路禀、屯兵营禀、枋寮司巡检禀均同）

十一月二十五日未刻，法船在安平炮沉北路货船五只，人船俱没。

——水勇营禀

十一月二十五日未刻，法船停泊龟山洋面，连放二十余炮，轰击入港民船二只，系恒春城吉泉号炭船。其舵手人等先已逃避。

——恒春营游击禀

十一月二十六日早，法船驶至上古梅溪，见岸边泊有商船，即驾舢板放炮烧坏，船中舵手均各泅逃。

十一月二十六日天明，法船到上古溪，该处有民船一只，法船连发三炮不中，后放火烧船，其舵水早已泅水逃去。

十一月二十六日，有南沃船（牌名‘金顺太’），由南沃装货来台，驶至东港中坛庄，被法船炮击，风篷遭焚。各船水人立驾舢板将轻货载逃上岸，船中尚有水火油、桐油等件，连船被焚。

十一月二十六日巳刻，法船驶至中芝庄，见南沃民船一只，即放大炮将船烧坏，展轮往旗后而去。

——以上凤山县禀（南路练参将禀同）

十一月二十七日辰刻，法船到旗后口，系有民船一只，泊大沙湾海面，放火烧沉安平民船二只，旗后民船一只。

十一月二十八日巳刻，旗后西北洋面有帆船一只，烟雾冲腾，该船系被法船焚烧。

——以上均水勇营报

十一月二十九日午刻，有黑色二支半桅法船一只，在小琉球洋面，复驶至枋寮，使小轮船一号、舢板一条，用水雷烧坏在岸边各民船，其时舵手皆逃。

十一月三十日，法船赴国赛港轰击民船。

——电报局报

十二月初一日，内地有商民船八号来平安，被法船掳去七号，逃走一号。其七号船系在法船舵后，存亡未知。

——电报局报

又台湾道禀，续据各处报法船轰击民船情形

计开：

十一月二十五日，有嘉义县新港庄驳船户曾挨、纪花狮、曾扁头等驳船，载运花生往郡，至国赛港外，被法船焚毁，人船俱没。

——中路水勇营禀

十一月二十六日，有李九珠、林赏、林闯等驳船三，载运杂物往郡，至四草湖外，被法寇将人船并牵，由西南而去，存亡莫知。

——中路水勇营报

十一月二十九日，有黑底黄烟筒三桅法船一只，驶过嘉禄堂海边。有安平柴船三只，泊在该处，被炮击坏。又一只柴船泊于北势寮，亦被法人乘坐小烟轮驶近，用火药焚毁。

——恒春县禀

十二月初二日，有内地商船金顺和、金源来、金再吉、蔡助舵等七船，在四草湖洋面，被法船开炮轰击，人船俱没。

——三郊团练

十二月初三日未刻，法船在赤嵌壕仔寮洋面，截牵篷船一只，施炮攻坏。

——水勇营报

十二月初四日，有北船一号，在四草湖洋面，被法船开炮击轰，人船俱没。

——三郊团练禀

十二月初四日午刻，法轮在沙湾外开炮轰坏民船一号，船上水手、货客，有炮伤者，有落水者，均经毙命。

——飞虎前营禀

十二月初五日辰刻，法船放火焚烧商船一只。

——水勇营禀

十二月初四日，小琉球西北一两处洋面，有商船二号，约要装货二三千担，船内无人，随风漂流，显系被法寇掳害。

——凤山县禀

十二月初五日，据曾林氏禀称，氏夫新港庄锅户曾煨同子曾文，并锅户王加载，坐自置之船，采买花杉，驶至安平，惨被法寇将船击破杀害，花杉飘于海中，身尸不知去向。

——千总郑超英禀

闻在洋被害商船甚多，无人具报，候查明汇开。

十二月初七日，有法船一号，在距城八九里之拔仔港外游弋，适逢两只商船进口，内一只名柯永顺，由头北装货来台，被法开炮，货客林三娘受伤，尚有一只，躲避不及，系被牵去，船名及人数无从查悉。

——新竹县禀

又泉州转运局禀法船焚害民船情形。

计开：

惠安小庶地方，陈细粪之船，于十一月初间，由省出口，至十一月十二日，驶至竹堑口外，遇法人兵船，被放火箭，射中大帆。该船急冲沙汕，船工水手登岸脱逃。后开大炮，该船被焚。

惠安獭密澳地方张草圭船，于十一月初四日，在獭密扬帆驶至观音澳，于十二日放洋，至十三日驶至竹堑地面，适遇法船，被其牵去沪尾口外，舵工水手等人均被兜留，挑运沙泥。船货放弃，漂流沪尾之南嵌地方，货物被在地百姓搬空。

同澳地方曾雅舵之船，同日扬帆，驶至竹堑口外，均被牵去。舵工水手，亦被兜留。其船放弃，不知漂泊何处。

晋江古浮澳地方金成利、金进发、金顺兴三船，在澳扬帆，于十一月二十一日早，驶至香山之凤鼻脚，忽遇法轮，均被牵去。其舵工水手，均禁在轮船上。将金顺兴船拖入基隆。成利船被炮击沉大额尾。金进发船击沉八尺门之三湾鼻。至二十四日，法人将所拿去三船等人，押在狮球岭顶，令其挑运沙石，惨不可言。至二十五日，所有拿去诸人，皆暗约申刻逃走，即于山岗上坠下，不顾生死，拼命奔走。嗣后法人知觉，追赶前来，被洋铳击毙金进发、金成利二船水手蔡扶、冻走二名，尚有数名不知名字，其逃至六堵官军得以安全者计有六十二名。

（以上史料见《中法越南交涉档》，2436 页 1326 条、2709 ~2716 页 1508 条）

台湾的存亡，引起朝野的关注。

针对法军的封锁，清廷于 10 月 29 日传旨："台湾军火缺乏，着李鸿章、曾国荃、杨昌浚、张之洞、倪文蔚设法接济。"此后，各地物资、饷银源源运往台湾。

广东给台湾运送前、后膛枪支各 3000 支，士乃得枪 500 支，现银 20 多万两；华北数省运去毛瑟枪 5000 支，克虏伯炮 16 门，现银 20 多万两。上海也援助大量军械，道员龚照瑗雇轮载淮勇 500 名由台湾恒春登陆；并雇民船运去黎意枪 1000 支。张之洞雇轮抵澎湖，运去饷银 3 万两，以及火药等。

正在福州前线布置战事的左宗棠，在没有轮船运输和海军护送的困难情况下，派遣道员王诗正率"恪靖亲军"3 营，从泉州蚶江一带乘坐渔船，扮成渔夫，在黑夜中渡海赴台。他又派行营总理营务处道员陈鸣志赴台筹划收复基隆之策。

记名提督聂士成主动请缨，亲率850余名淮军从山海关登船启程，直奔台湾。

台湾各地人民5000余人也拿起武器，投军参战，捐款数十万两支援前线。

但是，这种分散的运送，缓不济急，不能从根本上解决法军封锁给台湾带来的困难。一些大臣建议，只有采取武装护航，实施“以舰制舰”，才能打破封锁。

1884年11月1日，清廷批准左宗棠的建议，传旨：“南洋派兵轮5艘，北洋派兵轮4艘，在上海会齐，杨岳斌统带8营，由汉口搭轮船赴闽，先至厦门，探明法船情形，绕至鹿港等处登岸，相机援剿。”年底，北洋李鸿章派“超勇”号、“扬威”号两舰，由德国人式百龄率领，从旅顺来上海，但不久两舰又改驶朝鲜。

南洋曾国荃派“开济”、“南琛”、“南瑞”、“驭远”、“澄庆”5舰，由提督总兵吴安康统领，于1885年1月18日从上海南下。孤拔得到这一情报，亲率7舰拦击。2月12日，双方舰队在浙江石浦檀头山附近海域相遇。吴安康惧敌怯战，不敢交锋，远望敌舰，即率队逃跑。“驭远’号、“澄庆”号两舰因航速较慢，被迫驶入石浦港隐蔽。法舰封锁石浦港，14日夜间，法用鱼雷艇将“驭远”号击伤后，为保舰“驭远”、“澄庆”两舰自沉于港中。

2月15日，法驻华大使巴德诺宣布，自是日起视白米为违禁物，并派遣舰只稽查中国海面来往各船。随即，法军加强了封锁和破袭行动。仅3月底4月初，法军在釜山洋面连日焚毁中国商船10余只，并焚毙商民4人。4月11日，“平安”号轮船在台湾琅峤洋面为法舰截获，所载杨岳斌部勇700余人被俘。

法舰封锁台湾期间，又得到两个陆战大队和一个野炮中队共约1000余人的增援。从1884年11月13日开始，不时攻击基隆郊外的暖暖、四脚峰等地，企图将守军逐出基隆河上游的山岳地带。次年1月10日，法军以4个中队的兵力大举向鸟嘴峰进犯，遭守军奋勇阻击，自晨至晚，法军付出百余人的伤亡代价后退走。半夜，复来战地抢尸，又被守军击毙数人，斩首7级。

法军遭重创后，不敢正面攻击，改从侧翼突破。1月25日派兵1900名直攻圆窗岭，另以船载400名士兵在八斗仔登陆，抄袭深澳坑。八斗仔土勇寡不敌众，法军直趋月眉山，守军死拒不退。法军又增兵千余，左右夹击，一度夺占月眉山，旋被守军夺回，但法军仍伏踞山下不退。激烈的战斗至2月4日，守军阵亡数百人，法军伤亡300余人，双方疲惫，停战休整。

3月4日，基隆雨季刚过，法军即派精锐部队1380人猛扑月眉山，5日清晨又出动2000人直攻戏台山。守军腹背受敌，抵挡不住，月眉山失守。守军重新集合，力图夺回月眉山，法军分兵为二，抄袭守军后路，守军退至南岸，扼河固守，恰好河水暴涨，法军无法渡河，淮军聂士成部及时赶到，使守军兵力增至万人左右，法军只剩下3000人，无力继续进攻，战事陷于胶着状态。

这一次战争，法军死伤400余人，中国守军损失1千余人，是台湾抗法战争以来最后一次，也是最激烈的一次战斗。

法军屡战受挫，士气低落。为摆脱进退维谷的困境，孤拔于3月29日率战舰9艘，陆战队、炮兵队各1支，进攻守备薄弱的澎湖，作为准备撤出基隆的补偿。7时许，法舰开始炮击马公岛等处港口炮台，守军发炮回击，击伤法舰一艘。30日，法军一部在鸡姆澳登陆，遇到中营副将陈得胜率部奋勇抗击，至天黑撤退。4月1日，法军集中战舰6艘，合击马公岛，清军3000

人节节抗击，陈得胜力战而死。水师协副将周善初怯战退却，乘船逃走，失去指挥的兵弁溃散，澎湖失陷。

4月1日，敌军攻占马公城，其他各岛弹尽援绝，陆续被占，许多守军不肯投降，纷纷投水自尽。澎湖失守与西南战场的镇南关大捷、谅山收复同时发生，澎湖成为在胜利形势下落入法国手中的又一个“担保品”，在一定程度上抵消了谅山大捷的价值。到了两个月后中法停战时，基隆和马公这两个港口都成为法国公使与李鸿章签订《中法天津新约》中的交换筹码。

法舰的封锁引起了英国的强烈不满，加上两国在非洲殖民地争夺日益激烈，英国即以中法正式进入战争状态，英国是中立国为理由，禁止法舰在香港添煤、修理或停泊。香港的中国商人拒绝卖给法人食物，码头工人拒绝搬运法国货物，船坞工人拒绝修理法国战舰，并计划将法舰焚毁。焚舰计划虽在香港英国当局的阻挠和破坏下没有成功，法舰却不敢再在香港停留，只好拖去日本修理。

同时，英国与美国联合，宣布不允许法舰搜查运米前往华北的英美商船，声言将用武力护航。

在中外舆论的压力下，法国政府不得不于4月15日宣布，法国舰队撤除对台湾的封锁。

29. 镇海：严阵以待

法军占领基隆后，孤拔不满足于对台湾海峡的单一封锁。1885年2月26日起，法军又宣布米谷禁运，派舰在长江口、甬江口巡视，检查来往船只，不许米谷从长江运往北京。由于大运河淤塞，每年春季大量漕粮要从海道运往北方。孤拔认为，对米谷的禁运，也是一种对北方的威胁，因为大量的米谷正是北京的民食军需所不可少的，禁运可以对清政府施加有效的压力。

为实施这一计划，孤拔又把军舰驶向镇海。孤拔对镇海的进攻，是其实现北上计划的又个步骤。不过这一次的镇海之役，结局恰好与马江相反，长达三个多月的镇海保卫战，是中国近代海战史上中国唯一取得全面胜利的战役。

且说孤拔击伤“驭远”，并逼使“驭远”、“澄庆”两舰自沉后，凯旋回到马祖澳基地。不久孤拔又得到情报说，“开济”、“南瑞”、“南琛”3舰躲在镇海港内，便立即率领舰队（由“尼埃利”、“斗拉克”、“巴雅”、“特隆方”号4舰组成），由美国人根宁汗引水，来到镇海口外。因见中国守军防备严密，无从下手。

经历了多次失败的羞辱之后，镇守镇海的中国官员和武将痛定思痛，为抗击法寇的入侵作了周密的准备。尽管在火力、装备上仍处于劣势，但采用纵深配置、层层设防的防御布局，弥补了不足。此外广布疑兵，设置假炮台工事，并对炮台采用各种加固措施，使法舰的重炮威力大打折扣。凡是法军可能登陆的岸边，筑墙钉桩，沉船堵口，并布设水雷、地雷，拆除灯塔航标，令法军从海上和陆上进攻都十分困难。针对过去每战情报、命令送达迟缓的弊病，战前添设电报线路，军机不再延误。指挥官还巧妙利用英法等列强之间的矛盾，“以夷制夷”，牵制法军行动。同时，将外国引水员拘押或重金聘下，不让法军利用。而对那些替法军刺探军情、暗为内应的教士、商人，迁置内地集中监视，以防他们为法军通风报信和动摇当地军心民心。

除了采取杜绝外国人为法军利用的措施之外，此战指挥官会同地方官大力组织民团，分段联防，与官军相互呼应、支持。战前和战争期间，动员地方士绅百姓捐助，各方筹措军费，基本上靠自力更生满足了添置军火、构筑防御工事和筹集饷银的需求，这在中国近代抗击外来入侵的战争中也是极为罕见的。最后，将士同心，摒除门户之见，为官者身先士卒，为兵者勇猛杀敌，士气高昂，这一切，保证了镇海之役的胜利。

马江战役之时，清政府对于是战是和举棋未定，使前线难下决心，误了战机。而镇海之战，清政府已对法宣战，因此，能从组织上，思想上的物力上为即将打响的战役做好准备。这样完备的战前筹防和高昂的斗志，当时即获得各界好评，认为是“数十年洋人入华以来所仅见”。因此，镇海战役的胜利是可以预见的。

30. 镇海之役：可以预见的胜利

1885 年 2 月 28 日，孤拔率领的“尼埃利”号、“斗拉克”号、“巴雅”号和“特隆方”号 4 舰一字排开，停泊于镇海口外的七里屿洋面，伺机发动进攻。

浙江提督欧阳利见闻警后，一面加派哨探，侦察敌人之动向；一面飞饬北岸提督杨歧珍、水师统领吴安康、营务处杜冠英、记名总兵钱玉兴加强戒备，严阵以待。

欧阳利见亲自坐镇金鸡山，负责全面指挥，并督各暗炮台迎敌。此外，规定泊于口门堵口用的“宝顺”轮，非万不得已时不沉，4 艘装满石块的商船万一开仗即沉江内，口门禁止渔、商各船出入。

面对如此坚固的防御体系，孤拔只能打游击战。2 月 28 日，法舰游弋蛟门外不做进攻。清军开始沉船堵口，“南琛”等泊在木柱边助守。

3月1日（正月十五日）上午九时，法以一小军舰驶向游山口，试探虚实，被招宝山炮台击退。

下午2时，“尼埃利”号和“巴雅”号先来，其他3舰后继，攻打招宝山炮台。炮眼周茂训开炮迎击，一弹即中“尼埃利”号的船头，后又打断其头桅，还击伤其船尾。“开济”、“南瑞”、“南琛”3舰助战，有两炮击中法舰。

法舰用排炮还击，炮台受数十弹，均陷入防护墙的三合土内，没有起到太大的杀伤效果，周茂训中敌弹，右胫折断。山后明炮台炮兵两名、勇丁一名亦被炮弹击毙。战斗从2时至5时，双方各开数百炮。法舰见占不到便宜，相继退出，泊于金塘外洋面。欧阳利见认为法舰离钳口门太近，该处又是道光年间英人拢境登岸之所，法军很可能乘夜偷袭，于是加派差官3名，持令率同巡逻。薛福成亦急电镇海前线：“今昔元宵，宜严备。”是夜八时，果有法小船2只将拢岸，被差官率后营士兵击退。

3月2日晨，被击伤的法国铁甲舰向外洋驶去，另3舰仍泊原处。欧阳利见认为这可能是敌人的诡计，命令我军水陆仍严备不懈，特别是要“夜防鱼雷暗来”。他同吴杰商量后，决定派舢板6只、洋枪60杆、格林炮6尊，在拦江木柱外彻夜守口戒备。当晚8时，敌用2艘鱼雷艇对我进行偷袭，企图炸毁我军舰，被我炮台、军轮开炮击退。

3月3日黎明，法增兵2艘。薛福成、宗源瀚即电告杜冠英：“日内必有大战，宜严备。”10时，法舰“斗拉克”号复攻招宝山。“杨歧珍、杜冠英督率吴杰开炮。敌船甫近，即被我弹中其烟筒，再中船桅，横木下坠，压伤兵头及护从多人。南洋兵船，复从旁击中二炮，法船创甚，收旗转轮，仅获出险遁去。”

“巴雅”号被打中烟筒后，横桅打伤了孤拔，水兵只好将他抬入舱内急救。

法舰再败之后，不敢接近招宝山口门，只以一舰游弋，倚山为障，仿佛没有动作。欧阳利见“知有诡计”，3日黄昏时，密派健左旗副将费金组带兵勇百名，持枪伏馒头山脚，暗防敌来偷袭。夜10时，“果有法小船两只潜移而至，经排枪轰击，炮台、轮船相机击退”。

3月4日，欧阳利见令水师统领吴安康速购3500磅大铁锚3只，分系于“开济”、“南琛”、“南瑞”3舰之尾，“俾船首不致随潮内向，蹈马江覆辙”。从而保证了我船首大炮能始终对准敌舰。

3月5日夜，风雨大作，法人趁机用舢板两只，载兵多人，准备从馒头山脚登岸，潜袭我港口炮台。他们采用“声东击西”战术，先在南岸蚶岭派奸细“故事惊张，翼分我兵，为便蹈瑕登岸”。埋伏于该处的中国军官没有中计，只派十余人持枪往视；而健左旗费金组的大队人马仍伺伏以待。待敌船靠近岸时，费金组一声令下，顿时排枪大作，立即将法船击沉，船上法兵亦全部被歼。

3月6日黎明，法军又派小船闯至虎蹲山，被我炮台再次击退。

此后数日，法舰队退泊金塘洋面，或散或合，来去无定。由于连日来前线将士不断粉碎敌人的进攻和偷袭，人人欢欣鼓舞，三军踊跃杀敌。浙抚刘秉璋特拨款二千元，奖赏有功将士；薛福成等亦到南北岸炮台、兵轮、陆营等处进行视察、慰问。他们不断激励将士：严备勿懈，“彼若拢近扑犯，誓必聚而歼”。

当时的文武官员，有湘系、淮系之分，军队中有水、陆、炮诸兵种之别，人事复杂，意见也难于统一。战前除了刘秉璋

（淮系）和欧阳利见（湘系）在决策上有分歧外，部下将领也“积不相能”，“不无龃龉”；分防南北两岸的参将郑鸿章与炮台守备吴杰“屡因细故互生猜嫌，几欲列队开枪决斗”。

针对内部的不团结现象，薛福成上书刘秉璋，指出：“强敌在门，将领不和最为大忌。”他一边令宗源瀚驰往和解，一边再三面告杜冠英去劝勉吴杰“切勿恃功逞愤，致失事上之礼，务于提台体制无亏，以期力顾大局”。他知道吴与郑分属刘和欧阳，他们的矛盾实质上是文武大员之间的矛盾，因而建议刘再密谕杜冠英，勉励吴杰“以大义”；而对吴郑的矛盾则“不便过于揭明，盖翼痕迹渐融，则日后尚可共事也”。但他对吴杰“临财廉，御敌勇，操练勤，实为难得之才”表示欣赏，同时也指出了“任气犯上，罔知礼让”是其所短。希望刘秉璋“用其所长，戒其所短，于裁抑之中，寓曲成之意，则造就将才必可收效于将来”。对于两次击退法舰的有功人员，由于奖赏了炮台、兵轮，所以“各营望赏之心甚切”。薛福成认为“彼之所争在颜面，而不在数目之多寡。且两旬以来，放哨巡逻，昼夜劳苦。此次浙防挫敌，为今年来之创举，而设防又必合众力而成”。为此，他上书刘秉璋，建议分奖陆军各营，“同沾宪惠”。这实际上起到了缓和淮系与湘系，陆军与水师、炮台间矛盾的作用。

薛福成站在民族利益高于一切的角度，以全局为重，在“联上下，化异同”，“调护诸将”，鼓舞三军同心同德对敌进行斗争方面，做了大量的工作，起了决定性的关键作用，由于他的努力，使战前和战争中，浙省前线将士的矛盾没有扩大，基本上做到了“文武一心，上下辑睦，奋其智能，各事其事”，达到了团结一致，共同御敌的目的。

3 月 10 日，法增援舰只到达。13、14 日，接连炮轰小港及蛸子岭炮台。由于小港炮台的精良新炮根据欧阳利见的命令早已迁往乌龙冈，仅存空台，所以“二十七日（13 日）法舰放十余炮，嵌入麻土袋及坏一乱石墙。二十八日（14 日）又放九炮，无一击中。我军静守不动，均未伤人”。薛福成根据过去马江、基隆、石浦、镇口法人皆以朔望前后二三日，乘潮汛来攻的教训，提醒前线将上，近日必有恶战，应当严防。13、14 日，法舰果然来攻，欧阳“率诸军从容抵御，人无惧色”。敌人没有捞着便宜，只好退去。此间，法人企图架炮桅顶，以便从高处击下。由于大炮过重，绳索突断，法军被压死压伤者三十余人。

镇海守军没有再蹈马江的覆辙，他们钉桩沉船，密布水、陆地雷，又拆除灯塔、航标，使敌不能进口。镇海守军吸取了马江的教训，对炮台进行伪装隐蔽，将精炮移于暗台，再以棕荐、沙袋层层垒护，使弹落而不开花，损失十分轻微。

3 月 19 日（正月初三），薛福成到镇海劳军，见法一大舰抛泊，倚游山为屏障，便统领钱玉兴议定乘夜袭击。20 日晚，钱命副将王立堂率领敢死队，潜运后膛车炮 8 尊，伏南岸青峙岭下，三更后对法突击，5 炮中船，伤法多人。法船开炮还击，弹落水田，我军无损。这是镇海守军首次主动袭击法舰，并取得了一定的胜利。

法舰连日失败以来，没有离去，经常来骚扰。清军日夜防守，欧阳利见在金鸡山督阵，与士兵同甘苦，炮弹数次擦顶掠衣而过，毫不畏惧。由于镇海防守严密，法舰始终没有得逞，但也不离去，打打停停，直到和谈完毕。

从 3 月 1 日到 20 日，法舰在我镇海军民的铜墙铁壁面前，屡次进攻、偷袭都遭到失败，弄得无计可施，一筹莫展，最后只好悻悻退到金塘洋面，在口外进行封锁。3 月 19 日 10 时，法远东舰队司令孤拔乘座舰“巴夏尔”号驶往澎湖。舰队司令由利士比接任。此后法舰无甚作为，“每日或放炮数响，或升竖红旗而不战”，“盖内怯而藉以张声势”。而我军民一直严备不懈，使得“敌与我相持四五十日，欲蹈瑕伺间以图一逞，卒不可得”。

大敌当前，镇海军民万众一心，众志成城，就连僧人也加入了斗争的行列。3 月 28 日，法人带领奸细 6 名，乘坐小艇从大溪头登岸，刺探我军情，途经育王寺时，被僧人发现，当即擒住法人一名，其余狼狈逃窜。

法舰侵犯镇海未能得逞，清政府于 1885 年 3 月 20 日下达上谕予以褒扬，全文如下：

> 正月十五日至十九日（3 月 1 日至 5 日）敌舰屡扑浙江镇海口岸，经浙江提督欧阳利见督率水陆营勇及轮船管带各员，合力轰击，将敌舰迭次击坏败退，尚属英勇可嘉。此次尤为出力之同知杜冠英、副将费金组、守备吴杰、受伤之军功周茂训，均着存记，汇案请奖。钦此。

4 月 15 日中法议和。6 月 29 日，法舰驶离镇海。历经三个月之久的镇海保卫战胜利结束。

镇海保卫战以击沉法军木板船两艘，击伤法军舰数艘和毙伤数十名法国官兵而告终。孤拔想消灭南洋 3 舰，破坏炮台，占领镇海的计划遭到了失败。在三个多月中，法军始终未能取得主动，反而陷入进退维谷、旷日持久、折舰损兵的困境。而中国军民却在此役中一雪国耻，取得了全面的胜利。它与淡水之战、镇南关大捷、临洮大捷等战役组成了中法战争后期一曲气势磅礴的交响乐，同时也为法国茹费理政府敲响了丧钟，是中国近代史上少有的抗击外国侵略获得胜利的几例战役之一。

宣光包围战

31. 左旭两岸“道染血色”

清政府宣告对法开战后，出现了在海战场上变消极防御为积极防御，在陆战场上转防守为进攻的局面。

在具体部署上，下令云贵总督岑毓英、广西巡抚潘鼎新，立即督率所部，星夜驰进，速赴戎机，进抵北圻。调遣山西巡抚张之洞为两广总督，赶紧筹办粮草、军火、饷银等接济滇桂军和黑旗军。命令吏部主事唐景嵩迅速招募粤勇出关，联络黑旗军合力抗法，同时授予刘永福以记名提督头衔，会同唐景嵩迅图收复北圻。又遣原湖南提督鲍超招募楚蜀丁勇21营后备军驰赴云南，随时增援东西两线，等等。

西线清军统帅岑毓英亲率大军从河口到保胜。当时黑旗军主力驻在兴化文盘州，岑毓英即去会见刘永福，传达清政府的宣战谕旨及对刘之任命和嘉奖，并转交接济黑旗军的一批军械弹药，同时商定黑旗军与滇军等会同收复北圻重镇宣光的计划。

刘永福接到清政府的谕旨后，慷慨激昂，发表誓师檄文称：

> 贼与我势不两立，我与贼义不俱存，今与尔有众，共引大讨，各奋神威，转战无前，有进勿退……必使东京之余孽，扫荡无遗，西贡之腥闻，湔除净尽。上以副天朝倚畀之隆，中以报国王休养之德，下以舒越人怨毒之心，成败利钝，所不遑计。

1884 年 9 月，黑旗军开始在左旭一带备战。

唐景嵩在广东招募粤勇 4 营，号称“景军”。当接到岑毓英命令时，于同年 10 月底到达距离宣光 15 公里，通往河内的宣光唯一水道——三江口，与黑旗军的黄守忠和吴凤典部队会师。

张之洞在广州筹办的武器弹药和粮食用品等，须溯西江到南宁，再经左江到龙州，然后出水口关进入越境，沿着高平山路，运抵西线。当时运输条件甚差，沿途须靠大批的纤夫拉船，驶过逆流险滩，还须有更大批的挑夫抬挑重担，翻过狭隘山路，经历长时间的长途跋涉，才能送到前线。

滇军从 9 月开始由河口和马白关两路入越，沿途收复兴化和山西的敌占州县，切断宣光的陆路交通，与黑旗军和景军会合。到年底止，投入西线战场的清军共有两万人，还有在山西和兴化的越南义军一万余人也加入作战。

法侵略者在清政府下谕宣战后，认为“要使清廷获得教训……必须屡加打击”，仍以军事力量作为对华政策的基石。但他们也不放弃利用英国人赫德和金登干进行调停的机会，对清政府施加压力，展开诱降活动。

茹费理操纵的法议会，批准了 1884 年军事开支和通过了

1885年第一季度的军事拨款。在海上战线继续以远东舰队控制台湾海峡，占地为质；监视长江口，执行米谷禁运。任命波里也为远征军总司令，在陆上战线加强占领全越，入侵中国。

法军投入北西线的兵力约25000人。由于黑旗军的沉重打击，以及法军远涉重洋，运输给养困难，在远东所占地区扩大，兵力分散等，出现了兵源严重不足的情况。侵略军不得不雇用阿尔及利亚、阿拉伯、吕宋、暹罗等地的人，人数在10000人左右，另外便是被裹胁的越南教民等约12000人，真正的法国士兵则只有三四千人。在宣光的守军约10000名，其余分散在馆司、清波、临洮、端雄等一些孤立的据点中，多被黑旗军和滇军扫荡。

宣光位于北圻中部，是水陆交通的枢纽，城之东面濒临锦江和明江（清水河）的交汇处，顺流而下，可达红河，再达河内，小轮船四季皆可通航。其他三面陆路可达和阳、太原、山西等地。该城依山傍水，形势险要，易守难攻，是兵家必争之地。城之四周有高厚的城墙，内有山丘耸峙，山上设炮台，外有护城河和多层竹林掩护，可称"虎踞龙蟠"的城池。东门临江天堑，有险可恃，其余三门城楼装置大炮，控制着通衢大道。这样的战略要地，对法军来说，若能守住，就等于护卫了河内的门户，掌握了北圻的锁钥，阻止了东西两线清军的会合；对清军来说，若能攻下，便可直下山西、太原，东西两线会师，合攻河内，收复整个北圻。因此，宣光之战，对中法双方来说都是至关重要的。

滇军、黑旗军、景军包围了宣光后，孤守宣光的法军龟缩城内，不断向河内求援。1884年11月8日，河内法军派兵轮一艘，拖带东濂木船3只，满载兵员军械，溯江而上，准备支援宣光。

驻防左旭一带的刘永福，得知敌人出动增援宣光的消息后，立即率领黑旗军战士埋伏于江岸的丛林内，待法国兵船一至，两岸炮火枪弹齐向法船轰击，当时打死法军六十余名。

兵轮上的法国军官见黑旗军炮火猛烈，几次欲想登岸，均被击退，便不顾其他法军的死活，下令割断拖绳，夺路逃走。余下3只木船失去护恃，又乏动力，在河中团团打转。

黑旗军战士各显神威，齐声呐喊，从两岸直向河中扑去。法船上的官兵像热锅上的蚂蚁，慌乱一团，最后只好跳水逃命。黑旗军砍获首级6颗，并将3艘木船俘获。落水法军几乎全部葬身鱼腹，无一幸免。

隔了两天，即11月10日，又有法国兵轮两艘，拖带木船4只，满载兵员，由河内驶向宣光。黑旗军、滇军又按事先的计划部署，埋伏于河的两岸，待敌兵船驶进，再用猛烈的炮火向敌船轰击。法军又被击毙多人。

兵轮上的法军再施故伎，割断拖绳夺路逃生；被抛弃的4船法军，共三百余人，除4人被俘外，其余全部跳水溺毙。黑旗军又夺得法船4只，大获全胜。

11月8日、10日两次狙击之后，黑旗军鉴于敌人不断从水路支援宣光，于是决定在左旭沿江两岸五百多米的地带增筑炮台，并在炮台附近的大榕树上设置瞭望所和指挥所，形成了一条法人称为难以逾越的“恐怖的防线”。又将前后夺获的7艘木船全部装石填河，以阻止敌轮直达宣光。

还未等到一切就绪，11月12日，法军再次纠集兵轮4艘，拖带东京大船7只，满载法军五百余人，并配有格林炮、开花炮多门，气势汹汹地向左旭驶来。

早有准备的黑旗军，待法船一到，立即开炮予以迎头痛击。法军亦用开花炮、格林炮进行还击。战斗十分激烈，双方相持达两个时辰之久。法军伤毙及溺水死者不计其数。黑旗军亦阵亡

18 人，伤 63 人。

最后法国兵轮抵不住黑旗军的猛烈攻击，又割绳弃船逃生。黑旗军追赶一程，并将兵轮所遗之 7 艘木船俘获，生擒法军 12 名，割取首级 22 颗，耳记 14 副，以及大量的法军旗帜、衣帽、枪械等物。

11 月 8 日、10 日、12 日连续三次阻击法军增援宣光的战斗，均以黑旗军的胜利和法军的失败而告终。它对鼓舞前线的抗战将士，粉碎敌人的援宣计划，和进一步孤立宣光之敌，都起到了较好的作用。

为了奖赏黑旗军的功绩，清政府下令从国库内拨银五千两，云贵总督岑毓英也下令发号银一千两给黑旗军的有功将士；黑旗军十月份（旧历）的饷银五千两亦提前发放，军火枪械等物也同时得到了补给。

11 月 12 日黑旗军截击法船大获胜利之后，又继续装石填河，以截断法军的水路。不料 14、15、16 三日连降大雨，河水陡涨数尺，河内法军趁机派遣“暴风”号、“闪电”号、“倔强”号、“飓风”号、“手枪”号等大兵轮 5 艘，以及商船“山西”号组成舰队纵队，下辖 4 个陆海军中队，一个海军炮兵分队，一个越南伪军分队，在杜深尼中校和布几埃大队长的指挥下，由兵轮拖带大木船十余只，满载军火粮食和二千余名侵略军，逆水而上，于 11 月 18 日到达左旭。

黑旗军将领，都司吴凤典，游击张世荣，以及参将谢有功、陆海涵等等埋伏于左旭之右岸，黑旗军名将、游击黄守忠埋伏于对岸之同章一带。

次日黎明，法船进入伏击圈，黑旗军的军号顿时四面吹起，炮弹像雨点般射向敌船。法军亦用大炮进行还击。双方从辰至酉，鏖战了整整十二个小时。法军付出了极高的伤亡代价，始终不能前进一步。天色渐晚，法军无可奈何，只好将船后退十余里。

20 日凌晨，法国兵轮再次冲到左旭附近，借助开花大炮的掩护，法军数百人强行登岸。伏于阵地内的黑旗军战士，用密集的炮火，向登岸的敌人猛烈射击，登时击毙法军百余人。有一个法军分队长、英国人黎高尔正张着大口，还未来得及发出“瞄准”的命令，就被黑旗军战士一枪把他的嘴巴打得稀烂；另一个陆军中尉戈力殳正举着指挥刀，还未来得及挥下时，被黑旗军一枪把他的胳膊打断；陆军少尉斯戴也同时被击毙。曾经参加此次战役的一名法国中士在《在侵略东京时期》一书中写道：“我们尖锋的两个侦察兵向一个复哨开枪。荆棘后面开来一阵枪，他们便倒落在小道上……在这可诅咒的道路上，我们的士兵各处倒毙，道染血色。”

法军恼羞成怒，他们不仅纵火烧毁周围的村庄房屋，用炮火猛烈轰击森林，而且还残忍地杀害了受伤被俘的黑旗军战士。他们知道正面进攻是不行的，于是派出一千余人绕至黑旗军后面，腹背夹击黑旗军。黑旗军英勇无畏，分路迎击敌人，又毙法军四五十人。黑旗军也受到很大的损失，哨弁侬正英和二十余名战士阵亡，刘永福部下的得力营官、千总朱冰清足部受重伤。

趁黑旗军稍事休整，法军跳上轮船，开足马力，冲到宣光城下，与城内法军会合。黑旗军除继续扼守水路通道，监视敌人的动向外，还加强在宣光城外构筑工事，挖掘地营，并等待与唐景崧的景军，丁槐、何秀林率领的滇军会合。

11 月 24 日，唐景崧的前锋部队，与黑旗军的黄守忠、吴凤典部会师于三江口。12 月 21 日凌晨，宣光四周大雾弥漫。城内法军趁机出城，直扑驻守在同安总的黑旗军吴凤典部。

当时吴营新壁未坚，形势危急。

相距九里的唐景崧右营游击谈敬德，闻讯后马上率领一百余人前往驰援；刘永福也由连山总赶至。

法军与景军、黑旗军随即展开了一场激烈的白刃战，兵器的碰击声、枪炮声和厮杀声顿时响彻了同安总的原野。

景军将领谈敬德一手持刀，一手握枪，愈战愈勇，率领亲兵不断地向法军发动猛烈的攻击。敌人望风披靡，纷纷向后退却。景军、黑旗军、滇军三路人马联合进击，穷追不舍。法军一面胡乱打枪打炮，一面丢下尸体，狼狈地逃回宣光城内。

这一仗，从辰至未，酣战了整整 8 个小时，毙伤法军一百多人，清军方面也付出了差不多相等的代价。

32. 挖壕滚草困敌营

1884 年 12 月 23 日，唐景崧、刘永福两位抗法名将，在宣光城下相见；隔了两天，丁槐率领的 13 营滇军，亦由河阳赶至，实现了滇、桂、黑旗三路大军的会师。负责三军的总指挥为西线的清军统帅、云贵总督岑毓英，设行辕于馆司。

参加宣光包围战的清军，计有唐景崧的 9 营（原有 4 营，后又增 1 中营、1 炮营，以及潘德继新募之 3 营），丁槐的 13 营，黑旗军的 12 营，何秀林的 3600 人，共有兵力一万五千余人。

法军兵力，城内守军，加上 11 月 19 日河内增援之兵，约一万余人。配有格林炮、开花炮多门。城内山上、城墙高处及城之西南角均设有炮台。城之东门外有庙，有法军数百人驻守；庙宇紧邻大河，河中有数艘炮舰梭巡护持。城之南门外为法军的大寨，亦有数百兵丁驻守；以护西南方向的炮台。

根据法军的布防情况，景军于城北二里处下寨，指挥所设于距七里的中门总；丁军于城南二里处扎营十余座；何军于宣光与左旭之间的清水沟扎营。营垒既定，丁、何、唐三将立即召开军事会议，作了战前的行动部署。决定由丁军作为主力，进攻城南之法军大寨，大寨克后，则西炮台势孤易取，而后城池可破。但丁军攻寨，城东之敌必救，景军则负责专打敌之援军，并攻西南角之炮台，以牵制敌军。何军则往返于宣光、左旭之间，准备随时策应丁军与刘军。

1885 年 1 月 26 日凌晨，景军二营潜往西南炮台埋伏，其余由唐景崧亲率右营营官谈敬德等由北门绕道东门。丁军乘敌不备，攻袭并占领了法军城南的大寨，放火焚毁了敌人的巢穴。东城法军急忙开门往救。谈敬德见南门火起，料想丁军已经得手，于是下令鸣角骤进。出城法军恐东门有失，不去救南门，回头专击谈敬德军。顿时城头、山上和城外江中之炮火一齐向景军轰击。

景军三面受敌，谈敬德伏岸力战，亦用猛烈的炮火回敬敌人。突然一颗子弹飞来，打中谈敬德的大腿。谈敬德腿骨折断，血流如注，不能行走。他坐在地上，仍然负痛指挥战斗。

前营哨官王定庵急呼亲兵过来抬谈敬德，被谈敬德制止。

王定庵对谈敬德说：“您快退下，这里由我替您指挥作战。”

谈敬德坚决地说：“我和大家生死与共，不能退！你不要管我，快和弟兄们一块去多杀几个法国人！”

王定庵只好留下自己的战友，奋力挥刀向敌冲去。没走多远，他被敌人的枪弹打穿腿骨，倒地，跃起，又冲向敌人，又被敌人的排枪击中，最后倒于血泊之中。

此时谈敬德亦被敌人的炮弹轰裂胯下，壮烈牺牲。

谈敬德，字克昌，湖南江县人，刚满三十岁，由军功擢参将衔游击。史称谈敬德“英挺好胜”，“气豪迈，议屯、议战，辄请当先”，“挑战比先诸将，又辄单骑驰城下相度战场，炮弹拂马头而扬鞭顾盼自若也”。1 月 26 日之战，他主动向唐请战，“愿首扑东门”；行前又对哨官文蔚林说：“来！我告诉你：明日必有一场恶战，我当报效于国家、长官。如果我不幸战死，你是我的同乡，请把我的骨骸带回故土。我没有妻室儿女，死了也毫无牵挂！”他死时年仅三十岁。

滇军方面，26 日黎明，丁槐亲率所部营官副将木逢春、都司王世雄为中路，以总兵黄河渊、游击张世荣、参将谢有功为左翼，游击马中及、都司何儒珍、杨春标为右翼，三路同时填濠挖墙，进攻南门外的法军大寨。法军仓皇应战，在滇军的猛烈攻击下，死伤百余名，随即弃寨溃散。滇军放火烧了大寨，乘胜进逼城下。

城中山上及西南角之炮台法军，见滇军占领大寨，便一齐用开花弹向滇军轰击，炸死丁槐亲兵十余人。丁仍督饬各军有进无退。直到天晚，法军死伤甚众，大败入城。

丁槐一面指挥滇军继续扎营围攻，一面派人与桂军联络，请唐景崧务必拖住东门法军，不可后退。因此时南寨已得，如桂军一撤，敌人必救南门，那么南寨也就有得而复失的危险了。此时，尽管桂军伤亡很大（右营管带谈敬德牺牲，攻打炮台的左营管带卢贵、指挥东门战斗的王宝华亦受重伤），仍以大局为重，继续坚持战斗，死死拖住东门敌军。此时南门大寨被滇军击溃的法军，纷纷乘船往东门逃遁，但遭到桂军炮火的拦截，又死百余人，剩余的又被扼守在下游的何秀林与刘永福所部全数歼灭。

围城的第一仗，基本上达到了中国联军的初步目的：攻克南寨，孤立西南炮台，拖住东门守军。这一仗，敌军伤亡四百余人，逃散五百余人，击毙法国五画军官一人，四画一人，一画二人，使城中守敌“大挫夺气”。中国联军损失也不小，桂军阵亡将领一人，重伤二人，哨官三人；滇军阵亡哨官一人（马白桂），营官受伤二人（谢有功、扬春标），士卒伤亡二百余人。

下一步是夺取西南角炮台。

由于中国联军没有掩体，完全暴露于敌人密集炮火之下，不仅伤亡大，而且难以逼近城墙，进攻不易奏效。于是议定采用云南人叫做“滚草龙”的破敌之法。此法是，先在离敌约一公里可以隐蔽之处，秘密地掘土为垛，后从垛下挖沟开壕，逼近敌人炮台。另外，结成约一米长的草把数万束。开仗时，将草把不断滚掷于壕沟内，构成草墙，掩护战士，迅速涌到炮台下，进行攻击。

滇军和景军分别负责挖壕和结草，一连三昼夜，准备停当。

1月28日午夜，滇军在离敌炮台二百丈处开始掘土挖壕、送草递进。丁槐、唐景崧二将坐镇指挥，经过艰苦努力，终于在1月30日前进到离敌炮台仅数丈远的地方。

当日凌晨，部分桂军伏于东门，以防城内之敌出援；滇军主力及少数桂军则伏于壕中和法军炮台的侧面，准备向敌发起攻击。

八时左右，滇军、桂军鼓角齐鸣，杀声大震，两路纵队像两支利剑直向敌军炮台插去。炮台上、城垛上的法军急用炮火拦阻，但挡不住滇军的凌厉攻势。

不多时，滇军哨官、都司何天发擎着大旗，带着队伍，冲到了炮台的下面，随后他又第一个抢登上炮台。但就在这时，敌人的一发炮弹突然在他脚下爆炸，何天发仆地英勇牺牲。台内法守军眼见第二批滇军即将涌至，于是弃下大炮、粮食、辎重等物，夺路向东门飞奔逃去。滇军杀进台内，全部歼灭了尚未来得及逃窜之守敌，并和桂军一起，穷追逃散的敌人。

有部分法军，企图坐船从水路逃逸，但刚到东门，就被桂军击沉溺毙，余者又为刘永福、黄守忠截击全歼。从陆上逃窜之法军，被滇、桂军穷追后不是丧命，便是举手投降。这一仗，联军不仅夺取了敌人的炮台和扫清了宣光城外法军的全部营垒，而且打死敌军五六百人，活捉二百余人，救出难民一千余人。史书记载，这次战斗“天容惨淡，地血横流”；“两军（滇、桂军）追击逸虏，枯草为红”。

1885 年 2 月 12 日，丁槐派李福兴等在城之西南角开挖地道十余处，但多数均被法军截通，仅成一口，直通城下。是日黎明，滇军发一地雷，可惜装的火药不多，仅将城墙轰裂数丈。中午，滇军马起鸿等又挖成一口地道，装实火药后施放，将城墙轰塌十余丈，伤亡敌军数百人。丁槐、何秀林趁机急率所部向缺口冲去。不料城中守敌如蜂拥出，拼死力拒；土山和城堞上的枪炮也一齐向滇军轰击，滇军副将衔游击何天祥、守备王世兴等相继阵亡，士卒伤亡者百余人。由于进攻受阻，滇军不能冲入城内，只好在缺口处扎营，和法军直接对峙。

在滇军发雷攻城的同时，桂军也于北城用竹梯、草捆攻城。战前丁槐、唐景崧曾约：丁军在西南用地雷作主力进攻，景军在城北配合丁军，牵制敌人，使之不能去救援缺口之敌。但由于地雷施放须天明才能看清缺口，以便攻扑。而景军用竹梯、草捆攻城，利在黑夜，使敌莫测。这样一来，景军的进攻只好改在白天，待丁军发雷后，才开始进攻，因而损失不小，仅 2 月 12 日，就伤亡士卒三十余人。

此后连续十天，滇军一面改挖地道，一面调来开花炮队向城中轰击。2 月 22 日晨，滇军挖地道三口，装满火药后，先点燃一处，诱敌来守缺口时，又点燃距缺口不远的两处。霎时晴空霹雳，砖石横飞，山摇地动，当场炸死法军两三百人。丁、何、唐三将乘势督队三面齐进。

法军的第一道防线——城墙崩溃后，便利用城内新挖的地营壕堑进行顽抗。滇军管带升用总兵刘节高带队先登缺口，被敌炮火轰下城墙；守备和际泰率部继进，旋即阵亡；其余士卒伤亡者不下两百人。丁、唐、何三将在后押队督攻，只准前进，不许后退，但因敌军炮火十分猛烈，清军伤亡过重，才不得不下令收军。

次日，联军商议，丁、景二将各自率领本部攻取一处缺口。景军右营哨官赖朝荣、邹全鸿自告奋勇带队担任先锋。他们挑选了30名精壮勇士做头等先锋，又拣得二等先锋50人作为后继。并立下军令状："不拿下宣光，绝不回营！"为了鼓励勇士们的英勇精神，唐景崧除当面嘉奖外，还许诺给首夺缺口、攻占城池的头等先锋每人赏银三百两、二等先锋每人赏银二百两，预支银票，各先赏银元一枚。为了奖慰这些勇士，他还命人回到十里外的大营，飞取三百两现银给头等先锋；又宰牲煮酒，燃炮祭旗，以壮行色。再派右营管带刘九如、前营帮带刘仁伯带队接应。

24日清晨，30名头队勇士裹银负枪，没有等到滇军发号并进，便率先直奔缺口而去。他们大声呐喊，猛冲登城；赖朝荣、邹全鸿随即督领二队50名跟上。由于法军早有防备，顿时枪炮声大作，首先登城的30名勇士牺牲24人，生还6人，邹全鸿亦受伤被抬回大营。

当天下午，唐景崧再次函约丁槐、何秀林，准备当晚继续攻城。景军再派赖朝荣挑选头等先锋50人，二等先锋150人，大队500人殿后接应。赏格如前，每人仍先赏酒并赏银元一枚，带队押队官赏银元八枚。唐还传令全军：有自告奋勇报名者，兵勇报名带队押队者，提拔为军官。

传令官话音未落，只见营中走出一个威风凛凛的红面大汉，高声叫道："主事大人！伍某虽然不才，愿带弟兄们前去攻城，战如不胜，甘当军令！"

众人视之，原来是右营新近从勇丁里提拔起来的差官、云南人伍义廷。伍在1月26日攻打东城的战斗中，表现得特别英勇，谈敬德牺牲后，他背着谈的尸体飞奔回营；当晚又带领伙伴到东城寻觅阵亡的战友，冒着生命危险，他一连背回五具清军的尸体。以后他又多次到城下侦察敌军的动静，因机智勇敢而受到上司的赞扬和战友们的喜爱。

当日伍义廷领下军令后，唐景崧即委任他为队长带队前行。接着唐的亲兵什长、广西人姚纪昌、覃启发，哨官赖朝荣等，也不甘落后，纷纷报名愿押队同行。唐亦委任三人为副队长，领兵前去。行前，唐命厨房备餐，给壮士们送行，但因军中早已缺粮，连日只能喝点稀饭，伙头军实感为难。后全军搜得大米二百斤，加上刘永福送的一百斤糯米，统统煮了给战士们做晚餐，其余将士各自觅粮。

饭罢已交中鼓，众军列队营门，丁、唐、何三将各自勉励自己的部下，对队长下死命令："不得城，毋来见！"随后景军、丁军、何军分三路强行进攻城墙缺口，三位将领则坐于西南角炮台下指挥战斗。

城中守敌早于缺口处广置木棚、土垒、地营，排列好开花炮、格林炮以待清军。

敢死队队长伍义廷一手持枪，一手挥刀，率领头等先锋50人奋力登城。他在倒塌的城垛上枪刺刀砍，连杀法军数人，砍死敌开花炮手2人，随后又冲入敌军地营，在同敌人肉搏中壮烈牺牲。副队长赖朝容率领二队战士刚登上城墙，就被敌军大炮击中，不幸阵亡。副队长姚纪昌冒着敌人的炮火，勇猛冲上城头，被枪弹射中前胸，倒于地上，同伴要扶他后退，他坚决地说："统领有言，城不克，毋来见，何敢归营!"猛地跃起，再次向敌群冲去，又被敌人排枪击中；他大喊一声，坠入壕中死去。另一名副队长覃启发亦受重伤，被抬回大营。这次战斗，联军三进三退，有的刚刚登上城墙，就被敌人炮火击中；有的冲入敌人地营，同敌人肉搏时壮烈牺牲；有的还未接近城下战壕，便死于乱枪之中。队官4人，亡三伤一，其余两百名敢死队勇士，几乎全部壮烈殉国。

从2月22日到26日连续几天的攻城战斗，由丁军、何军、景军、刘军四支友军组成的清军联军，同仇敌忾，团结合作，前赴后继，英勇奋战，消灭了敌人的有生力量，给了法国清略者以极其沉重的打击。据法国官方统计，此次攻城，法军伤亡不下二千余人，统军官茂连拿厘被清军击毙，其余军官被杀者达三十余人。城中水、柴已断，弹尽粮绝，士卒个个心惊胆寒，惶惶不可终日，私下抱头痛哭。

为了解脱困境，宣光法军不得不多次用竹筒、玻璃瓶装着书信，上插小旗，投入红河，顺水流出，向河内法军告急求援。求救书用中法文各写："本处被华兵围困，其数甚众，日夜攻击，势在垂危。四围九百码之外皆华兵所驻，密迩相逼，我军不得不弃外垒而退守内城。唯南面一方，距华兵尤近，相去仅二百码，华军由此挖掘地道，工程甚速，不日将陷我城。复于淤沃道上，建筑土垒，坚壁固守。此处即刘永福所驻，有黑旗二千人在此。谨此急报大营统领察照。由宣光法营发。火速！火速！火速!"书面写："拾送瑞雄法营者给银二十元"，"安南人能将此文飞递宣泰者获重赏，切速！切速!"

在宣光包围战进行的同时，法国侵略者纠集了一万多名仆从军，在尼格里将军的率领下，由船头向谅山进攻。身拥重兵的广西巡抚潘鼎新，畏敌不前，不战自溃，先是放弃谅山，退回镇南关，此后又逃回龙州。2 月 23 日，镇南关宣告失陷，白旗将领杨玉科英勇阵亡，东线桂军全线崩溃。法军在东线得手并获得宣光的求救书后，随即调兵遣将，分军增援西线的宣光。

扼守河内与宣光间水陆咽喉的黑旗军，在截获法军的求救书后，知河内法军必来救援，于是将计就计，又在左旭一带设下了庞大的地雷阵。刘永福一面派人前往河内，打探敌人的动向，并于沿途多设情报网点，以通消息；一面在左旭山上加固几座大炮台，增设 8 座小炮台，台下开挖地道，台上绕以矮树，法军的船炮射程不能及，陆地大炮亦难击中。此外，刘又命令部下赶造大木箱 500 个，每个装实火药 40 斤；又取干薄大竹数百条，中小竹数百条，皆装满火药，使木箱、竹筒连环相并，埋藏在大路两旁和江边，上用茅草泥土伪装，使敌人不易觉察；地雷四周，再密布大小火箭数百支，火器、地雷多件。

3 月 2 日，法军前锋 5000 人，在统兵官几阿凡利的带领下，由屯鹤关溯流而上，分两路向左旭进犯。他们在大炮的掩护下，向黑旗军的阵地凶猛扑来。黑旗军前锋早有准备，随即开队迎敌，攻杀一阵后，便诈败后退。法军一时得意忘形，挥师大进。待全部进入设下的地雷阵后，突然轰天一阵巨响，地雷相继爆炸，势如山崩地裂；四周火箭、火炮也一齐像骤雨般地射向法军。法军被炸成肉泥，烧成灰烬；所余残兵，皆焦头烂额，刚爬出火阵，又被黑旗军一番痛击，伤亡殆尽。这一仗，黑旗军巧布地雷，诱敌深入，使法军全军覆没，夺获军械无数，是黑旗军"千百战斗以来，未有如此之大胜捷也"。

当援军全师被歼的消息传到河内时，全市为之震动。敌酋波里也亲率先遣部队 5000 人，火速奔到左旭，后继部队也随着拥来。3 月 3 日整天激战，黑旗军 3 营被破，被迫后退五六公里。

波里也占了左旭后，连夜与宣光守军会合，联军腹背受敌，不得不各退五六公里，撤了宣光之围。历时73天的包围战从而结束，统计联军损失不下4000人，敌军的伤亡人数为联军1倍多。

宣光包围战，是镇南关、临洮大捷的先声，它有效地配合了东路战场，为镇南关之捷铺平了胜利的道路。在宣光之战打响的同时，法军已集中一万余名精锐在东线发动了猛烈的进攻，占领了谅山、镇南关，并侵入了我国国境。而当时冯子材的萃军未集合齐，"势难骤进"；勤军又新哗溃，广西全省震动，东线吃紧。为了减轻东线的压力，拖住并吸引法军，西线的滇军、黑旗军和景军，不惜付出高昂的代价，承受"明知攻坚，兵家下策也，而事急不得不攻"（唐景崧：《请缨日记》）所带来的重大牺牲。这样，东线的法军为了解救宣光，不得不分兵西向，派出了远征军司令波里也为首的精锐主力去增援西线，从而迫使敌人在东线不能继续长驱直入；给了冯子材、苏元春以充分部署和反攻的机会，争取了宝贵的时间，为镇南关大捷创造了有利的条件。如果没有西线滇军的进攻，没有73天的宣光包围战，东线清军的情况就会困难得多，甚至将会出现一些令人意料不到的严重后果，自然也就不会有镇南关那样的重大胜利。正如唐景崧所说："我独一军致力于此，彼亦用全副精神抗护于此，未免毒聚一处，极难收效。"宣光之战为镇南关大捷铺平道路，而镇南关大捷又为西线临洮的大捷开辟了前景。

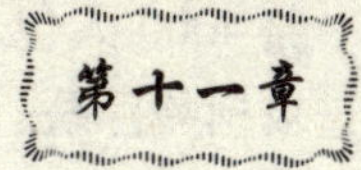

第十一章

扭转战局同一天

33. 联军临洮反攻

河内派来的法国援军解了宣光之围后，同守城的法军一起，向丁槐、何秀林的滇军老营频频发动进攻。但由于滇军多采用地营战术，使法军的进攻屡遭失败，特别是埋设在地营外的地雷、火炮，使法军受到了很大的损失。法军的进攻受阻后，3 月 12 日，其主力部队在 3 艘军舰的护卫下，撤回端雄，随后又积聚了一万三千人的兵力，分三路向滇军反扑：一路溯河而上，进犯清波；一路由端雄攻柯岭安平；一路从缅旺入猛罗。其目的是迂回包围滇军的主力，以减轻宣光的压力。

战斗先在缅旺揭开。这里处于山西、兴化之间，地形险要，也是兵家必争之地，此时为法国侵略军所占。3 月 14 日，滇军王永山部千余人突然来到缅旺。敌军猝不及防，仓促应战。滇军奋勇攻击，打死打伤敌寇 100 多人，其余望风逃窜。滇军占领缅旺后，乘胜收复附近的清水、清山两县，越南义民来投滇军的又有2000余人。

法军在缅旺溃败后，便集中兵力，由兴化上犯临洮，企图逆转战争的颓势。3月23日，法军分成南北两路，一路4000人包围山围社李应珍、韦云青各地营，一路2000余人进攻柯岭浮桥。守浮桥的清军早已布列成阵，专待法军：头阵为云南苗、瑶、壮族首领竹春、陶吴、除恩、黄明、苏元礼等率领的1000余名民族军；二阵为刘永福率领的黑旗军；三阵为汤聘珍、岑毓宝率领的滇军。三阵皆挖地营、壕堑，连环相扣，互为策应。

是日九时，法国兵1000余人，加上后队法军共2000余人，并力进攻浮桥大庙的竹春头阵。竹春、陶吴率领各族战士，用自制的土枪、竹弩、大刀、杆子等原始武器，英勇地打退了敌人的多次进攻。他们在敌人未到时，就用火药枪、土雷杀伤敌人；待敌临近，又一齐跃出壕堑、地营，用大刀、杆子砍杀敌寇。经过整天奋力拼搏，敌军人倦马疲，伤亡惨重，始终不能进展。

第二阵黑旗军会合越南义军，从敌后包抄敌寇，并在浮桥的桥头派兵严密扼守，阻断敌之退路。法军欲攻不进，欲退无路，四周被联军团团围住，恰似瓮中之鳖，缩颈待毙。夜幕降临，黑旗军缩小包围圈。在一片喊杀声中，法军惊恐万状，纷纷丢下武器、脱去服装，投水逃命。这一仗，法军遗弃的军械装备堆积如山，尸首狼藉，江水为之阻塞。

法军在临洮柯岭大败的同时，在山围社亦遭到了惨败。3月23日，法军4000人向临洮附近滇军的又一据点山围社发动了进攻。滇将李应珍、韦云青等沉着应战。他们在地营前设置了许多地雷火炮，待敌临近时，便扯动钉子火地雷，炸死炸伤法军多人。敌人向后退却，过了一会儿，又再次向地营冲击。李应珍等法军逼近，高喊“打”，各地营内的枪炮如骤雨般射向敌军。前队法军又倒下了一大片，后队法军被迫退却。滇军在23、24日的两天里，接连打退了法军的五六次进攻。24日晨，滇军总兵覃修纲闻讯后，立即率领3000精锐前往驰援，从背后给了敌人狠狠一击。李应珍见援军已到，便率众冲出地营，前后夹击法军。滇将韦云青、沙如理虽各身中数枪，仍然坚持战斗，奋勇杀敌，先后击毙法国军官四人。其他官兵，见主将如此英勇，无不以一当十，英勇杀敌。其中一位未留下姓名的滇军士兵，在冲杀时腹部中了三弹，肠子不断外涌，但他不愿退缩，忍着剧痛，一手托着肠子，一手挥舞大刀，又继续向敌冲去。

在滇军的不断冲击下，法军拼死抵抗，犹做困兽之斗，但经不住前面的李应珍、韦云青，后面的覃修纲，以及越南张文擎、阮文如、陈春檀等义军的三路夹击，到24日深夜，终于全军覆灭。统计是役，滇军共歼灭敌军近两千名，其中法国白帽兵二百余名，红衣军（非洲阿尔及利亚和阿拉伯的雇佣军）四百余名，越南伪军1000余名；缴获洋枪、器械、食物、皮、红白衣帽1400件，地图、书籍数百件。滇军阵亡39名，将士受伤者120余名。著名的临洮之战，便以中国军队的辉煌胜利，法国侵略军的彻底失败而告终。

临洮大捷之后，滇军又乘胜前进，全面转入了反攻；法军则四顾不暇，首鼠两端，失去了还手之力。4月8—4月9日，覃修纲带领王玉珠等义军新附各营出不拔、燕毛各隘，与敌接战，连破法军4座营垒。后又会同汤宗政等进攻枚枝关，阵斩法军数人，生擒5人。法军败走，滇军遂破关收复不拔县。

加入滇军的义字副中营管带张文擎，和督兵阮延合、潘文泊等，以范文元为向导，于4月5日夜由临洮渡过红江，次晨到达广威府，与法军接战，杀死法军百余名，斩首二十余级，是日收复广威。督带李应珍虽在临洮之战中受了枪伤，但仍鼓余勇，同越南山西副领兵阮文如一起，进攻盘踞在鹤江、越池之法军。法军弃营而走，滇军随后掩杀。追至江边，法军争夺舟船逃命，落水淹死者不计其数。鹤江、越池遂告光复。

同时，越南山西布政使阮文甲也率部收复了永祥府。而原驻宣光附近同安、中门、连山各总之滇军，也改变了原来“顿兵攻坚”的战略战术，除留何秀林、张世荣、杨国发继续监视宣光之敌外，又派丁槐率领奇兵，渡河出不拔、广威，直取宁平、南定、兴安诸省。

滇军在西线转入了全面反攻，一路势如破竹，所向披靡，连克法军侵占的十几个州县。法军节节败退，不可收拾。此时长期被法军压迫、剥削、欺凌的越南人民，像久旱逢甘霖一样盼望和欢迎滇军。他们扶老携幼，烧汤煮饭，备办粮草，提供向导，给了滇军以很大的支援。

在临洮反攻中，由滇军、黑旗军和苗、瑶、壮等民族军组成的联军，发挥了极强的协同作战的能力。临洮大捷，显示了联军团结协作，众志成城的力量。

34. 转机：镇南关大捷

广西巡抚潘鼎新，自6月谅山退敌不久，就接到李鸿章“败固不佳，胜亦从此多事”的指示，不敢再坚决抗敌。因此采取了战胜不追，战败则退的消极方针，严重影响了广大将士的斗志。

法军因此专攻潘军，迫其退回边境，并于1885年2月23日占领了中越边境上的重镇镇南关。守将杨玉科（白族）力战牺牲，清军纷纷后撤。法军得意地在关前插立木柱，竟用汉字写上：“广西的门户已不复存在了！”

镇南关失守后，潘鼎新被革职。清廷任命李秉衡为广西巡抚，派广西提督苏元春督办军务。

鉴于广西形势紧急，张之洞、彭玉麟两人日夜策划，组成一支庞大的队伍，火速开到边境救援。第一路，由冯子材率领。由钦州上思明出境入越，开赴那阳。1885 年 1 月 20 日该军到龙州，先遣 8 营驻扎思陵隘。第二路，由右江镇总兵王孝祺率领。本部 4 营，抽拨省防粤军 4 营归并，共 8 营，由梧、江至龙州出关，入越开赴谅山，1 月 30 日到龙州。第三路，由钦州参将莫善喜率领。原部两营，增募 3 营，以为冯子材后路策应。第四路，由参将陈荣辉率领。新募 1 营，雷州道拨给两营，会合莫善喜部并进，由钦州东兴出境，入越开赴海阳。第五路，由吏部主事唐景崧率领，现有 6 营，已入越攻打宣光。五路军队共 40 营，分道进军，遥相呼应，会合滇军、桂军、黑旗军，互相配合。

在两广总督张之洞的保奏推荐下，清廷起用 70 岁老将冯子材为广西关外事务帮办。这一举措影响深远。

经朝廷批准，冯子材在家乡短时间内就招足 18 营人，号称“萃军”。冯子材在钦州、防城有许多旧部，这些人成为“萃军”的骨干。士兵虽是新招的，但钦州人一向习武，懂得拳术，只教他们学一下打枪、冲锋和卧倒等简单动作，便能去打仗了。

冯军开往镇南关，所到之处，纪律严明，秋毫无犯。经过的地方，禁入民村，在山上宿营。每到一地，军官立即布置士兵挖水沟、拉帐篷，只砍伐生长快的松木当架木、柴火，并出安民告示：“拦路抢劫者斩，强奸妇女者斩，偷牛偷猪者斩，拐带人口者斩。”

冯子材从钦州率兵来龙州时，见人心浮动，士兵对战事前途悲观失望。他为了安定人心和鼓舞士气，就想了一个计谋，叫亲兵们做一些竹签，签上都写上定能打胜仗之类的吉利话，暗中放进各庙宇的签筒内。一切布置妥当后，冯子材就到伏波庙进香求签，摇出的签给众人看，签语说是战争一定胜利。后来又到关帝庙，入庙求签，签语意思大体一致。于是军民辗转相告，说冯子材能打胜仗。通过这个方法，稳定了民众的不安心理。

冯子材到越南不久后，法军进攻谅山、镇南关。由于潘鼎新的妒忌，冯子材没有参加守卫镇南关的战斗。及至2月23日镇南关陷落，潘鼎新逃到龙州，前线指挥瘫痪，后由新任广西巡抚李秉衡推荐，大家一致拥护冯子材为前线湘、鄂、淮、粤、桂各军的统帅。

2月25日，法军炸毁镇南关，退驻关外30里地的文渊城。冯子材立即移师关前隘。此地离镇南关10余里，地势十分险要。

冯子材利用地形，在关前隘两旁的崇山峻岭上设置许多堡垒；在隘口修筑一道三里多的横跨东西高岭的长墙，并在东西两岭上赶修炮台，墙外掘深沟，以所部的“萃军”扼守。又令王孝祺的8营勤军屯于其后半里的地方，以为犄角；广西提督苏元春的8营毅新军、陈嘉的10营镇南军屯于幕府（在关前隘之后五里）为右翼；蒋宗汉的10营广武军、方友升的4营抚标亲兵屯于凭祥（在幕府之后三十里），作为第三梯队；潘鼎新的鼎军屯于海村（在幕府之后六十里），魏纲的鄂军屯于艾瓦，王德榜的定边军屯于油隘，专备阻截，兼防入关道路（在关外东三十里）。冯子材布置妥当，主动出击，攻打法军占据的文渊。

至3月23日，法军为摆脱被动，分三路直奔隘口，以两路进攻东岭炮台，一路猛扑长墙。法军很快占领了东岭的3座炮台，然后居高临下掩护部队向长墙进攻，冯子材率部下死力阻敌，号令全军：有进无退，誓与长墙共存亡。

冯子材召集诸将领说："法军再入关，我等有何面目见粤省百姓？必死拒之！"王孝祺说："冯将军说得对，我们淮军誓与长墙共存亡，以免被龙州人看轻。"苏元春说："俗语说：'养兵千日，用兵一时'，现在该向朝廷报恩的时刻到了。"诸将正在纷纷表态之际，法军的"开花弹"落了下来，大家各自返回战斗岗位，开始与敌作战。瞬间炮声震天，山谷轰鸣，远在七八十里之外都能听到；枪弹落在阵前，最密的地方弹片厚达寸许。

中国军队殊死战斗，伤亡惨重，东岭新筑的5个未完成的堡垒被法军占领了3个。王孝祺亲率小队抄敌后路仰攻，法军稍做退却。至傍晚6时，苏元春援军到来，与冯子材合力拒敌。各军一整天没有吃饭，至夜尚未收兵。当天王德榜自油隘出军夹击，占据文渊的对山，与敌人酣战数小时，互有伤亡。

此时法军运输大队运军火、干粮的驮马，被王德榜劫走。法军粮械不得入关，补给又被切断，败象显露。

3月24日清晨又开始大战。法军攻势更猛，炮击更加厉害。中国军队摆开阵势迎敌：冯子材居中，苏元春协助；王孝祺当右，陈嘉、蒋宗汉当左。左路即东岭，敌炮最猛。冯子材号令诸将："有退者，无论是谁，皆诛之！"并在各路设卡，截杀逃逸者。

各军合力夹攻，与法军激战"药烟弥漫，至不辨旗帜，弹积阵前逾寸，墙后且被毁"。

战斗一开始，法军气焰嚣张，猛扑长墙，多次在各处越入。年近七旬的老将冯子材，短衣草鞋，持矛大呼，跳出长墙，率两子冯相荣、冯相华与敌肉搏。诸将见冯子材如此奋不顾身，无不感奋，将士一齐开栅涌出。关外越南百姓千余人，闻冯子材亲自出阵，都来助战。

全军感奋，冲锋肉搏，将法军逼离长墙，压下山谷。王孝祺和王德榜也都先后赶到东岭支援苏元春军。经过“七上七下”的激烈拼搏，终于夺回3座炮台。当地壮、瑶、白、汉等族人民和1000多名越南义军也前来助战，从四面八方把法军重重包围起来。

墙内各军官兵闻声齐出，埋伏在墙外各处战壕的官兵和埋伏在岭脚、村舍、山林的官兵都同时杀向敌阵，法军前后受敌。我军先用类似烟雾弹的“先锋煲”投入敌阵，使敌陷入一片烟雾，跟着就用大刀、钢镖冲杀。法军大乱，有的报头鼠窜，有的跪地求饶。枪炮声听不到了，只见刀光闪闪，法军士兵的头颅纷纷落地，血花四溅，尸体枕藉。侥幸逃脱的法军又被守在卡防的麦凤标、杨瑞山部截住，大杀一阵后，敌人被包围在石灰窑到摩沙街一带的烂泥田里。法军身陷泥田，行动不便，又处在我军包围之中，败象更惨。

冯子材和苏元春商量，派陈嘉夺回小青山炮垒，答应夺回后赏一万元。陈嘉是苏元春的部下，他带有几营人马驻扎在凭祥一带，那时陈嘉因伤正在休养，见冯子材来请他出战，马上答应连夜带几营人马开赴前线。陈嘉非常勇敢，亲自带兵冲锋，七上七下，身上4处负伤仍不后退。扛豹旗的先锋已被打死四五个，刚好有个耳聋的伙夫送粥到前线，见旗手牺牲了，无人扛旗带头冲锋，他放下粥担，扛起豹旗便往山顶冲。他身强力壮跑得快，耳聋听不到敌人的枪炮声，无所畏惧，很快冲到山顶。其他兵勇也跟着蜂拥而上，把法军压下山脚，夺回了小青山炮垒。

几次争夺战后，长墙前面遍地都是尸首，冯子材命敢死队身上涂血，怀藏马刀，混在死尸堆里装死。

法军冲来，有些警惕性高的法军还用棍子敲死尸的脑袋，见不动弹才前进。这批敢死队员，出了一身冷汗，任他们敲打，等法军冲过去后，敢死队突然跳起来，拿马刀和法军肉搏。法军见状，惊恐不已，说："中国人死了还能返生。"

冯子材的士兵杀法军很有办法。法国士兵的军装是从头上往下套的，当法军跪地投降时，士兵就叫他脱衬衫，法军以为中国人贪钱，要他的衣服。谁知等到法军士兵将衬衫一拉到颈部的时候，便一刀将头砍下，随手将衣服连头拿起来，衣袖上有多少画，便可以做斩获法军军官的根据去领奖。

麦凤标督带截击法军时，活捉了一个法军副将。那个副将摆出傲慢的架子，说："中国人打仗无规矩，吃饭的时候来偷袭，人家用枪炮打，你们用大刀杀，举手投降还要杀头，真野蛮。"麦凤标督带反问他："你们杀死手无寸铁的老百姓，难道就很文明吗？"当场就将这个俘虏杀了。冯子材听闻，大加赞赏。

镇南关大战一开始，冯子材就宣布，杀得一个鬼头赏银十两，杀得军官按画数增一倍，升官一级。没想到提人头来领奖的人越来越多，拿不出钱，就减低一半，但还是没有钱给，又不好改变成命，只好安慰士兵，统统记下账，等到军饷一到就发给。

关前隘战斗时，法军分两排轮流冲锋，第一排打枪前进，第二排跪倒装弹，然后第二排起来打枪前进，第一排又跪地装弹，步步向长墙逼近。

麦督带领着四五百人，由山路回到摩沙村，来到村边的山坡上。那时正是中午，这队人马卷住旗子，藏住大刀，坐下来吃午饭，吃饱了开旗擎刀，从后面杀出。这时法军正在攻打长墙，顾前不顾后，有些在后头的法军将枪架在田里。麦督带的兵到了他们身边还不知道，杀声一起，已有一半人头落地了。有些法军士兵见无路可走，就跪地投降，他们个子高大，跪着刚好方便了清军砍他们的头。

后来砍的法军人头太多，就换成只割左耳朵记数领赏。

战后法人这样记载："在我们的脚下，敌人从地上的一切缝隙中冒出来，手持短戟，开始了可怕的混战。他们的人数比我们多10倍、20倍，所有军官和士兵都被围住或俘虏，敌人从各方面攻击他们，然后割去他们的头。”“中国军的号筒，愤怒地响起‘前进’的命令。从所有的堡垒，从所有的天边各处，烟云一般的敌人展开旗帜跑来，发出似乎把枪炮声都盖住的喊杀声。他们因成功而胆大，奋力地向我军驰突前来。如果战事不立时中止，惨祸怕就要来临了。尼格里将军于是命143团和外国人编成的第2营，开始做梯形阵势的退却。”

此时冯军驻在扣波的5营，从关外西路来夹击敌人的背后，诸军合力短兵相接与敌人肉搏。王孝祺部将潘瀛选派敢死队，袒臂冲入敌阵。陈嘉争夺东岭的3座堡垒，蒋宗汉随后助战。至晚上8时，王孝祺已将西路法军击败，率军由西岭抄敌后，与陈嘉会师。

王德榜军也从关外夹击东岭之背，将3座堡垒悉数夺回。3月24日当天，王德榜军一早来到甫谷埋伏，见敌人援军来到，便率军冲出，将其一截为二。敌援军慌忙回击，被王德榜军打败，缴获驮马50多匹及所驮大量枪炮、弹药、饼干、洋银等。王的部将张春发、萧得龙最为骁勇，击毙军官数名。已革职的王德榜此次奋勇作战，以图立功赎罪。

东岭3座堡垒被中国军队夺回后，法军更处于劣势。法军连日作战，弹药告罄，尼格里只得做梯形阵边打边撤。但是炮兵都在山上，要下山谈何容易，许多步兵为掩护炮兵的撤退而伤亡。下午4时30分，法军右翼开始退却时，中国军队又发动进攻。数量更多的中国军队从山上下来，冲入法军右翼。法军猛发大炮。阻止了中国军队的前进。黑夜降临，尼格里将军带着最后一批法军撤至镇南关。中国军队跟踪追击，但被布置在大道两旁的法国第二营援军的密集枪弹所阻止。

法军在镇南关门边集合，官兵们喊着自己的连和营的番号找队伍，一时秩序大乱。

尼格里见状立即下令说："静下来！这里只应听到唯一的声音——我的声音。这是我的命令，旅团部要出发到同登驻扎；111 团走在前头，次为萨克雪炮队，143 团罗北炮队间入，末为外国人编成的第二营。"尼格里又命寿非的营压队，所有旅团部的队伍排齐撤退。

撤退前，尼格里要 23 团的罗布洛连从白石悬崖的高处下来。这个连原在悬崖上看守通向同登的小路。由于夜间漆黑，从羊肠小道上撤退很困难，殿后的寿非营至 3 月 25 日晨 4 时才抵达同登。据彭玉麟的记载，此次镇南关战役，法兵（包括非洲兵）伤亡 1000 余人，军官伤亡数十人，越南兵伤亡数百人。

25 日，冯子材发起总攻击，各路将士勇猛冲杀，毙敌 1000 多人。法军全线崩溃，残兵败将狼狈溃逃，至"被杀急，则投枪降，去帽为叩首状，以手捍颈"。这就是威震中外的镇南关大捷。

镇南关大捷，扭转了整个中法战局。冯子材亲率大军乘胜追敌出关，和越南军民互相配合，接连光复文渊、谅山、谷松、威坡、长庆、船头等地，进而攻郎甲，袭北宁，沉重地打击了侵越法军。同一天，刘永福的黑旗军也在越南人民的支援下，在临洮大败法军，接连光复广威、黄岗屯、鹤江、老社等地。

法军在镇南关惨败的消息传到巴黎后，引起了法国统治者的巨大震动和惊慌。3 月 30 日，对茹费理内阁久怀不满的法国人民成千成万地涌上街头，游行示威，包围议会，高呼打倒茹费理的口号。茹费理内阁于当天晚上倒台。

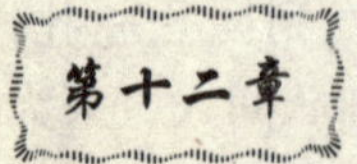

大结局："中国不败而败，法国不胜而胜"

35. 停战协定：愚人节后签字

1884年10月，中法战事重起，法国宣布封锁台湾，以切断大陆向岛内的军事物资供给。

正值此时，清政府海关的巡船"飞虎"号在台湾海面给各灯塔送给养时，被法国军舰扣留。法国舰队司令孤拔宣称，只有接到巴黎的命令，才能予以释放。这就是所谓"飞虎"号事件。

负责清朝海关总税务司的赫德以"业余外交家"的身份，充当了调停人的角色。他不失时机地打出紧紧攥在手中的一张王牌——"飞虎"号事件，并以交涉该事件为理由介入中法谈判。

赫德并不急于交涉，而是把它作为一条通往巴黎的王牌，迟迟未肯轻易打出来。

1885年1月7日，赫德见英国政府调停失败，揣度时机已成熟，遂命金登干赴巴黎，明为交涉"飞虎"号事件，暗中进行与法国方面的议和谈判。

此后，赫德完全操纵了清政府与法国的谈判。这位名义上的"业余外交"选手，实际成了清政府的外交部长。

赫德在北京遥控和指挥远隔千山万水的金登干，并为金登干赴巴黎交涉安排好了一切。赫德指示："'飞虎'事件将使你能亲自去见茹费里，我希望你能好好地利用这个机会。……加上我的提示，使你能确定行动的路线和方向。"

什么是赫德的"提示"呢?

第一步，以私人的名义，婉询茹费理对赫德提出的李福协定附加条款的意见，看法国是否完全舍弃了这些办法。

第二步，中法是否可以调和，即清政府放弃边境线要求，法国放弃占据基隆煤矿和淡水关税担保。

第三步，如能达成一个初步协议，可以授权金登干签字，即清政府同意批准李福协定，法国解除封锁台湾；清政府同意商订商务条约，法国撤退基隆军队；北圻中法军队各自保持现在位置，直至商订撤兵日期为止。

按照赫德的指示，1月11日，金登干与茹费理搭上了线。金、茹第一次会晤后，赫德立即电示："不必再有所顾忌，直奔中心问题!"

1月23日，金、茹第二次会晤时，单刀直入谈到李福协定与附加条款问题。茹费理表示：李福协定与附加条款自相矛盾，完全不能接受。但对于新的议和提案，将予以考虑。并且希望赫德、金登干转致中国总理衙门：法国只能对直接来自总理衙门的提案表示意见，即与总理衙门进行直接交涉，要求清政府正式授权赫德、金登干进行谈判。

1884 年底，朝鲜发生“甲申政变”，中日关系一度紧张，促成了清政府对法让步求和。

而次年清军的辉煌胜利，震惊了巴黎，茹费理惊恐万状。

3 月 30 日，谅山法军大败的消息传至巴黎的当晚，“东京佬”茹费理内阁在一片谴责和咒骂声中倒台。

清军的出色战绩，打破了法国乘胜结束战争的希望，彻底动摇了法国在军事外交中的有利地位。

法军在战场上的局势，由胜突变为败，导致在外交上完全陷入了被动地位。法国面对军事失败、外交被动、政治混乱的形势，急切希望保持已经获得的特权和利益，按照已经谈妥的条件中止战争。所以，法国政府不待新内阁成立，由总统直接授权毕乐与金登干立即签定协议。

清朝方面的外交谈判地位也为之一变，处于极为有利的地位。但是，清朝政府没有利用这个大好时机，去与法国重新谈判，却急急忙忙地终止了战争，完全按照原来的方案与法国签定了停战协议。按畏洋人如虎的主和派说法，其原因有三：

一是日本在朝鲜甲申政变后，于 3 月间派代表赴华交涉，并与法国公使暗中接触，引起了清政府对日法结盟的极大疑虑；

二是法国议会内新的扩大战争的叫嚣，准备继续进行战争，可能会使战事不见终期；

三是总理衙门和“业余外交家”赫德唯恐谅山大捷的胜利，“会使宫廷听从那些不负责的主战言论，致使战事进一步扩大。”

1885 年 4 月 4 日，由金登干代表清政府，毕乐代表法国政府，在《巴黎停战协定》上签字。议定双方停战，法国解除对台湾的封锁；双方派代表在天津或北京议定条约细目。

有趣的是，停战协定原本安排在 4 月 1 日签字，这是一个欧洲人忌讳的节日——愚人节，赫德急忙致电金登干：“切不可在

4月1日签字，愚人节是不祥的。"

这样一个重大的协定，在愚人节签定，确实是太不吉利了。

双方在签字后的心境是不一样的：

法国：感到非常意外；认为"简直不能想象"！

赫德：好极了！办得不错！4月5日，赫德从北京发电给金登干，电报说："电悉。佳甚！处理极当。感贺。"

1885年4月9日，清朝政府批准了《巴黎停战协定》，随后中法开始议定详细和约。

中法议定详细和约的主要谈判过程是在巴黎，清政府代表仍是金登干，法国代表为外交部副司长戈可当。详细条约草案的议定程序为：法国拟出草案交金登干，金转赫德，赫德再转总理衙门；清政府提出修正意见后，按照相反的顺序反馈回法国。在双方取得协议后，分别将议定的条款转交李鸿章与巴德诺，在天津就细节加以核对，最后正式签订。

照此议程，4月23日法国提出了和约草案十款，清政府认为条款"无甚为难"，仅在一些有损"威望体面"的皮毛枝节上略做修正，于5月5日清政府转交了修正案。

5月10日，双方已将六款谈妥，建议李鸿章与巴德若在天津的正式谈判开始，适时巴德诺已经抵达天津。

5月11日，李、巴正式会晤。到6月7日，中、法双方已将详细条约拟定。

1885年6月9日，李鸿章与巴德诺分别代表中法双方在《会订越南条约》即《中法新约》（又称"李巴协定"）上签字。

通过这个条约，清政府承认了法国对越南的保护权；法国取得了在中国西南通商的特权；法国取得了在中国修筑铁路的特权。

战场上取得胜利的清政府，所获得的却是又一次耻辱。

36. 胜而退兵："老臣抗疏千流泪"

法国和清廷对刘永福进一步施加压力，说："刘永福不退保胜，澎湖亦须迟退。"

战败而乞和，在历史上比比皆是，屡见不鲜。

不败而乞和，确是罕见的咄咄怪事。

1885 年 4 月 7 日清政府发布停战上谕后，4 月 10 日又发布一道上谕："如电信不到之处，即发急递飞达，如期停战撤兵。"北洋大臣李鸿章遵旨，缮就撤兵的咨札、照会，交粤海关税务司吴得禄转交香港法国领事，飞速传至谅山、宣光、临洮一带的法国军营。后又恐转交迟误，派吴得禄及委员坐轮船赶紧赴越南，递送停战撤兵的谕旨。

清政府停战撤兵的上谕传到前线，英勇抗战的 10 万军人齐坠泪，爱国将士无不拔剑砍地，怨恨连声。老将冯子材更是愤愤不平，请张之洞上折，要求"诛议和之人"。他还说："缓兵奸谋，前车可鉴，如再被欺，我实不甘，当率领三军与法人决战到底。"

冯子材向钦办广东防务彭玉麟保证："期以一年肃清全越。"

彭玉麟不得不据实上奏："冯子材以兵机方利，敌患方消，机会可惜，力持不愿，电函并至，忠愤填膺，力请上奏阻止，谓必须责法人以越地还越王，方可班师。"

总理衙门知道冯子材、王德榜等拒不撤兵，便特意通过李鸿章，让张之洞转达上谕："冯、王若不乘胜即收，不唯全局败坏，且恐孤军深入，战事益无把握。着该督遵旨，亟电各营。倘有违误，致生他变，唯该督是问。"

"中国不败而败，法国不胜而胜"。许多将士把清廷强迫冯子材退兵的命令比做南宋初年秦桧命令岳飞从朱仙镇退兵的金牌诏，有人作诗说："铜柱合铭交趾国，金牌突召岳家军。"身在前线的彭玉麟看得很清楚，误国的是投降派，他赋诗鞭挞道："一旦休兵骄敌气，千秋误国恨庸臣。"同时彭玉麟对冯子材极为嘉奖："越民闻其至，若得'慈母'，称为'冯青天'，其军出关后，扶老携幼，箪食壶浆，来相犒问。""其撤兵之日，越民挽乞留，痛哭不舍。"尽管"老臣抗疏千行泪，一夜悲歌白发生"，最后冯子材等还是遵旨撤兵。

4月28、29两日粤、桂、楚、鄂诸军连环拔营，至5月4日全部撤回国境。

云南鲍超的军队闻得撤兵，人人捶胸顿足，怒目竖眉。统领徐连升、李金声、向世珍、周鹏举诸将，俯伏帐前，力请兼程一战。鲍超劝服不听，最后大家一齐跪下叩头不起，泣不成声。

岑毓英方面，也不肯退兵回界，粤海关税务司吴得禄向巴黎报告了此事。旋即巴黎方面电告李鸿章，李鸿章便上奏光绪帝。

不久光绪帝下谕旨一道，对岑毓英施加压力："唯当凛遵迭次谕旨，将全军按速撤至界，并与张之洞严催刘永福一军，如期撤回滇界。大计攸关，在远边臣，未能深习情形，何得干事及垂成，再生异议？将来设有贻误，致蹈上年覆辙，该督等岂能当此重咎耶？"云贵总督岑毓英当然不敢负此重责，只有下令全面撤兵。岑毓英于5月11日自顿关启程，14日行抵文盘州，沿途越南人民下跪挽留，岑毓英挥泪告别。6月8日抵达云南边境，14日至蒙自县驻扎。

5月上旬到6月上旬，刘永福的黑旗军奉命撤回保胜。两广总督张之洞此时连续转发了4月10日、14日、15日、17日清政府停战撤军的秘密照会给刘永福。6月30日，又接两广总督张之洞6月12日的照会，法国和清廷对刘永福进一步施加压力，说："刘永福不退保胜，澎湖亦须迟退……着岑毓英、张之洞遵十八日电旨，严催该提督即率所部速回云界，再赴思、钦，不准稍为迟延，至令藉口。"

在这样的情况下，刘"知旨不可违"，"不得不遵"，于是上书张之洞，陈言"保胜山险瘴甚"，"拟择子弟为官，纠集土人据险而守，足固云南门户"等六事。后接粤督抚批示十一条，及6月7、12日张之洞的照会，还有云贵总督岑毓英、钦差督办广东军务兵部尚书彭玉麟的照会信函多件，均催入关，"计各照会函文文牍等件，已有十余起。且岑、张两督，均派有委员，催促成行，公意始决"。

8月中旬，刘率部4000人离开保胜回国，8月20日到南西，后到百色。

刘永福回国后，奉旨特授南澳镇总兵，黑旗军被清政府裁减至1000人。1894年，刘永福移驻台湾，次年在台南抗击日军，因无援军而败退回大陆。一代抗外寇豪杰，却落得个英雄末路的下场。

37. 空回首：孤拔与左宗棠并未对话

6月8日的澎湖列岛，傍晚的海面，残阳似火，将蔚蓝的大海染得通红。

多次受伤并已经病入膏肓的法国远征军司令孤拔，挣扎着给前来看望他的利士比建议，如果法国要在越南北圻撤军上占有主动，必须将老对手刘永福逼出北圻撤回中国境内作为一个条件。就是澎湖岛上的法军要撤离，刘永福也必须马上离开越南回国。利士比马上记录下孤拔最后的这个战略意图，尽管这场海战大势已去。

6月8日，海军部长给孤拔发来电报："和平条约即将签订；希通令各舰长一旦接获条约签字的通告时，即行停止检查船舶，并解除米谷的禁运。如果您想回国一行的话，我想将'巴雅'舰留下供您乘用。"

6月11日午后7时，所有泊在马公港内的船舶都突然获悉他们的司令长官已经陷入危境。

事发突然，众法人目瞪口呆。就在数日前，人们还看到孤拔在日光直射之下脱去帽子，将海军副监督官的遗体陪送到墓地。

两个月前，孤拔曾经患过严重的赤痢，而胆病的发作更使病情复杂，跟着又发生严重的贫血症；可是他的复原的情形似乎相当良好，没有任何迹象可以使人预料他的健康状态会衰败得这样迅速。

已经染上疫病的孤拔，在弥留之际，追忆他的远东征战历程，在痛苦中颇有几分愤懑和遗憾。孤拔占领红河三角洲，发动了马江战役，进攻台湾，袭击镇海，占领澎湖，他和中国最优秀的军事家交过手互有胜负。他的愿望是夺取中国北方许多港口，直逼北京。可是法国政府与他的意见不一致，只准许他进攻台湾，侵占基隆，这使他极为恼火。在攻打台湾时，孤拔扬言一个月内将台湾全部拿下，结果不仅台湾拿不下，在沪尾还被清军打得丢盔弃甲，一败涂地，使他丧师糜饷，贻笑内外。孤拔本来就已非常愤恨，在他病重时，中法停战条约签定，法国政府命令他必须退出基隆、澎湖，解除对台湾的封锁。至此，孤拔在远东建立法兰西帝国乐园的先驱者形象毁掉了，幻想也破灭了。受此刺激，孤拔的病情突然恶化。

孤拔这次病危最初的症候显露于6月9日。翌日，容貌便已明显改变，声音变得微弱，但神志却还清楚。到了11日，孤拔便不再发一语，他的眼睛已经黯淡无光。可是，当军医官以相当高的声音向他报告利士比海军少将在他身边时，他还能做一小小动作，好像要伸出手来的样子。这便是他的最后表示，此后他像一盏缺油的灯一样，缓慢地熄灭下去。

第二天，孤拔的遗体被施以防腐的香料，纳入三重的棺中，并安置在“巴雅”号舰后甲板的祭坛上。各舰都将帆架斜斜放落以表哀悼。并且每隔若干时间便发射一响丧炮。早晨，“巴雅”号舰上举行了一次私人弥撒，舰队及占领军全体军官参加。同一天，利士比少将执行了舰队及占领军司令长官的代理职务；可是为了向孤拔表示敬意，“巴雅”号舰仍旧保留着孤拔的将旗，各种信号仍由该舰发出。

钦差左宗棠回福州后，来到马江，看到当年自己苦心经营的造船厂被法军炸成一片瓦砾，战舰被炸沉于江底，心中感慨万千。桑田沧海，人事之过，可悲可叹！他命令将沉舰上的大炮打捞起来，改装在闽江两岸的炮台上，以解眼前之急。

7月29日，衰老的左宗棠在病危时上奏朝廷：建议清廷设立海防全权大臣，保证事权高度统一；左宗棠认为台湾孤置大洋，为东南七省的门户，主张与福建省分开，单置一省。同年10月12日，清廷决定台湾置为行省；同日，清廷设立海军衙门。

1885年9月5日，福州城突然台风来袭，惊雷轰顶，大雨倾盆。左宗棠在他的行辕里与世长辞。在临终前，他口授遗训，其中有：“此次中法和战，实中国强弱一大关键，我督师南下，却未能大伸挞伐，张扬国威，遗恨平生，死不能瞑目。”

潮起潮落，日出日落。马江海战福建水师全军覆灭10年后，1894年，中日甲午战争爆发，至此，北洋海军全军覆灭。

出版者的话

记得是在1998年，我社邀请了十几位海军的军官、作家、学者座谈，商讨创作一套反映中国近代海战史的丛书。与会者深沉的思索，至今记忆犹新——

当一座座大厦拔地而起，对于昨天，人们以为已经讲述得太多，书写得太多。于是人们开始遗忘昨天，遗忘中华民族苦难的昨天。遗忘，产生冷漠，产生麻木，产生目光短浅和急功近利……

其实，昨天距离我们并不遥远。昨天，起于19世纪40年代，长达一百余年的腥风血雨，把积贫积弱的旧中国拖入深重的民族灾难之中……

深入昨天，一个不常为人注意的史实凸现在我们面前：一百多年前，帝国主义对中国的入侵，绝大部分来自海上，虚弱的海防无法襟护国土，从此中国沿海地区烽烟四起，国门洞开，山河破碎。中国近代海战场的焦土血海所书写的，几乎就是一整部近代中华民族遭受帝国主义侵略的痛史。然而，中华民族从来不甘于耻辱，我们的先人在帝国主义的疯狂入侵面前，进行了殊死的抗争。中国近代海战场的残垣断剑所书写的，又是一整部近代中华民族抗敌御辱的悲壮史诗。我们还看到：中国近代史上，灾难来自于海洋，抗争起自于海洋，觉醒同样兴起于海防斗争的艰苦实践中。西方列强来自海上的侵略，震醒了沉睡的中国，唤起了觉醒、奋起的中华民族……

时间到了20世纪末，海洋已经成为振兴中华民族新的生存空间，成为中国经济发展的生命线。即将到来的21世纪，很早就被称为“海洋世纪”。谁在21世纪赢得海洋，谁就拥有了希望。回首漫长的华夏文明史，中华民族曾经在海洋上书写过辉煌的海洋文明；而在近代，我们却不得不面对海洋上涌来的无穷灾难。历史告诉我们，所有关于海洋的梦想，都必须以海权为依托。我们曾经饱受丧失海权、遭受海上入侵的苦难。历史，绝不能重演。拥有海洋、经略海洋、守护海洋，就是守护我们民族的未来……

我们的思索，产生了创作出版《中国近代海战场纪实》丛书的信念——在新世纪即将到来的时刻，采用纪实文学的方式，记述史实，揭示历史教训，唤起大家万众一心建设强大中国的责任感、使命感。

《中国近代海战场纪实》的讲述内容，时间贯穿1840年鸦片战争到1911年辛亥革命的整部近代史，地域覆盖整个中国沿海，刻画了众多鲜明的人物形象，进行了惊警世人的深层思考，是记述这段历史的最全面、系统、翔实的大型纪实文学作品。

在长达6年的创作和出版过程中，当作者半夜打来电话，声音哽咽地朗诵他刚写就的感人段落时；当跟随作者在斜阳衰草中寻觅古炮台遗址，默默凭吊先烈时；当采访军舰官兵，看到一位舰长在保卫西沙的海战中被弹片击伤的手臂时；当慰问海岛官兵，体验蚊虫叮咬、烈日暴晒、孤独寂寞的滋味时，一定要出好这套丛书的信念与日俱增。

《中国近代海战场纪实》丛书出版后，几十家报刊摘登、报道，中央电视台军事部以此为蓝本制作播放了大型系列专题片。

我们欣喜地看到，近几年来，海洋、海权日益受到全国人民的关注，人民海军日益壮大。今年，恰逢中国人民解放军建军80周年，因此，我们决定重新出版这套丛书，旨在让更多的读者了解历史，重视海洋，关心人民海军的建设，把我们的国家建设成为海上强国，完成中华民族复兴大业。

学苑出版社

孟　白

2007年7月